本书受山东工商学院特色著作出版资助，特此感谢山东工商学院特色建设办公室的领导和工作人员

新商科文库

Research on Current Situations for the Elderly
Living Alone in Urban Areas and Social Support about
Their Personal Property Management

城市独居老人的赡养现状与
个人财产管理的社会支持研究

刘永策　吕如敏　宫　权　赵瑞芳　杨晓龙／著

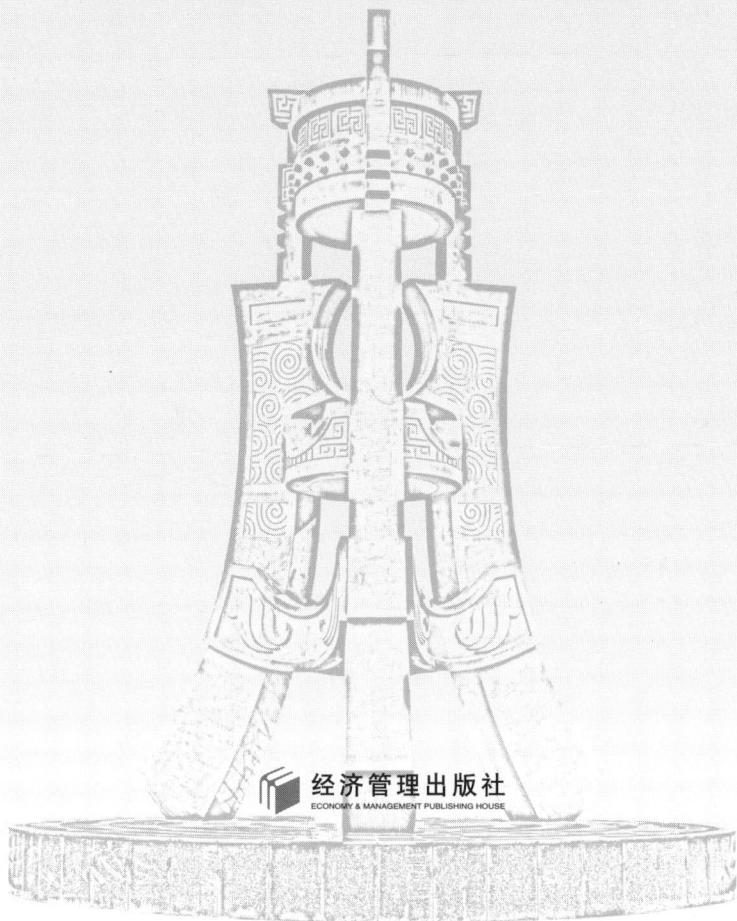

经济管理出版社
ECONOMY & MANAGEMENT PUBLISHING HOUSE

图书在版编目（CIP）数据

城市独居老人的赡养现状与个人财产管理的社会支持
研究 / 刘永策等著. -- 北京 ： 经济管理出版社，2024.
ISBN 978-7-5096-9801-3

Ⅰ. D669.6

中国国家版本馆 CIP 数据核字第 2024CW6977 号

组稿编辑：赵天宇
责任编辑：赵天宇
责任印制：许　艳
责任校对：张晓燕

出版发行：经济管理出版社
　　　　　（北京市海淀区北蜂窝 8 号中雅大厦 A 座 11 层　100038）
网　　　址：www. E-mp. com. cn
电　　　话：（010）51915602
印　　　刷：唐山玺诚印务有限公司
经　　　销：新华书店
开　　　本：720mm×1000mm/16
印　　　张：14.25
字　　　数：264 千字
版　　　次：2025 年 3 月第 1 版　　2025 年 3 月第 1 次印刷
书　　　号：ISBN 978-7-5096-9801-3
定　　　价：88.00 元

前　言

　　老龄化现在已成为社会聚焦的问题之一，老龄化等问题大多是在工业化和城市化完成后出现的，世界上完成了工业化和城市化的大多数国家都出现了这个问题，只是在程度和时间上有一些差别。欧洲老牌的资本主义国家，基本上都已进入老龄社会。现在没有进入老龄社会、生育率高的地方，大多是欠发达地区。从发展趋势上看，尽管日本和欧洲很多国家的老龄化比我们早得多，现在的情况也比我们严重，但我国的情况也不容乐观，截至2021年底，我国已经有2.67亿60岁以上的老年人，拥有世界上最庞大的老年人群体。

　　从现有情况来看，工业化和城市化完成后，出生率下降是一种普遍甚至必然的现象，许多国家都采取了各种鼓励、刺激生育的政策，但是，一旦出生率出现了下降的情况，就几乎没有再升回来的。极个别的国家，特殊情况下，引入了大量的移民，移民相对年轻，而且第一代移民生育率较高，使总体生育率有所上升或者在一定程度上减缓了老龄化的速度。

　　我国目前更需要解决的是由于人口老龄化所带来的一系列社会问题，当然，问题是极其庞杂的，因为它实际上影响到社会的方方面面。从经济角度来看，我国必须进行产业结构的转型，由劳动力密集型转向资金和技术密集型；庞大的老年人群使养老金的来源成为一个大的社会问题；老年人用品的研发和生产提上议事日程，银发经济将成为我国今后经济的一个重要发展方向，从助听器到保健品，从老年健身器材到养老地产，众多的领域需要更多地投入和开拓。从政治也是从社会治理的角度来看，庞大的老年人群体，其各方面的诉求必然要影响社会政策的制定与实施。从文化角度来看，随着传统文化意识的复兴，庞大的老年人群需要经济供给、生活照料、精神赡养，仅建养老院、培训大量的护工是不够的。尽管社会养老成为主流，但没有子女的奉献，老人的晚年很难幸福。另外，为了老人再社会化，需要更多的老年大学或类似的培训机构。社会发展很快，新的社会生存技能不断出现，老人们需要终身学习。现在，教老人上网、使用智能手机的培训机构很受老人欢迎。甚至，我们可以想到，社区和家庭的宜老设施改造也会成为一个重要的社会问题，老人多了，社区的服务设施不得不更多地向老人倾斜；也许我们应培养更多的"老人医生"，现在专职的"老人医生"还是很少的。

在我国，近年来老龄化的话题逐渐活跃，但关于老龄化、关于老年人、关于老龄问题，国内学术界的研究明显是不足的。查阅国内的学术研究成果，极明显的一个特征是，宏观话说得很多，微观的实证研究极少，并且很多研究并不符合学术规范。其实，没有大量微观研究的累积，是不可能出现好的宏观分析的。我们山东工商学院这支老龄化研究团队，从 2005 年开始，在林明鲜教授的带领下，筚路蓝缕，坚持研究老年人相关问题，也是因为看到了社会和学术界的这种双重需求状况。在学术上，我们团队坚持认为，没有充分的和坚实的实证研究及想当然的结论，将对会呈现空洞化及无用的显著特点，所以从 2005 年开始，研究团队一步步地从城市老人调查到农村老人调查，然后到居家老人与机构养老老人研究，再然后到城市独居老人研究，缓慢而坚实。本书的研究团队此前已经出版了《城乡老龄化与老龄问题研究》，比较了城乡老人十四个方面的差异；《城市居家与机构养老老人生存状况的比较研究》，比较分析了两类不同类型老人的诸多方面的异同之处。本书的出版将成为我们老龄化研究的另一个重要构成部分。

本书依据我们团队对兰州、郑州、济南和青岛四个城市 2014 份城市独居老人问卷调查数据、62 位独居老人的访谈记录资料，以及 9 位独居老人连续七年的参与观察记录材料，具体地分析了城市独居老人在身体健康、自理能力、经济供给、亲子关系、亲属及朋友交往、社会活动参与、医疗、社区服务、孤独感及生活满意度等方面真实状况。探讨了老人个人财产社会管理支持需求、政府相关部门与社会服务机构给予老人个人资产管理支持的路径和方法。本研究历经多年，均为第一手资料。

我国学术界过去对老龄化的研究仅停留在对老年人整体的笼统研究的阶段；专门的研究中，数量最多的是对所谓"空巢"老人的研究，并将"空巢"与孤独联结起来，认为"空巢"（即成年子女与父母分住）是导致老人孤独的主要原因。我们在以前的研究中已经发现，居住安排（"空巢"是其一种）不是影响老人孤独感的主要因素。在对老人孤独感影响因素进行分析时，我们发现影响老人孤独感的主要因素有如下几个方面：一是婚姻状况，即丧偶或离婚的老人比处在婚姻关系中（以下简称"在婚"）的老人更孤独。二是身体健康状况与自理能力，身体好、自理能力强的老人比身体差和失能老人心理健康状况更好，也几乎没有孤独感。三是亲子关系，亲子关系好，孩子经常登门看望、打电话的老人，几乎不孤独，反之则孤独感强。四是活动参与，即经常参加健身、娱乐活动的老人孤独感弱。五是朋友交往的深度，即有能说心里话的朋友的老人，孤独感弱。六是社会经济地位，表现为中等收入的老人孤独感较弱，低收入与最高收入者孤独感强。研究结果表明，是否"空巢"，对老人的孤独感并没有显著影响。相比较而言，独居老人是老年人群中年龄最大、身体最差、孤独感最强的一个群体。这个群体是最需要社会关心的，这也是我们选择独居老人进行研究的最主要动机。

从我们已有调查结果来看，配偶去世后，老人平均有 12 年左右的独居期。这是人生中较为难过的一段时间，因为存在着陪伴多年的老伴不在了，自己年事已高，身体能力下降，很多亲朋去世或再无能力保持常态交往等。现代家庭出现了非常显著的小型化的特征，与子女分住是常态，分住式养老已成主流。一个人老去并独自生活，将成为未来社会的家庭常态。从人口普查数据中可以看到，我国的一人户，即一户只有一个人的比例过去几十年呈现飞速增长的态势。日本学术界将 45~65 岁的人生命名为"准老年人时期"。大家的共识是，在这个时期，就应该为将来的老去，甚至是老去后一个人的生活做各方面的准备，这样才有可能过一个相对体面的老年生活。从这个角度看，这本书对每个人都是有意义的。从政府的视角看，本书的研究成果微观上有利于政府与相关部门在制定养老扶持政策及实施养老服务行为时做到精准、高效，不仅能提升老人群体的赡养满意度，也能降低子女养老压力，使之能更无后顾之忧地投入工作和生活；更能从宏观上提升社会文明程度，形成良好的社会风尚。从老年社会学与老年学的理论角度来看，首先，专门对城市独居老人的研究，是一个新的领域，有拓荒的意义；其次，这种细化的专门针对老人群体的研究，能引领老年社会学研究的新方向，将大大丰富这一学科。

需要说明的有以下几个方面：第一，本书是课题组六位成员共同的研究成果的汇集，林明鲜老师撰写了部分内容；刘永策撰写前言、第一、九、十、十一、十二及第十三章；宫权老师撰写了第二、第三和第四章；吕如敏老师撰写了第六及第七章；赵瑞芳老师撰写了第八章；杨晓龙老师撰写了第五章；统稿人为刘永策。第二，为了保持前后的一致性，本书沿用了与已出版的前两本书相同的体例，即每个老师负责不同的章，每章研究一个问题，独立成文。第三，这个研究历经十年的时间，其中有的文章已经在学术刊物上发表了，为了尊重原文，这次只是修改了个别字句，没有使用最新的人口统计数据进行进一步的修正，因为最新人口统计数据并不影响结论，实际上也正好印证了我们前面研究的发现是正确的。第四，这个研究的设计和领导者是林明鲜教授，他是我们团队的领头人，为这个研究付出了极大的心血。现在，经过大家长时间的努力，本书即将出版，在此感谢林明鲜教授多年的付出！

刘永策

目　录

第一章　研究说明

一、研究目的与背景

本研究源自国家社科基金项目，项目设计的核心变量是城市独居老人的孤独感，围绕这个中心对老人生活进行全面的调查和研究。在我国，随着老龄化、长寿化、家庭小型化的快速发展，家庭的养老功能逐渐萎缩，独居老人的比率不断上升，老年人的孤独问题日渐凸显。我们从前期的研究中发现：疾病、经济供给不足、缺乏必需的生活照料，以及孤独感是造成老年人晚境凄凉的主要原因。其中，孤独感对老年人的身心健康和生活质量有很大的影响。众多国外的研究已经证实："经常感到孤独"可能会导致老年人身体功能下降和死亡率上升。另外，孤独感还会导致老年人产生心脏病、中风、抑郁症、不眠症等诸多疾病，严重危害老年人的身心健康[①]。提高老年人的生活质量是《中国老龄事业发展"十一五"规划》中的重要内容之一。要提高老年人的生活质量，必须努力研究并解决好老年人的心理孤独问题。独居老人是丧偶比率极高的群体，研究如何降低他们的孤独感，对提高其生活质量和身心健康水平具有极为重要的意义。

费孝通在《家庭结构变动中的老年赡养问题》中提出，在现代化的过程中，我国的家庭结构正在发生什么变动？这一重大课题。而后续一些研究表明，在现

---

① https：news. Infoseek. co. jp.

代化的过程中，我国家庭结构与规模都发生了很大变化，中国家庭已经向家庭结构核心化与家庭规模小型化方向转变。2010 年的人口普查数据表明，一代户和二代户比重已超过 80%（胡湛和彭希哲，2014）。在过去几十年中，我国家庭户平均人口规模分别为：1953 年 4.33 人；1964 年 4.43 人；1982 年 4.41 人；1990 年 3.96 人；2000 年 3.44 人；2010 年 3.10 人。这表明，我国的家庭结构与规模同欧美国家相比已几乎没有差异。需要我们关注的是，家庭结构核心化和家庭规模的小型化意味着家庭养老资源的不断减少，这可能导致家庭养老的难以为继。中国的传统是以家庭养老为主的，那么在现有形势下，谁来养老？如何养老？这是当今中国面临的重大社会问题。

在我国，目前大致流行两种养老模式：一种是城市中流行的"社会养老"和"家庭养老"相结合的"社会与家庭养老模式"；另一种是农村流行的"家庭养老模式"。"家庭养老"是指以子女为中心，家庭和亲属向老年人提供养老资源的制度，即子女和子女以外的亲属向老年人提供经济、生活、精神等方面的养老资源。"社会养老"是指国家与社会向老年人提供养老资源的制度，如城市老年人退休后，由政府向老年人提供退休金。中华人民共和国成立前，我国普遍流行传统的"家庭养老"，而中华人民共和国成立后，在养老方面，形成城乡二元的养老制度。城市普遍流行"社会与家庭养老模式"，即城市老年人在经济上依靠（政府）"社会养老"，而在"生活照料"和"精神慰藉"等方面依靠"家庭养老"。在农村，虽然有一些养老补贴，但仍流行"家庭养老"。"家庭养老"，实际上是子女来提供几乎所有资源，因此更准确地说是"子女养老"。费孝通（1983）指出，"亲子关系的反馈模式是中国文化的一项特征"。不过，子女赡养老年人的反馈模式，在现代化的过程中出现不少问题，尤其是社会养老资源缺乏的农村比城市问题更加严重，如农村老年人的自杀率和孤独感比率明显高于城市（刘华清和费立鹏，1997）。在家庭养老资源不断减少的情况下，如何赡养老年人及怎样将家庭养老和社会养老结合起来，是目前中国养老面临的最重要的课题之一。

研究独居老人孤独感问题的主要动机是我们在已有的调查中发现，独居老人是感到孤独比率最高的老人群体。2006~2007 年，我们在城乡老年人调查研究中发现，在独居、仅与配偶同住、与未婚子女同住和与已婚子女同住这四种不同的居住模式中，不论是城市还是农村，独居老人感到孤独的比率都很高。我们在 2006~2007 年调查中发现，"经常感到孤独"的比率最高的是"独居"

（43.3%），其次是"与已婚子女同住"（36.7%），相对而言，"仅与配偶同住"（16.7%）和"与未婚子女同住"（3.3%）的比率都较低。2009 年本书课题组在日本东京都三鹰市某社区对 34 位老年人进行的调查中发现，"经常感到孤独"的老年人都是独居者。因此，我们以孤独感为核心变量，对老人进行了比较全面的调查和研究。

本书研究的"城市独居老人"是指拥有城市户籍，并且独自一人居住和生活的 60 岁及以上的老人，包括丧偶独居、离婚独居、未婚独居及由于夫妻分居而独居的老人。排除与子女、孙子女、其他亲属、雇用人员及其他人员同住的情形。

二、研究设计与方法

老人的孤独感一般是由于老人的老伴、亲属、近邻朋友、朋友等亲密关系网消失或无法满足老年人心理需求而产生的。因此，本书从社会关系网和社会支持网的角度探究城市独居老人孤独问题。为了测量独居老人的孤独感与社会关系网之间的关系，我们采用了如下自创内容作为量表。影响独居老人孤独感的社会关系网及相关的自变量有：

（1）基本变量：性别、婚姻状况、年龄、独居生活时间、学历、退休前职业、出生地、健康状况、患病状况、月收入、房屋所有权等。

（2）社会关系网：老人与子女、亲属、近邻、近邻以外的朋友等之间的"见面"和"打电话"的频度。家庭规模、有无子女、子女数量、亲属数量、近邻朋友数量、近邻以外的朋友数量与老人孤独之间的关系（均值比较分析）。

（3）代际的相互支持：子女与老人间的生活费的相互提供情况、生活上的相互照顾情况、聊天情况（精神慰藉）等。

（4）社会参与情况：参加娱乐、兴趣爱好、健身、旅游、探亲访友、宗教活动、社会福利等情况，以及不参加这些活动的主要原因。

（5）休闲、娱乐设施情况：附近有没有老年活动室、老年大学、老年健身房、老年综合福利馆等设施。了解老人想不想花钱利用这些设施等。

（6）医疗费的来源：生病时由谁来负担医疗费用等。

（7）生病时有无人照顾：老人生病时由谁来照顾，平时有没有照顾的人。

（8）遇到困难时有无人帮助：当遇到困难时，有谁来帮助老人解决困难。

（9）春节和谁一起过的：了解独居老人度过传统节日的情况。

（10）满意度：对赡养现状、子女的照顾、医疗现状、现在的生活、社区提供服务等的满意程度。

测量孤独感的方法很多，我们考量孤独问题时，重视被调查者主观上"是否感到孤独"。因此，因变量设计为两个：一是"您觉得自己的老年生活孤独吗？"这个问题。对此问题的封闭式答案有：①经常感到孤独（程度高）；②有时感到孤独（程度低）；③不孤独；④其他。二是"您有没有被孤立的感觉？"这个问题。对此问题的封闭式答案有：①经常有（程度高）；②有时有（程度低）；③没有；④其他。

本研究利用问卷调查收集资料，并以无结构式访谈资料为补充，即根据实际需要设计访谈式问卷，由经过培训的教师和学生调查员入户访谈填写问卷调查表。首先，选择了兰州、郑州、济南、青岛四个城市，通过分层抽样选择城市社区，对每个社区进行配额抽样选择独居老人，采用入户访谈的方式收集问卷。其次，选择对"经常感到孤独"的一些老年人进行了详细的个案访谈。最终共调查2100人，有效问卷2014份。问卷的统计使用的是SPSS软件。

三、研究地点说明

课题组选择了山东（东部）、河南（中部）、甘肃（西部）三个省的四个典型大城市进行调查，是期待着调查结果有更强的代表性。我国幅员辽阔，不同地域的社会、经济、文化发展程度及文化传统等都有较大的差异。从横向维度来说，我国的西部、中部和东部及沿海地区在很多方面的差异都是很大的。所以本书选择兰州来代表西部大城市、郑州来代表中部大城市、济南来代表东部大城市，而青岛则代表沿海大城市。这一条横跨东西的线是传统中华文明的中心区域，即黄河流域，这样，一方面使我们的研究结论有更广阔的地域代表性，另一方面使我们的研究有清晰的西部、中部、东部及沿海比较的特征，相对会加深我们对我国老龄化问题复杂性的了解。我们的问卷调查四个城市的时间是2012年

7月~2015年7月,调查顺序是兰州、郑州、济南、青岛,随后几年间进行了访谈和参与观察的研究工作。这四个城市都是对我国极为重要的城市,其辐射范围极广,影响极大。

兰州,是甘肃省省会,是中国西北地区仅次于西安的第二大城市,是西部地区最重要的中心城市之一。它是我国西北地区重要的工业基地和综合交通枢纽,丝绸之路经济带的重要节点城市;同时,因其地扼河西走廊咽喉,自古为"兵家必争之地",故也是西部战区陆军机关驻地。因而,如果在黄河流域一线选择西部的代表性城市,兰州是一个相当明智的选择。郑州则是中原地区的典型代表,它地处华北平原南部、黄河中下游,是中原地区最大省份河南省的省会城市。也是中国中部地区重要的中心城市,国家重要的综合交通枢纽,中原经济区核心城市。济南,又称"泉城",是黄河下游城市,山东省省会、全国十五个副省级城市之一,环渤海地区南翼的中心城市,解放军五大战区之一的北部战区陆军机关驻地,山东省的政治、文化、教育、经济、交通和科技中心。因此,济南作为东部内陆城市的代表也是比较典型的。而青岛则可以算作东部沿海城市的典型代表,它地处山东半岛东南部沿海,胶东半岛东部,东、南濒临黄海,隔海与朝鲜半岛相望,地处中日韩自贸区的前沿地带。是计划单列市,副省级城市,是国务院批复确定的国家沿海重要的中心城市和滨海度假旅游城市,国际性港口城市、国家历史文化名城。它拥有国际性海港和区域性枢纽空港,是建设21世纪海上丝绸之路、履行国家"一带一路"倡议的重要枢纽型城市。从表1-1中我们可以了解四个城市的一些最基本情况。

表1-1 四个城市重要的基本数据

城市	2015年地域面积(平方千米)	2015年人口(万人)	2010年65岁及以上人口占比(%)	2015年人均GDP(元)
兰州	13085.6	369.31	7.3	57190.9
郑州	7446	956.9	8.8	77217
济南	8177.6	713.2	10.4	75254.53
青岛	11282	920.4	10.3	108700

从四个城市的基本情况来看,兰州辖地最大,但人口最少,体现出西部地区地广人稀的基本特征。郑州辖地最少,人口规模最大,中原地区人口稠密的特征

也显露无遗。山东两市的辖地与人口较为正常，但与西部的兰州相比，也表现出了东部及沿海城市人口相对较为稠密的特点。从人口老龄化程度来看，东部明显高于中部和西部地区，究其原因：一是山东省的计划生育政策执行的力度较大，这也相对提升了老年人在总人口中的占比；二是相对来说东部的预期寿命更长一些，因为近代以来，东部相对开放得更早一些，经济和社会现代化的水平高于西部和中部；三是关于生育的地方文化有差异，我们在调查中发现，在东部沿海地区，随着孩子养育成本的提高及孩子在养老过程中作用的相对下降，已逐渐形成了少生孩子的观念。这里使用的是 2010 年的数据，是因为在那一年进行了人口普查，数据更为精准。从经济发展水平来看，东部沿海城市的青岛独占鳌头，明显高于其他城市。而西部的兰州最差，显著低于其他城市。两个内陆城市差别不大，低于沿海城市，但高于西部城市。这其实反映我国目前西部、中部与东部沿海的经济发展水平的显著差异。正如我们在后面的研究中所看到的，地方经济发展水平会在很大程度上影响老人们的生活。

四、研究对象的基本情况

关于调查对象的基本情况如表 1-2 所示。

表 1-2　调查对象的基本情况①　　　　　　　　单位：%

变量	分类	郑州	兰州	青岛	济南	总计
性别	男性	30.1（151）	23.9（132）	25.7（128）	20.5（84）	25.2（495）
	女性	69.9（358）	76.1（421）	74.3（370）	79.5（325）	74.8（1466）
平均年龄	均值	75.5 岁	74.8 岁	75.4 岁	76.1 岁	75.4 岁
年龄	60~69 岁	14.7（67）	13.2（70）	13.6（62）	12.2（41）	13.5（240）
	70~79 岁	50.1（228）	57.7（305）	52.6（240）	49.0（164）	52.8（937）
	80 岁及以上	35.2（160）	29.1（154）	33.8（154）	38.8（130）	33.7（598）

---

① 在本书的调查中，由于每次统计不同的变量，存在不同的缺失值，导到本书表格总计栏中的数值不一致；此外，因篇幅有限，本书中的部分表格及数据未全部列出，特此说明，余下表格不再逐一注释。

续表

变量	分类	郑州	兰州	青岛	济南	总计
婚姻状况	未婚	2.1（10）	0.9（5）	2.2（11）	1.2（5）	1.6（31）
	离婚或分居	9.1（44）	5.2（29）	7.1（35）	7.9（33）	7.2（141）
	丧偶	86.5（416）	91.7（510）	90.4（445）	90.4（376）	89.8（1747）
	其他	2.3（11）	2.2（12）	0.2（1）	0.5（2）	1.3（26）
学历	不识字	30.8（156）	31.8（181）	17.7（86）	26.6（111）	27.0（534）
	小学	23.5（119）	28.5（162）	29.6（144）	31.9（133）	28.2（558）
	中学	25.1（127）	18.3（104）	25.7（125）	18.9（79）	22.0（435）
	高中或中专	12.1（61）	15.5（88）	18.3（89）	14.4（60）	15.1（298）
	大专及以上	8.5（43）	6.0（34）	8.8（43）	8.2（34）	7.8（154）
出生地	本区内	2.6（13）	12.5（72）	10.3（51）	7.6（32）	8.4（168）
	市内	28.6（144）	29.8（172）	25.4（125）	36.7（154）	29.9（595）
	省内	48.7（245）	14.6（84）	51.5（254）	39.3（165）	37.5（748）
	省外	20.1（101）	43.2（249）	12.8（63）	16.4（69）	24.2（482）
健康状况	健康	69.1（341）	25.0（144）	33.9（169）	36.2（152）	40.7（812）
	一般	20.9（105）	40.8（235）	36.9（184）	31.0（130）	32.7（654）
	差	10.0（50）	34.2（197）	29.3（146）	32.9（138）	26.6（531）
出门频度	几乎每天	73.0（355）	73.0（413）	67.3（333）	67.5（274）	70.4（1375）
	一周四五次	11.3（55）	7.6（43）	9.9（49）	7.1（29）	9.0（176）
	一周两三次	12.8（62）	5.5（31）	9.7（48）	11.1（45）	9.5（186）
	一周一次	0.8（4）	4.4（25）	4.8（24）	3.7（15）	3.5（68）
	不出门	2.1（10）	9.5（54）	8.3（41）	10.6（43）	7.6（148）
独居时间	5年以下	26.6（126）	27.9（163）	26.1（130）	24.9（91）	26.5（510）
	5~9年	22.6（107）	20.9（122）	26.5（132）	20.5（75）	22.7（436）
	10~19年	32.3（153）	28.9（169）	31.9（159）	33.4（122）	31.4（603）
	20年及以上	18.4（87）	22.3（130）	15.6（78）	21.1（77）	19.4（372）

调查数据有效样本兰州为 584 份、郑州 509 份、青岛 499 份、济南 422 份，这样各市样本数差异不大，比较结果更精确一些。从老人的性别分布来看，女性老人占总数的近 3/4，这是因为女性老人较男性老人寿命更长一些，世界范围内女性的预期寿命比男性长 5 岁左右，在中国女性的寿命平均要比男性的寿命长 6 岁左右。这使城市独居老人呈现出显著的女性化倾向，样本中济南的情况最为

严重。从年龄分布来看，独居老人的平均年龄超过了 75 岁，其中济南最高，超过了 76 岁。80 岁及以上的老人比例超过了 33%，也是济南占比最高，超过了38%，这也解释了其女性比例更高的情况，从这个方面来看，城市独居老人有显著的高龄化倾向；造成老人独居的主要原因是丧偶，有接近 90% 的老人是丧偶老人，有 7% 左右的老人是离婚或分居，这个年龄的老人离婚率并不高，由于各种原因如照料孙子、孙女等主动选择分居的占有一定的比例。从学历来看，大多数老人学历水平较低，不识字和小学文化水平的人超过 50%，原因是这些人在年轻的时候中国总体教育水平落后，从交叉分析中我们也发现，这些老人的学历随着年龄的增长而下降，这是中国教育发展的历史造成的。低学历，是目前城市独居老人的一个重要特点。从出生地来看，有超过 20% 的老人来自外省，兰州的情况尤其严重，有超过 40% 的老人来自外省，这是当年大三线建设整体迁移造成的。在访谈中，我们发现，兰州的老年人中存在着比较严重的乡愁情绪。从健康状况来看，相较于普通老人 15% 左右的不健康的比例，独居老人有超过 26% 的人身体不健康，因而身体差是独居老人的一个显著特色。从出门的情况来看，绝大多数老人有出门活动的能力。从独居时间来看，老人的平均独居时间为 12.08 年，其中女性平均独居时间为 12.50 年，男性平均独居时间为 10.85 年。值得注意的是，有接近 20% 的老年人独居时间达到了 20 年及以上，过去我们考虑女性预期寿命比男性长 6 年左右，想当然地认为独居时间不会太长，看来实际情况要复杂得多，独居时间长应是城市独居老人的一个重要特点。

　　总结一下，我们发现，城市独居老人有丧偶、高龄、女性化、低学历、身体差、独居时间长这样一些显著的特点。

五、研究内容编排

　　本项研究的内容编排有一个比较清晰的内在线索：一是研究老人的身体状况，包括健康自评、实际患病状况、自理能力，这些是评估老人生存状况的基础因素，也是我们理解老人之所以选择独居的关键。在之前进行的调查中，我们已经发现，独居对很多老人来说是一种主动的选择，并且他们大多是因为具备独居的能力才会进行这样一种选择。二是分析老人的经济收入状况，这也是老人能独立生活的前提。老人有比较稳定的个人收入，有属于自己的住房，可能在一定程度上提升了老人选择独居的比例。三是研究老人的亲子互动、主要照料者、亲属关系、朋友关系这些重要的支持网络。这是老人生存于其中的主要社会环境，由于老人大多已退休，与原工作单位的互动频度降低，这些非正式支持实际上已转而成为老人的主要交往内容；单独分析了老人的社会活动参与情况，老人主要参与哪些社会活动？从哪些活动领域退出？这对老人的孤独感有着重要的影响。四是重点研究了老人的孤独感与社会支持网络的关系，发现了孤独感与工具性支持网络之间的密切关系，这也是本书最重要的发现之一。五是研究老人的满意度，包括医疗、社区服务和总体的生活，相对来说，由子女、家庭提供的非正式支持更让老人满意；而对于医疗和社区服务这样的由政府和社会负担的正式支持，老人的满意度更低一些。六是探讨了比较紧迫的独居老人的个人财产管理问题，因为这些年，我们发现，老人财物被骗已经成了一个很普遍的社会现象。七是结论及建议。综上所述，我们对城市独居老人的方方面面进行了分析，能得出一个城市独居老人的比较全面的"模型"。由于调查了四个不同地域的大城市，在分析所研究问题的同时，我们进行了不同地域的差异比较研究，这使我们的研究具备了一种横向比较的特色。

第二章 城市独居老人健康自评的比较研究

一、研究背景

随着我国人口老龄化的加剧，一个特殊的老年群体——独居老人随之产生。随着家庭小型化和人口老龄化的加快，独居老人的数量和占比也呈日益增长的趋势。根据第六次人口普查的数据，全国大约有 1824 万老年人生活在单身空巢家庭中（张兴文，2012），约占老年人口的 10.27%。尤其是在大城市中，独居老人的数量和占老年人总数的比例更高。根据 2008 年全国老龄工作委员会办公室《中国城市居家养老服务研究报告》，目前我国城市老年人空巢家庭包括独居的比例已达 49.7%。大中城市的空巢老人比例更高，达到 56.1%（王嫱娟，2011）。

独居老人不仅在居住方式上与他们的同龄人不同，更具有明显的"两高两低"特征，即年龄高和发病率高，文化程度低和生活自理能力低的特点（周怡倩，2010）。韩少梅和张承训（1999）研究发现，我国城市老人年龄越大，独居的比例越高，独居老人中，70 岁以上老人所占的比例超过 50%，患病率高达 78.76%。其中，男性患病率为 74.19%，女性患病率比男性高 6.10%。他们文化程度大多不高，文盲率高达 60.49%。文婉聪（2005）则发现，约有 28.5% 的独居老人在生活自理方面存在困难。还有研究发现，独居老人的躯体自理能力和患病情况与非独居老人无明显的差别，但精神状况明显差于非独居老人（关立忠，1993）。独居老人或多或少地在心理上存在孤独感，在生活上遇到困难时还会产生焦虑感。尤其是高龄独居老人中，16.4%的人经常感到孤独，11.9%的人则经常产生焦虑情绪（钟仁耀，2004），特别是无养老金收入的高龄独居老人具有更强烈的孤独感和焦虑感受，经常有孤独感的比例高达29.8%，在抑郁症状检出率和抑郁症检出率这两个指标的检测中，独居老人都显著高于非独居老人（周建芳等，2008）。正是由于独居老人在生理上和心理上处于弱势地位，所以在生活中一旦遇到困难和危险，往往得不到及时和有效的解决。近几年来，独居老人家中死亡（日本学术界称之为"孤独死"），无人知晓的事情不断见诸传媒，就是这一问题直接和极端的体现。

对于城市独居老人来说，无人照顾是他们面临的最大困难（韩少梅和张承训，1999），因此必须根据其实际情况给予必要的关怀和照顾。尤其是要根据独居老人的身体健康状况，提供相应的保障和支持。而要了解独居老人的身体健康状况，除了通过其患病状况和自理能力状况进行了解，也可以通过独居老人对自身健康状况的主观评价进行判断，即可以通过其健康自评进行判断。社会老年学的研究表明，健康自评相对于某些客观指标来说，能够在一定程度上反映老年人的健康状况，并且对于老年人的残疾、死亡等有一定的预测作用（马庆堃，2002）。而且健康自评的结果容易获取，便于统计、比较和分析。

为了了解我国当前大城市独居老人的健康自评状况，我们选择了甘肃省兰州市、河南省郑州市、山东省济南市和青岛市四个城市为调查地点，分别代表我国西部、中部和东部内陆及东部沿海四种不同类型的城市。于2012~2015年，采用多阶段抽样问卷调查的方法，共调查了2100名独居老人，获取有效问卷2014份，采用SPSS软件进行数据处理。

二、样本概况

从本次调查的独居老人样本情况来看，独居老人中，女性占大多数。独居老人中，70岁以上的占绝大多数，在各个城市和总体中所占比例均在77%以上。其中70~79岁的最多，约占49.1%，在各个城市中所占的比例也均在45%以上。将近90%的独居老人丧偶，在各个城市中，丧偶独居老人所占比例也均在86%以上。从文化程度上来看，不识字的独居老人占27%，高中以上学历的占22.9%。90%的独

居老人退休前都有职业，其中绝大多数都从事非农产业。独居老人月收入均为
1734 元左右，存在显著的城市差异和职业差异。从城市差异来看，郑州独居老人的
月收入最高，达 1966.29 元，兰州独居老人的月收入最低，为 1381.78 元。从职业
差异来看，退休前从事非农业的独居老人月收入最高，为 1932.4 元，退休前无
职业的独居老人月收入最低，仅为 895.08 元，前者是后者的 2 倍多。退休前从
事非农业和农业的独居老人，都是青岛的独居老人月收入最高，兰州的独居老人
月收入最低。退休前无职业的独居老人，青岛的独居老人月收入最高，达
1892.14 元，济南的独居老人月收入最低，仅为 507.8 元，不到前者的 1/3，这
个结果说明，青岛的社会保障水平要高于其他城市。样本概况如表 2-1 所示。

表 2-1 样本概况   单位：%

变量	分类	郑州	兰州	青岛	济南	合计
性别	男性	151（30.1）	132（23.9）	128（25.7）	84（20.5）	495（25.2）
	女性	350（69.9）	421（76.1）	370（74.3）	325（79.5）	1466（74.8）
年龄	60~69 岁	112（22.2）	107（18.7）	100（20.2）	77（18.6）	396（20.0）
	70~79 岁	230（45.6）	310（54.1）	240（48.6）	194（47.0）	974（49.1）
	80 岁及以上	162（32.1）	156（27.2）	154（31.2）	142（34.4）	614（30.9）
婚姻状况	未婚	10（2.1）	5（0.9）	11（2.2）	5（1.2）	31（1.6）
	离婚或分居	44（9.1）	29（5.2）	35（7.1）	33（7.9）	141（7.2）
	丧偶	416（86.5）	510（91.7）	445（90.4）	376（90.4）	1747（89.8）
	其他	11（2.3）	12（2.2）	1（0.2）	2（0.5）	26（1.3）
学历	不识字	156（30.8）	181（31.8）	86（17.7）	111（26.6）	534（27.0）
	小学	119（23.5）	162（28.5）	144（29.6）	133（31.9）	558（28.2）
	初中	127（25.1）	104（18.3）	125（25.7）	79（18.9）	435（22.0）
	高中或中专	61（12.0）	88（15.5）	89（18.3）	60（14.4）	298（15.1）
	大专及以上	43（8.5）	34（6.0）	43（8.8）	34（8.2）	154（7.8）
退休前职业	非农业	433（85.6）	385（67.7）	281（57.3）	318（78.7）	1417（72.0）
	农业	38（7.5）	92（16.2）	201（41.0）	25（6.2）	356（18.1）
	退休前无职业	35（6.9）	92（16.2）	8（1.6）	61（15.1）	196（10.0）
月收入（元）	非农业	2105.55	1539.79	2106.37	2021.64	1932.4
	农业	922.65	876.48	1629.4	926.67	1337.8
	退休前无职业	895.08	1143.85	1892.14	507.8	895.08
	人均月收入	1966.29	1381.78	1904.66	1730.47	1734.42

三、数据分析

1. 四个城市健康自评状况比较

四个城市独居老人的健康自评状况存在显著差异。四个城市中，郑州独居老人的健康自评状况最好，自评健康的比例最高，自评健康状况不好但能自理和自评不能自理的比例最低。兰州独居老人的健康自评状况最差，自评健康的比例最低，自评健康状况不好但能自理和自评不能自理的比例最高（见表2-2）。

表2-2 城市与健康自评交叉列表   单位：%

城市	健康	一般	不好但能自理	不能自理	合计	卡方检验
郑州	69.1（347）	20.9（105）	7.0（35）	3.0（15）	100.0（502）	
兰州	24.9（144）	40.7（235）	23.2（134）	11.2（65）	100.0（578）	
青岛	33.9（169）	36.9（184）	21.4（107）	7.8（39）	100.0（499）	p＝0.000
济南	36.2（152）	31.0（130）	22.1（93）	10.7（45）	100.0（420）	
合计	40.6（812）	32.7（654）	18.5（369）	8.2（164）	100.0（1999）	

2. 社会人口学因素的影响

（1）性别。

独居老人中，老年男性的健康自评状况要明显好于老年女性。男性老人认为自己身体健康的比例接近一半，为49.5%，而女性老人认为自己身体健康的比例只占37.7%（见表2-3和表2-4）。

表2-3 性别与健康自评交叉列表   单位：%

性别	健康	一般	不好但能自理	不能自理	合计
女	37.7（549）	33.3（486）	20.2（295）	8.8（128）	100.0（1458）
男	49.5（243）	31.0（152）	12.6（62）	6.9（34）	100.0（491）
合计	40.6（792）	32.7（638）	18.3（357）	8.3（162）	100.0（1949）
卡方检验					p＝0.000

表2-4　性别、健康自评与城市交叉列表　　　　　　单位：%

城市	性别	健康	一般	不好但能自理	不能自理	合计	卡方检验
郑州	女	66.6（231）	22.5（78）	8.1（28）	2.9（10）	100.0（347）	
	男	74.5（111）	17.4（26）	4.7（7）	3.4（5）	100.0（149）	
	合计	69.0（342）	21.0（104）	7.1（35）	3.0（15）	100.0（496）	p＝0.265
兰州	女	22.8（95）	41.0（171）	23.5（98）	12.7（53）	100.0（417）	
	男	32.1（42）	41.2（54）	19.1（25）	7.6（10）	100.0（131）	
	合计	25.0（137）	41.1（225）	22.4（123）	11.5（63）	100.0（548）	p＝0.088
青岛	女	31.6（117）	37.0（137）	24.3（90）	7.0（26）	100.0（370）	
	男	40.6（52）	36.7（47）	12.5（16）	10.2（13）	100.0（128）	
	合计	33.9（169）	36.9（184）	21.3（106）	7.8（39）	100.0（498）	p＝0.021
济南	女	32.7（106）	30.9（100）	24.4（79）	12.0（39）	100.0（324）	
	男	45.8（38）	30.1（25）	16.9（14）	7.2（6）	100.0（83）	
	合计	35.4（144）	30.7（125）	22.9（93）	11.1（45）	100.0（407）	p＝0.102

　　四个城市中，老年男性的健康自评状况都要好于老年女性。但是只有青岛的独居老人，老年男性和老年女性的健康自评状况的显著差异通过了统计检验，郑州、兰州和济南的独居老人，老年男性和老年女性的健康自评状况差别并不显著。这在很大程度上是因为男性的寿命低于女性，即女性老人的平均年龄高过男性，年长而多病，也符合自然规律。

表2-5　城市、健康自评与性别交叉列表　　　　　　单位：%

性别	城市	健康	一般	不好但能自理	不能自理	合计	卡方检验
女	郑州	66.6（231）	22.5（78）	8.1（28）	2.9（10）	100.0（347）	
	兰州	22.8（95）	41.0（171）	23.5（98）	12.7（53）	100.0（417）	
	青岛	31.6（117）	37.2（137）	24.3（90）	7.0（26）	100.0（370）	p＝0.000
	济南	32.7（106）	30.9（100）	24.4（79）	12.0（39）	100.0（324）	
	合计	37.7（549）	33.3（486）	20.2（295）	8.8（128）	100.0（1458）	
男	郑州	74.5（111）	17.4（26）	4.7（7）	3.4（5）	100.0（149）	
	兰州	32.1（42）	41.2（54）	19.1（25）	7.6（10）	100.0（131）	
	青岛	40.6（52）	36.7（47）	12.5（16）	10.2（13）	100.0（128）	p＝0.000
	济南	45.8（38）	30.1（25）	16.9（14）	7.2（6）	100.0（83）	
	合计	49.4（243）	40.0（152）	12.6（62）	6.9（34）	100.0（491）	

由表2-5可以看出，无论是男性独居老人，还是女性独居老人，郑州的独居老人的健康自评状况都是最好的，而兰州的独居老人的健康自评状况都是最差的。郑州的女性独居老人认为自己身体健康的比例达66.6%，不能自理的仅占2.9%。而兰州的女性独居老人认为自己身体健康的比例仅占22.8%，不能自理的却占12.7%。郑州的男性独居老人认为自己身体健康的比例高达74.5%，不能自理的仅占3.4%。

（2）年龄。

不同年龄阶段的独居老人，健康自评状况存在显著差异。独居老人年龄越大，健康自评状况越差，认为自己身体健康的比例越低，而不能自理的比例越高（见表2-6和表2-7）。

表2-6　年龄段与健康自评交叉列表　　　　单位：%

年龄段	健康	一般	不好但能自理	不能自理	合计	卡方检验
60~69岁	49.4（194）	31.3（123）	16.3（64）	3.1（12）	100.0（393）	
70~79岁	39.1（378）	34.3（332）	20.9（202）	5.7（55）	100.0（967）	p=0.000
80岁及以上	37.5（229）	31.0（189）	16.2（99）	15.2（93）	100.0（610）	
合计	40.7（801）	32.7（644）	18.5（365）	8.1（160）	100.0（1970）	

表2-7　年龄段、健康自评与城市交叉列表　　　　单位：%

城市	年龄段	健康	一般	不好但能自理	不能自理	合计	卡方检验
郑州	60~69岁	81.8（90）	14.5（16）	2.7（3）	0.9（1）	100.0（110）	
	70~79岁	69.9（158）	19.5（44）	8.0（18）	2.7（6）	100.0（226）	p=0.010
	80岁及以上	59.9（97）	26.5（43）	8.6（14）	4.9（8）	100.0（162）	
	合计	69.3（345）	20.7（103）	7.0（35）	3.0（15）	100.0（498）	
兰州	60~69岁	22.4（24）	43.9（47）	27.1（29）	6.5（7）	100.0（107）	
	70~79岁	23.1（71）	40.7（125）	26.4（81）	9.8（30）	100.0（307）	p=0.016
	80岁及以上	31.4（48）	37.9（58）	15.0（23）	15.7（24）	100.0（153）	
	合计	25.2（143）	40.6（230）	23.5（133）	10.8（61）	100.0（567）	
青岛	60~69岁	50.0（50）	32.0（32）	17.0（17）	1.0（1）	100.0（100）	
	70~79岁	33.8（81）	40.8（98）	21.7（52）	3.8（9）	100.0（240）	p=0.000
	80岁及以上	22.7（35）	34.4（53）	24.0（37）	18.8（29）	100.0（154）	
	合计	33.6（166）	37.0（183）	21.5（106）	7.9（39）	100.0（494）	

续表

城市	年龄段	健康	一般	不好但能自理	不能自理	合计	卡方检验
济南	60～69 岁	39.5 (30)	36.8 (28)	19.7 (15)	3.9 (3)	100.0 (76)	p = 0.000
	70～79 岁	35.1 (68)	33.5 (65)	26.3 (51)	5.2 (10)	100.0 (194)	
	80 岁及以上	34.8 (49)	24.8 (35)	17.7 (25)	22.7 (32)	100.0 (141)	
	合计	35.8 (147)	31.1 (128)	22.1 (91)	10.9 (45)	100.0 (411)	

　　四个城市不同年龄阶段的独居老人，健康自评状况都存在显著差异，但是具体表现并不完全一致。郑州、青岛和济南的独居老人，年龄越大认为自己身体健康的比例越低，但兰州的独居老人反而是年龄越大，认为自己健康的比例越高。以前的调查中，我们也发现了这一点，即最高年龄段的老人身体健康自评更好一些。这主要是这个年龄段的老人相对调低了对身体健康的评价标准，在访谈中我们发现，不同年龄段的老人对于身体健康的评价心理标准是不同的，年纪越大的老人，对于健康的要求越低。他们认为，这个年纪，这样就属于好的了，属于健康的。

　　（3）婚姻状况。

　　总的来说，不同婚姻状况的独居老人的健康自评状况并无显著差异，离婚或分居的独居老人的健康自评状况要稍好于未婚或丧偶的独居老人。不过，各个城市的状况并不完全一致。在郑州，未婚或丧偶的独居老人与离婚或分居的独居老人的健康自评状况相差不明显，而兰州、青岛和济南三个城市，离婚或分居的独居老人的健康自评状况要稍好于未婚或丧偶的独居老人（见表2-8）。

表 2-8　婚姻状况、健康自评与城市交叉列表　　　　单位：%

城市	婚姻状况	健康	一般	不好但能自理	不能自理	合计	卡方检验
郑州	未婚或丧偶	69.4 (292)	20.7 (87)	7.6 (32)	2.4 (10)	100.0 (421)	p = 0.820
	离婚或分居	66.7 (36)	24.1 (13)	5.6 (3)	3.7 (2)	100.0 (54)	
兰州	未婚或丧偶	23.9 (122)	41.6 (212)	23.1 (118)	11.4 (58)	100.0 (510)	p = 0.480
	离婚或分居	34.1 (14)	36.6 (15)	17.1 (7)	112.2 (5)	100.0 (41)	
青岛	未婚或丧偶	33.8 (154)	37.5 (171)	20.4 (93)	8.3 (38)	100.0 (456)	p = 0.332
	离婚或分居	36.1 (13)	30.6 (11)	30.6 (11)	2.8 (1)	100.0 (36)	
济南	未婚或丧偶	35.4 (134)	30.1 (114)	23.0 (87)	11.6 (44)	100.0 (379)	p = 0.104
	离婚或分居	45.7 (16)	40.0 (14)	11.4 (4)	2.9 (1)	100.0 (35)	

续表

城市	婚姻状况	健康	一般	不好但能自理	不能自理	合计	卡方检验
合计	未婚或丧偶	39.8（702）	33.1（584）	18.7（330）	8.5（150）	100.0（1766）	p＝0.158
	离婚或分居	47.6（79）	31.9（53）	15.1（25）	5.4（9）	100.0（166）	

表 2-9　城市、健康自评与婚姻交叉列表　　　　单位：%

婚姻	城市	健康	一般	不好但能自理	不能自理	合计	卡方检验
未婚或丧偶	郑州	69.4（292）	20.7（87）	7.6（32）	2.4（10）	100.0（421）	p＝0.000
	兰州	23.9（122）	41.6（212）	23.1（118）	11.4（58）	100.0（510）	
	青岛	33.8（154）	37.5（171）	20.4（93）	8.3（38）	100.0（456）	
	济南	35.4（134）	30.1（114）	23.0（87）	11.6（44）	100.0（379）	
	合计	39.8（702）	33.1（584）	18.7（330）	8.5（150）	100.0（1766）	
离婚或分居	郑州	66.7（36）	24.1（13）	5.6（3）	3.7（2）	100.0（54）	p＝0.007
	兰州	34.1（14）	36.6（15）	17.1（7）	12.2（5）	100.0（41）	
	青岛	36.1（13）	30.6（11）	30.6（11）	2.8（1）	100.0（36）	
	济南	45.7（16）	40.0（14）	11.4（4）	2.9（1）	100.0（35）	
	合计	47.6（79）	31.9（53）	15.1（25）	5.4（9）	100.0（166）	

不同城市的未婚或丧偶的独居老人与离婚或分居的独居老人的健康自评状况都存在显著差异。在郑州，未婚或丧偶的独居老人与离婚或分居的独居老人的健康自评状况都是最好的，他们认为自己身体健康的比例在四个城市的独居老人中都是最高的，而不能自理的比例都是最低的。而兰州未婚或丧偶的独居老人的健康自评状况相对来说是较差的，他们认为自己身体健康的比例在四个城市的独居老人中是最低的，而不能自理的比例也是第二高的。兰州离婚或分居的独居老人的健康自评状况也是最差的，他们认为自己身体健康的比例在四个城市的独居老人中是最低的，而不能自理的比例也是最高的。已有很多的研究证明了在婚老人的身体健康自评是好于独居老人的，主要是老人独居大多是因为丧偶，而到了丧偶期，老人本身的年龄就已经大了。这里还有一个问题，就是独居老人大多数是丧偶的，分居或离婚的比例相对较少，样本数也比较少，这可能会在一定程度上影响数据结果。

（4）文化程度。

不同文化程度的独居老人的健康自评状况存在显著差异。文化程度最高的独居老人健康自评状况最好，文化程度最低，即不识字的独居老人健康自评状况最差。文化程度越高，认为自己身体健康的比例越高（见表2-10）。

表2-10　文化程度与健康自评交叉列表　　　　　　　单位：%

文化程度	健康	一般	不好但能自理	不能自理	合计	卡方检验
不识字	36.2（192）	32.1（170）	21.1（112）	10.6（56）	100.0（530）	
小学	39.9（220）	33.3（184）	19.2（106）	7.6（42）	100.0（552）	
初中	40.3（175）	33.6（146）	18.0（78）	8.1（35）	100.0（434）	p=0.032
高中或中专	44.6（133）	32.9（98）	15.8（47）	6.7（20）	100.0（298）	
大专及以上	52.9（81）	28.8（44）	12.4（19）	5.9（9）	100.0（153）	
合计	40.7（801）	32.6（642）	18.4（362）	8.2（162）	100.0（1967）	

但是，不同城市的情况有所不同。四个城市中，只有青岛的独居老人，文化程度与健康自评存在显著正相关。他们确实是文化程度最高的独居老人，健康自评状况最好，不识字的独居老人健康自评状况相对最差。其他城市，不同文化程度的独居老人健康自评状况并无统计学意义上的显著差异（见表2-11）。

表2-11　文化程度、健康自评与城市交叉列表　　　　　　单位：%

城市	文化程度	健康	一般	不好但能自理	不能自理	合计	卡方检验
郑州	不识字	65.6（101）	23.4（36）	7.1（11）	3.9（60）	100.0（154）	
	小学	77.1（91）	16.1（19）	5.9（7）	0.8（1）	100.0（118）	
	初中	65.9（83）	23.0（29）	6.3（8）	4.8（6）	100.0（126）	p=0.493
	高中或中专	72.1（44）	21.3（13）	6.6（4）	0（0）	100.0（61）	
	大专及以上	64.3（27）	19.0（8）	11.9（5）	4.8（2）	100.0（42）	
	合计	69.1（346）	30.0（105）	7.0（35）	3.0（15）	100.0（501）	
兰州	不识字	23.5（42）	40.8（73）	23.5（42）	12.3（22）	100.0（179）	
	小学	24.5（39）	41.5（66）	22.0（35）	11.9（19）	100.0（159）	
	初中	18.3（19）	47.1（49）	26.9（28）	7.7（8）	100.0（104）	p=0.543
	高中或中专	29.5（26）	35.2（31）	21.6（19）	13.6（12）	100.0（88）	
	大专及以上	38.2（13）	35.3（12）	20.6（7）	5.9（2）	100.0（34）	
	合计	24.6（139）	41.0（231）	23.2（131）	11.2（63）	100.0（564）	
青岛	不识字	18.6（16）	33.7（29）	38.4（33）	9.3（8）	100.0（86）	
	小学	31.9（46）	38.9（56）	20.8（30）	8.3（12）	100.0（144）	
	初中	34.4（43）	32.8（41）	21.6（27）	11.2（14）	100.0（125）	p=0.000
	高中或中专	41.6（37）	37.1（33）	15.7（14）	5.6（5）	100.0（89）	

城市	文化程度	健康	一般	不好但能自理	不能自理	合计	卡方检验
青岛	大专及以上	58.1（25）	39.5（17）	2.3（1）	0（0）	100.0（43）	p=0.000
	合计	34.3（167）	36.1（176）	21.6（105）	8.0（39）	100.0（487）	
济南	不识字	29.7（33）	28.8（32）	23.4（26）	18.0（20）	100.0（111）	p=0.143
	小学	33.6（44）	32.8（43）	26.0（34）	7.6（10）	100.0（131）	
	初中	38.0（30）	34.2（27）	19.0（15）	8.9（7）	100.0（79）	
	高中或中专	43.3（26）	35.0（21）	16.7（10）	5.0（3）	100.0（60）	
	大专及以上	47.1（16）	20.6（7）	17.6（6）	14.7（5）	100.0（34）	
	合计	35.9（149）	31.3（130）	21.9（91）	10.8（45）	100.0（415）	

（5）职业背景。

不同职业背景的独居老人的健康自评状况存在显著差异，退休前是专业技术和办事人员及从事生产、商业和服务业的独居老人的健康自评状况相对较好，退休前无职业的独居老人的健康自评状况是最差的，他们认为自己身体健康的比例最低，不健康和不能自理的比例都是最高的（见表2-12）。

表2-12 退休职业与健康自评交叉列表 单位：%

退休职业	健康	一般	不好但能自理	不能自理	合计	
党政企事业单位负责人和军人	34.7(102)	32.3(95)	23.1(68)	9.9(29)	100.0(294)	p=0.000
专业技术和办事人员	48.2(198)	30.4(125)	13.9(57)	7.5(31)	100.0(411)	
生产、商业和服务业	46.3(315)	31.6(215)	15.3(104)	6.8(46)	100.0(680)	
农林牧副渔	34.8(124)	35.4(126)	21.6(77)	8.1(29)	100.0(356)	
无职业	27.5(53)	35.2(68)	25.4(49)	11.9(23)	100.0(193)	
合计	41.0(792)	32.5(629)	18.4(355)	8.2(158)	100.0(1934)	

具体来说，四个城市中，除了济南、郑州，其他两个城市，都是退休前是专业技术和办事人员的独居老人的健康自评状况最好，退休前无职业的独居老人的健康自评状况最差。

各种职业背景的独居老人的健康自评状况存在显著的城市差异。各种职业背景的独居老人中，郑州的独居老人的健康自评状况都是最好的。退休之前是党政企事业单位负责人和军人的独居老人，青岛的独居老人的健康自评状况最差。退休前是专业技术和办事人员的独居老人、从事农林牧副渔业和没有职业的独居老人，都是兰州的独居老人的健康自评状况最差（见表2-13）。

表2-13 退休职业、健康自评与城市交叉列表 单位：%

城市	退休职业	健康	一般	不好但能自理	不能自理	合计	卡方检验
郑州	党政企事业单位负责人和军人	63.2 (240)	26.3 (10)	2.6 (1)	7.9 (3)	100.0 (38)	
	专业技术和办事人员	68.7 (68)	20.2 (20)	7.1 (7)	4.0 (4)	100.0 (99)	
	生产、商业和服务业	69.7 (202)	22.1 (64)	6.9 (20)	1.4 (4)	100.0 (290)	p=0.038
	农林牧副渔	76.3 (29)	10.5 (4)	13.2 (5)	0 (0)	100.0 (38)	
	无职业	62.9 (22)	20.0 (7)	5.7 (2)	11.4 (4)	100.0 (35)	
	合计	69.0 (345)	21.0 (105)	7.0 (35)	3.0 (15)	100.0 (500)	
兰州	党政企事业单位负责人和军人	27.0 (24)	37.1 (33)	24.7 (22)	11.2 (10)	100.0 (89)	
	专业技术和办事人员	38.6 (32)	32.5 (27)	20.5 (17)	8.4 (7)	100.0 (83)	
	生产、商业和服务业	25.1 (52)	43.5 (90)	20.8 (43)	10.6 (22)	100.0 (207)	p=0.041
	农林牧副渔	23.9 (22)	44.6 (41)	19.6 (18)	12.0 (11)	100.0 (92)	
	无职业	11.2 (10)	41.6 (37)	31.5 (28)	15.7 (14)	100.0 (89)	
	合计	25.0 (140)	40.7 (228)	22.9 (128)	11.4 (64)	100.0 (560)	
青岛	党政企事业单位负责人和军人	26.6 (29)	33.9 (37)	27.5 (30)	11.9 (13)	100.0 (109)	
	专业技术和办事人员	44.8 (69)	35.7 (55)	13.0 (20)	6.5 (10)	100.0 (154)	
	生产、商业和服务业	22.2 (4)	44.4 (8)	33.3 (6)	0 (0)	100.0 (18)	p=0.018
	农林牧副渔	31.3 (63)	37.8 (76)	22.9 (46)	8.0 (16)	100.0 (201)	
	无职业	12.5 (1)	50.0 (4)	37.5 (3)	0 (0)	100.0 (8)	
	合计	33.9 (166)	36.7 (180)	21.4 (105)	8.0 (39)	100.0 (490)	
济南	党政企事业单位负责人和军人	43.1 (25)	25.9 (15)	25.9 (15)	5.2 (3)	100.0 (58)	
	专业技术和办事人员	38.7 (29)	30.7 (23)	17.3 (13)	13.3 (10)	100.0 (75)	
	生产、商业和服务业	34.5 (57)	32.1 (53)	21.2 (35)	12.1 (20)	100.0 (165)	p=0.743
	农林牧副渔	40.0 (10)	20.0 (5)	32.0 (8)	8.0 (2)	100.0 (25)	
	无职业	32.8 (20)	32.8 (20)	26.2 (16)	8.2 (5)	100.0 (61)	
	合计	36.7 (141)	30.2 (116)	22.7 (87)	10.4 (40)	100.0 (384)	

（6）独居时间。

老年人独居时间的长短与健康自评并无显著关系，不过独居时间相同的老年人的健康自评状况存在明显的城市差异。在各种不同的独居时间内，郑州的独居老人的健康自评状况都是最好的。独居时间不满 11 年的老年人，兰州的独居老人的健康自评状况是最差的。独居时间在 11 年及以上的老年人，济南的独居老人的健康自评状况相对来说是最差的（见表 2-14）。

表 2-14　城市、健康自评与独居时间交叉列表　　　　　单位：%

独居时间	城市	健康	一般	不好但能自理	不能自理	合计	卡方检验
1 年及以下	郑州	68.6 (24)	20.0 (7)	8.6 (3)	2.9 (1)	100.0 (35)	p=0.000
	兰州	18.2 (8)	45.5 (20)	15.9 (7)	20.5 (9)	100.0 (44)	
	青岛	31.4 (11)	25.7 (9)	37.1 (13)	5.7 (2)	100.0 (35)	
	济南	44.8 (13)	34.5 (10)	17.2 (5)	3.4 (1)	100.0 (29)	
	合计	39.2 (56)	32.2 (46)	19.6 (28)	9.1 (13)	100.0 (143)	
2~5 年	郑州	73.1 (95)	16.2 (21)	8.5 (11)	2.3 (3)	100.0 (130)	p=0.000
	兰州	21.4 (31)	40.0 (58)	26.2 (38)	12.4 (18)	100.0 (145)	
	青岛	34.4 (43)	37.6 (47)	16.8 (21)	11.2 (14)	100.0 (125)	
	济南	41.3 (45)	29.4 (32)	22.0 (24)	7.3 (8)	100.0 (109)	
	合计	42.0 (214)	31.0 (158)	18.5 (94)	8.4 (43)	100.0 (509)	
6~10 年	郑州	66.4 (85)	25.8 (33)	4.7 (6)	3.1 (4)	100.0 (128)	p=0.000
	兰州	26.2 (33)	32.5 (41)	27.0 (34)	14.3 (18)	100.0 (126)	
	青岛	32.8 (42)	45.3 (58)	16.4 (21)	5.5 (7)	100.0 (128)	
	济南	37.0 (30)	37.0 (30)	19.8 (16)	6.2 (5)	100.0 (81)	
	合计	41.0 (190)	35.0 (162)	16.6 (77)	7.3 (34)	100.0 (463)	
11~15 年	郑州	69.6 (55)	21.5 (17)	7.6 (6)	1.3 (1)	100.0 (79)	p=0.000
	兰州	22.9 (22)	45.8 (44)	24.0 (23)	7.3 (7)	100.0 (96)	
	青岛	35.6 (36)	34.7 (35)	21.8 (22)	7.9 (8)	100.0 (101)	
	济南	31.9 (22)	31.9 (22)	23.2 (16)	13.0 (9)	100.0 (69)	
	合计	39.1 (135)	34.2 (118)	19.4 (67)	7.2 (25)	100.0 (345)	
16 年及以上	郑州	67.0 (75)	21.4 (24)	7.1 (8)	4.5 (5)	100.0 (112)	p=0.000
	兰州	29.9 (50)	43.1 (72)	19.2 (32)	7.8 (13)	100.0 (167)	
	青岛	33.6 (37)	31.8 (35)	27.3 (30)	7.3 (8)	100.0 (110)	
	济南	32.8 (39)	26.9 (32)	23.5 (28)	16.8 (20)	100.0 (119)	
	合计	39.6 (201)	32.1 (163)	19.3 (98)	9.1 (46)	100.0 (508)	

（7）收入与健康自评。

调查发现，大多数独居老人生活主要依靠自己的收入或存款，约占80.5%，他们的健康自评状况明显好于依赖子女或社会救济的独居老人。四个城市中，兰州和青岛生活主要依靠自己收入或存款的独居老人的健康自评状况要明显好于依赖子女或社会救济的独居老人。其他两个城市，生活主要依靠自己收入或存款的独居老人和生活主要依赖子女或社会救济的独居老人的健康自评状况并无显著差异（见表2-15）。

表2-15　生活来源、健康自评与城市交叉列表　　　　单位：%

城市	生活来源	健康	一般	不好但能自理	不能自理	合计	卡方检验
郑州	退休金、工资和存款	69.0（291）	22.0（93）	6.2（26）	2.8（12）	100.0（422）	p=0.226
	子女提供、救济金及其他	72.0（54）	14.7（11）	9.3（7）	4.0（3）	100.0（75）	
兰州	退休金、工资和存款	30.3（116）	41.0（157）	20.9（80）	7.8（30）	100.0（383）	p=0.000
	子女提供、救济金及其他	15.0（26）	41.0（71）	26.6（46）	17.3（30）	100.0（173）	
青岛	退休金、工资和存款	34.8（167）	37.1（178）	20.4（98）	7.7（37）	100.0（480）	p=0.031
	子女提供、救济金及其他	15.4（2）	23.1（3）	53.8（7）	7.7（1）	100.0（13）	
济南	退休金、工资和存款	37.1（121）	32.2（105）	20.6（67）	10.1（33）	100.0（326）	p=0.248
	子女提供、救济金及其他	34.9（29）	25.3（21）	30.1（25）	9.6（8）	100.0（83）	
合计	退休金、工资和存款	43.1（695）	33.1（533）	16.8（271）	7.0（112）	100.0（1611）	p=0.000
	子女提供、救济金及其他	32.3（111）	30.8（106）	24.7（85）	12.2（42）	100.0（344）	

总的来说，不同收入水平的独居老人的健康自评状况存在显著差异。具体来说，四个城市的状况有所不同。郑州和兰州不同收入水平的独居老人的健康自评状况并无显著差异。青岛和济南不同收入水平的独居老人的健康自评状况则存在显著差异，两者都是月收入水平最低的独居老人健康自评状况最差。不同的是，青岛的独居老人，随着其收入水平的提高，认为自己身体健康的比例也是越来越高，月收入水平最高的独居老人的健康自评状况最好。而济南则是月收入在1001~1500元的独居老人健康自评状况最好。相同收入水平的独居老人的健康自评状况存

在显著的城市差异。在不同收入水平中，郑州的独居老人的健康自评状况都是最好的，而兰州的独居老人的健康自评状况则相对较差（见表2-16）。

表2-16 月收入、健康自评与城市交叉列表　　　单位：%

城市	月收入	健康	一般	不好但能自理	不能自理	合计	卡方检验
郑州	0~500元	63.4（26）	22.0（9）	9.8（4）	4.9（2）	100.0（41）	p=0.213
	501~1000元	83.8（31）	8.1（3）	2.7（1）	5.4（2）	100.0（37）	
	1001~1500元	62.1（36）	31.0（18）	5.2（3）	1.7（1）	100.0（58）	
	1501~2000元	69.2（146）	23.7（50）	5.2（11）	1.9（4）	100.0（211）	
	2001元及以上	69.9（86）	17.1（21）	9.8（12）	3.3（4）	100.0（123）	
兰州	0~500元	14.4（13）	38.9（35）	25.6（23）	21.1（19）	100.0（90）	p=0.094
	501~1000元	24.0（41）	41.5（71）	25.7（44）	8.8（15）	100.0（171）	
	1001~1500元	30.7（27）	42.0（37）	20.5（18）	6.8（6）	100.0（88）	
	1501~2000元	29.0（40）	38.4（53）	23.2（32）	9.4（13）	100.0（138）	
	2001元及以上	27.0（17）	38.1（24）	20.6（13）	14.3（9）	100.0（63）	
青岛	0~500元	17.1（6）	31.4（11）	37.1（13）	14.3（5）	100.0（35）	p=0.000
	501~1000元	26.7（4）	33.3（5）	33.3（5）	6.7（1）	100.0（15）	
	1001~1500元	26.6（45）	43.8（74）	26.0（44）	3.6（6）	100.0（169）	
	1501~2000元	37.9（53）	30.0（42）	19.3（27）	12.9（18）	100.0（140）	
	2001元及以上	44.8（56）	37.6（47）	11.2（14）	6.4（8）	100.0（125）	
济南	0~500元	28.7（25）	27.6（24）	29.9（26）	13.8（12）	100.0（87）	p=0.024
	501~1000元	28.6（14）	40.8（20）	24.5（12）	6.1（3）	100.0（49）	
	1001~1500元	50.0（27）	25.9（14）	20.4（11）	3.7（2）	100.0（54）	
	1501~2000元	39.3（42）	30.8（33）	23.4（25）	6.5（7）	100.0（107）	
	2001元及以上	33.6（39）	33.6（39）	15.5（18）	17.2（20）	100.0（116）	

3. 疾病与健康自评

独居老人的健康自评状况与其患病状况具有显著相关，本次研究共调查了神经性关节炎、高低血压、贫血、中风、肠胃病、糖尿病、癌症、呼吸系统疾病、骨类疾病、心脏病、肾病、白内障、视力削弱、听力削弱、牙齿不好、慢性腰腿疼、癫痫17种老年常见疾病的患病状况。除了癫痫，其他16种疾病没有患病的独居老人的健康自评状况明显好于患病的独居老人。不过，各个城市的具体情况是不一样的。独居老人最常见的10种疾病，按患病比例高低依次为神经性关节炎、高低血压、视力削弱、牙齿不好、心脏病、听力削弱、慢性腰腿疼、白内障、糖尿病和肠胃病。郑州除视力削弱和听力削弱之外，其他8种疾病，没有患病的独居老人的健康自评状况明显好于患病的独居老人。兰州除牙齿不好、听力削弱和肠胃病外，其他7种疾病，没有患病的独居老人的健康自评状况明显好于患病的独居老人。青岛除肠胃病、糖尿病、心脏病和牙齿不好4种疾病，没有患病的独居老人的健康自评状况明显好于患病的独居老人。济南除肠胃病和听力削弱外，其他8种疾病，没有患病的独居老人的健康自评状况明显好于患病的独居老人（见表2-17）。

表2-17　患病、健康自评与城市交叉列表　　　　　　单位：%

疾病类型		郑州	卡方检验	兰州	卡方检验	青岛	卡方检验	济南	卡方检验
神经性关节炎	不患病	73.8（285）	p=0.000	34.9（102）	p=0.000	28.9（95）	p=0.063	40.6（102）	p=0.007
	患病	53.4（62）		14.7（42）		19.6（9）		29.9（47）	
高低血压	不患病	74.5（190）	p=0.031	36.3（90）	p=0.000	30.7（90）	p=0.141	47.9（93）	p=0.000
	患病	63.6（157）		16.4（54）		17.5（14）		26.9（58）	
肠胃病	不患病	70.9（338）	p=0.002	26.1（121）	p=0.060	28.3（102）	p=0.038	38.6（120）	p=0.270
	患病	36.0（9）		20.2（23）		16.7（2）		32.3（30）	
糖尿病	不患病	73.1（312）	p=0.000	27.1（131）	p=0.000	29.4（97）	p=0.011	39.3（131）	p=0.022
	患病	46.7（35）		13.7（13）		16.7（7）		25.0（18）	
心脏病	不患病	77.0（275）	p=0.000	32.2（122）	p=0.000	31.3（98）	p=0.003	51.5（119）	p=0.000
	患病	49.7（72）		11.1（22）		9.8（6）		18.0（32）	
白内障	不患病	71.8（311）	p=0.003	27.8（100）	p=0.004	28.1（103）	p=0.864	40.6（130）	p=0.001
	患病	52.2（36）		13.6（19）		20.0（1）		23.0（20）	
视力削弱	不患病	71.2（232）	p=0.446	30.5（60）	p=0.001	27.9（102）	p=0.841	46.7（91）	p=0.000
	患病	65.3（115）		19.5（59）		33.3（14）		28.0（60）	
牙齿不好	不患病	74.6（291）	p=0.000	24.0（35）	p=0.527	28.0（101）	p=0.011	41.6（97）	p=0.018
	患病	50.0（56）		23.7（84）		27.3（3）		30.6（53）	
慢性腰腿疼	不患病	72.5（321）	p=0.000	27.7（72）	p=0.006	28.1（101）	p=0.743	42.9（117）	p=0.002
	患病	44.1（26）		19.6（47）		23.1（3）		25.4（34）	

患病的独居老人的健康自评状况存在显著的城市差异，郑州患病的独居老人的健康自评状况最好，青岛患病的独居老人的健康自评状况最差。其中，患

神经性关节炎、高低血压和视力削弱的独居老人,兰州的独居老人的健康自评状况最差;而牙齿不好和患心脏病的独居老人,青岛的独居老人的健康自评状况最差。

4. 自理能力与健康自评

独居老人的健康自评状况与其自理能力状况存在显著关系。自理能力状况好的独居老人的健康自评状况明显好于自理能力状况差的独居老人。本次调查了起床、穿脱衣服、洗澡、上下楼梯、旅行、做家务、买东西和存取钱八个方面的自理能力,这八个方面都是自理能力状况好的独居老人的健康自评状况明显好于自理能力状况差的独居老人。在各个城市当中都是如此(见表2-18和表2-19)。

表2-18 自理能力、健康自评与城市交叉列表   单位:%

城市	起床	健康	穿脱衣服	健康	洗澡	健康	上下楼梯	健康
郑州	能做	71.9(333)	能做	73.1(332)	能做	75.2(324)	能做	76.9(310)
	很费劲	34.6(9)	很费劲	25.0(8)	很费劲	35.9(14)	很费劲	43.8(32)
	需要帮助	33.1(1)	需要帮助	50.0(3)	需要帮助	25.0(4)	需要帮助	0(0)
	不能做	28.6(2)	不能做	28.6(2)	不能做	28.6(4)	不能做	21.4(3)
卡方检验		p=0.000		p=0.000		p=0.000		p=0.000
兰州	能做	28.9(140)	能做	29.2(140)	能做	33.1(128)	能做	34.8(118)
	很费劲	6.1(4)	很费劲	5.7(4)	很费劲	11.3(11)	很费劲	12.3(19)
	需要帮助	0(0)	需要帮助	0(0)	需要帮助	6.7(4)	需要帮助	6.8(3)
	不能做	0(0)	不能做	0(0)	不能做	3.7(1)	不能做	9.4(3)
卡方检验		p=0.000		p=0.000		p=0.000		p=0.000
青岛	能做	35.0(165)	能做	34.9(164)	能做	40.8(160)	能做	38.3(160)
	很费劲	7.1(1)	很费劲	14.3(2)	很费劲	8.3(3)	很费劲	7.9(3)
	需要帮助	0(0)	需要帮助	0(0)	需要帮助	7.7(3)	需要帮助	10.0(2)
	不能做	0(0)	不能做	0(0)	不能做	0(0)	不能做	0(0)
卡方检验		p=0.000		p=0.000		p=0.000		p=0.000
济南	能做	39.9(141)	能做	40.9(141)	能做	43.2(134)	能做	45.1(129)
	很费劲	17.0(8)	很费劲	15.7(8)	很费劲	19.0(11)	很费劲	14.8(12)
	需要帮助	25.0(1)	需要帮助	0(0)	需要帮助	23.1(3)	需要帮助	23.5(4)
	不能做	0(0)	不能做	6.7(1)	不能做	5.9(2)	不能做	14.8(4)
卡方检验		p=0.000		p=0.000		p=0.000		p=0.000

表2-19　自理能力、健康自评与城市交叉列表　　　　单位：%

城市	旅行	健康	做家务	健康	买东西	健康	存取钱	健康
郑州	能做	80.9(148)	能做	76.4(256)	能做	73.7(246)	能做	75.1(178)
	很费劲	64.7(66)	很费劲	67.3(74)	很费劲	71.7(76)	很费劲	68.1(62)
	需要帮助	60.6(40)	需要帮助	29.2(7)	需要帮助	60.7(17)	需要帮助	62.7(42)
	不能做	61.5(88)	不能做	33.3(9)	不能做	24.1(7)	不能做	62.0(62)
卡方检验		p = 0.000		p = 0.000		p = 0.000		p = 0.000
兰州	能做	42.7(32)	能做	33.7(116)	能做	32.9(113)	能做	32.3(82)
	很费劲	54.4(31)	很费劲	17.6(24)	很费劲	18.8(21)	很费劲	24.6(14)
	需要帮助	24.5(34)	需要帮助	5.9(3)	需要帮助	9.3(5)	需要帮助	26.4(23)
	不能做	15.9(46)	不能做	2.9(1)	不能做	8.1(5)	不能做	14.7(25)
卡方检验		p = 0.000		p = 0.000		p = 0.000		p = 0.000
青岛	能做	55.6(100)	能做	42.7(147)	能做	42.8(146)	能做	48.4(136)
	很费劲	28.6(18)	很费劲	18.4(14)	很费劲	13.6(9)	很费劲	17.9(10)
	需要帮助	32.7(37)	需要帮助	9.8(4)	需要帮助	17.5(7)	需要帮助	21.9(14)
	不能做	7.4(10)	不能做	0(0)	不能做	6.7(3)	不能做	6.5(6)
卡方检验		p = 0.000		p = 0.000		p = 0.000		p = 0.000
济南	能做	53.6(67)	能做	46.9(129)	能做	45.0(127)	能做	46.8(110)
	很费劲	41.0(16)	很费劲	17.3(13)	很费劲	17.7(11)	很费劲	14.3(5)
	需要帮助	36.8(35)	需要帮助	19.0(4)	需要帮助	23.1(6)	需要帮助	38.5(15)
	不能做	19.0(28)	不能做	11.6(5)	不能做	14.0(6)	不能做	19.1(18)
卡方检验		p = 0.000		p = 0.000		p = 0.000		p = 0.000

5. 主观感受与健康自评

（1）满意度与健康自评。

虽然从四个城市的状况来看，对社区服务满意的独居老人的健康自评状况都要好于对社区服务不满意的独居老人，但只有青岛存在显著差异。而且从总体上来看，独居老人健康自评状况与其对社区服务满意度之间并无显著关系（见表2-20）。

表2-20　社区服务、健康自评与城市交叉列表　　　　单位：%

城市	社区服务	健康	一般	不好但能自理	不能自理	合计	卡方检验
郑州	满意	70.7（220）	19.3（60）	7.1（22）	2.9（9）	100.0（311）	p = 0.749
	不满意	66.7（126）	23.3（44）	6.9（13）	3.2（6）	100.0（189）	

续表

城市	社区服务	健康	一般	不好但能自理	不能自理	合计	卡方检验
兰州	满意	27.2（101）	39.2（146）	22.8（85）	10.8（40）	100.0（372）	p=0.452
	不满意	21.1（43）	43.1（88）	24.0（49）	11.8（24）	100.0（204）	
青岛	满意	35.6（167）	36.7（172）	20.7（97）	7.0（33）	100.0（469）	p=0.005
	不满意	7.7（2）	38.5（10）	34.6（9）	19.2（5）	100.0（26）	
济南	满意	37.8（121）	31.6（101）	21.6（69）	9.1（29）	100.0（320）	p=0.389
	不满意	31.9（30）	28.7（27）	25.5（24）	13.8（13）	100.0（94）	
合计	满意	41.4（609）	32.5（479）	18.5（273）	7.5（111）	100.0（1472）	p=0.566
	不满意	39.2（810）	32.9（169）	18.5（95）	9.4（48）	100.0（513）	

对赡养现状满意度不同的独居老人的健康自评状况存在显著差异，对赡养现状满意的独居老人的健康自评状况明显好于对赡养现状不满意的独居老人。四个城市中，也是对赡养现状满意的独居老人的健康自评状况要好于对赡养现状不满意的独居老人，而且除了青岛，其他三个城市对赡养现状满意度不同的独居老人的健康自评状况存在显著差异（见表2-21）。

表2-21　赡养现状、健康自评与城市交叉列表

城市	赡养现状	健康	一般	不好但能自理	不能自理	合计	卡方检验
郑州	满意	71.2（319）	19.6（88）	7.1（32）	2.0（9）	100.0（448）	p=0.000
	不满意	52.8（28）	30.2（16）	5.7（3）	11.3（6）	100.0（53）	
兰州	满意	26.8（130）	42.1（204）	21.2（103）	9.9（48）	100.0（485）	p=0.005
	不满意	14.8（13）	35.2（31）	34.1（30）	15.9（14）	100.0（88）	
青岛	满意	35.2（159）	37.2（168）	20.6（93）	7.1（32）	100.0（452）	p=0.162
	不满意	25.0（10）	32.5（13）	27.5（11）	15.0（6）	100.0（40）	
济南	满意	39.0（145）	30.6（114）	21.0（78）	9.4（35）	100.0（372）	p=0.011
	不满意	15.4（6）	33.3（13）	30.8（12）	20.5（8）	100.0（39）	
合计	满意	42.9（753）	32.7（574）	17.4（306）	7.1（124）	100.0（1757）	p=0.000
	不满意	25.9（57）	33.2（647）	25.5（56）	15.5（34）	100.0（220）	

独居老人对子女照顾的满意程度与其健康自评状况存在显著正相关关系，对子女照顾满意的独居老人的健康自评状况明显好于对子女照顾不满意的独居老人。四个城市中，对子女照顾满意的独居老人的健康自评状况都要好于对子女照

顾不满意的独居老人，但是只有在郑州和青岛，对子女照顾满意度不同的独居老人的健康自评状况存在显著差异（见表2-22）。

表2-22 子女照顾、健康自评与城市交叉列表 单位：%

城市	子女照顾	健康	一般	不好但能自理	不能自理	合计	卡方检验
郑州	满意	70.3（326）	20.7（96）	6.9（32）	2.2（10）	100.0（464）	p=0.000
	不满意	51.6（16）	25.8（8）	6.5（2）	16.1（5）	100.0（31）	
兰州	满意	26.2（130）	41.2（205）	21.7（108）	10.9（54）	100.0（497）	p=0.124
	不满意	16.2（11）	38.2（26）	32.4（22）	13.2（9）	100.0（68）	
青岛	满意	35.4（159）	37.6（169）	19.8（89）	7.1（32）	100.0（449）	p=0.005
	不满意	14.3（4）	28.6（8）	39.3（11）	17.9（5）	100.0（28）	
济南	满意	38.8（140）	30.7（111）	21.1（76）	9.4（34）	100.0（361）	p=0.081
	不满意	20.0（8）	32.5（13）	32.5（13）	15.0（6）	100.0（40）	
合计	满意	42.6（755）	32.8（581）	17.2（305）	7.3（130）	100.0（1771）	p=0.000
	不满意	23.4（39）	32.9（55）	28.7（48）	15.0（25）	100.0（167）	

独居老人的健康自评状况与其对医疗现状的满意程度也存在显著相关，对医疗现状满意的独居老人的健康自评状况明显好于对医疗现状不满意的独居老人。四个城市中，都是对医疗现状满意的独居老人的健康自评状况要好于对医疗现状不满意的独居老人，但是只有在青岛和济南，对医疗现状满意度不同的独居老人的健康自评状况才存在显著差异（见表2-23）。

表2-23 医疗现状、健康自评与城市交叉列表 单位：%

城市	医疗现状	健康	一般	不好但能自理	不能自理	合计	卡方检验
郑州	满意	71.7（236）	18.5（61）	7.3（24）	2.4（8）	100.0（329）	p=0.207
	不满意	64.1（109）	25.3（43）	6.5（11）	4.1（7）	100.0（170）	
兰州	满意	26.3（98）	41.6（155）	22.0（82）	10.2（38）	100.0（373）	p=0.393
	不满意	22.2（45）	38.9（79）	25.6（52）	13.3（27）	100.0（203）	
青岛	满意	37.7（144）	36.6（140）	19.1（73）	6.5（25）	100.0（382）	p=0.003
	不满意	21.4（24）	37.5（42）	29.5（33）	11.6（13）	100.0（112）	
济南	满意	41.9（113）	30.4（82）	19.6（53）	8.1（22）	100.0（270）	p=0.004
	不满意	25.7（37）	31.9（46）	27.8（40）	14.6（21）	100.0（144）	

续表

城市	医疗现状	健康	一般	不好但能自理	不能自理	合计	卡方检验
合计	满意	43.6（591）	32.3（438）	17.1（232）	6.9（93）	100.0（1354）	p＝0.000
	不满意	34.2（215）	33.4（210）	21.6（136）	10.8（68）	100.0（629）	

　　独居老人的健康自评状况与其生活满意度具有显著关系，对生活满意的独居老人的健康自评状况明显好于对生活不满意的独居老人。四个城市中，对生活满意的独居老人的健康自评状况都要好于对生活不满意的独居老人，但只有郑州和兰州，差别比较显著（见表2-24）。

表2-24　生活满意度、健康自评与城市交叉列表　　　单位：%

城市	生活满意度	健康	一般	不好但能自理	不能自理	合计	卡方检验
郑州	满意	71.0（331）	20.4（95）	6.4（30）	2.1（10）	100.0（466）	p＝0.000
	不满意	44.1（15）	26.5（9）	14.7（5）	14.7（5）	100.0（134）	
兰州	满意	26.0（134）	41.7（215）	22.1（114）	10.3（53）	100.0（516）	p＝0.013
	不满意	14.8（9）	32.8（20）	32.8（20）	19.7（12）	100.0（61）	
青岛	满意	35.3（160）	36.9（167）	20.3（92）	7.5（34）	100.0（453）	p＝0.143
	不满意	21.4（9）	35.7（15）	33.3（14）	9.5（4）	100.0（42）	
济南	满意	26.3（47）	41.3（74）	19.0（34）	13.4（24）	100.0（179）	p＝0.085
	不满意	15.0（3）	35.0（7）	15.0（3）	35.0（7）	100.0（20）	
合计	满意	41.6（672）	34.1（551）	16.7（270）	7.5（121）	100.0（1614）	p＝0.000
	不满意	22.9（36）	32.5（51）	26.8（42）	17.8（28）	100.0（157）	

　　（2）孤独感与健康自评。

　　独居老人的健康自评状况与其孤独感具有显著关系，独居老人的孤独感越强，其健康自评状况越差。这表现为，孤独感越强，认为自己身体健康的比例越低，而不能自理的比例越高。四个城市中，除了郑州，其他三个城市的独居老人的健康自评状况与其孤独感都具有显著关系，都是孤独感越强，健康自评状况越差（见表2-25）。

表 2-25　孤独感、健康自评与城市交叉列表　　　　单位：%

城市	平时是否感到孤独	健康	一般	不好但能自理	不能自理	合计	卡方检验
郑州	经常孤独	48.8 (21)	30.2 (13)	11.6 (5)	9.3 (4)	100.0 (43)	p=0.064
	有时孤独	71.2 (47)	21.2 (14)	6.1 (4)	1.5 (1)	100.0 (66)	
	不太孤独	71.6 (154)	19.1 (41)	7.9 (17)	1.4 (3)	100.0 (215)	
	一点儿也不孤独	70.9 (124)	20.6 (36)	5.1 (9)	3.4 (6)	100.0 (175)	
兰州	经常孤独	17.0 (8)	31.9 (15)	27.7 (13)	23.4 (11)	100.0 (47)	p=0.000
	有时孤独	10.9 (15)	49.6 (68)	25.5 (35)	13.9 (19)	100.0 (137)	
	不太孤独	26.5 (83)	40.3 (126)	23.6 (74)	9.6 (30)	100.0 (313)	
	一点儿也不孤独	46.9 (38)	32.1 (26)	14.8 (12)	6.2 (5)	100.0 (81)	
青岛	经常孤独	13.6 (3)	18.2 (4)	31.8 (7)	36.4 (8)	100.0 (22)	p=0.000
	有时孤独	28.7 (25)	33.3 (29)	28.7 (25)	9.2 (8)	100.0 (87)	
	不太孤独	27.8 (65)	44.0 (103)	20.1 (47)	8.1 (19)	100.0 (234)	
	一点儿也不孤独	48.4 (75)	31.0 (48)	18.1 (28)	2.6 (4)	100.0 (155)	
济南	经常孤独	17.0 (8)	29.8 (14)	27.7 (13)	25.5 (12)	100.0 (47)	p=0.000
	有时孤独	23.6 (25)	35.8 (38)	29.2 (31)	11.3 (12)	100.0 (106)	
	不太孤独	43.5 (70)	30.4 (49)	19.3 (31)	6.8 (11)	100.0 (161)	
	一点儿也不孤独	48.5 (49)	27.7 (28)	17.8 (18)	5.9 (6)	100.0 (101)	
合计	经常孤独	25.2 (40)	28.9 (46)	23.9 (38)	22.0 (35)	100.0 (159)	p=0.000
	有时孤独	28.3 (112)	35.8 (38)	24.0 (95)	10.1 (40)	100.0 (396)	
	不太孤独	40.3 (372)	34.6 (319)	18.3 (169)	6.8 (63)	100.0 (923)	
	一点儿也不孤独	55.9 (286)	27.0 (138)	13.1 (67)	4.1 (21)	100.0 (512)	

6. 社会活动参与与健康自评

独居老人的健康自评状况与其兴趣爱好活动的参与度具有显著关系。参与兴趣爱好活动的独居老人的健康自评状况明显好于没有参与的独居老人。四个城市中，都是参与兴趣爱好活动的独居老人的健康自评状况要好于没有参与的独居老人，但只有青岛和济南，兴趣爱好活动参与度不同的独居老人的健康自评状况差别比较显著（见表 2-26）。

表 2-26　兴趣爱好活动、健康自评与城市交叉列表　　　　单位：%

城市	兴趣爱好活动（如跳舞等）	健康	一般	不好但能自理	不能自理	合计	卡方检验
郑州	是	76.6 (98)	18.0 (23)	4.7 (6)	0.8 (1)	100.0 (128)	p=0.103
	否	66.6 (249)	21.9 (82)	7.8 (29)	3.7 (14)	100.0 (374)	

城市	兴趣爱好活动（如跳舞等）	健康	一般	不好但能自理	不能自理	合计	卡方检验
兰州	是	38.9（14）	41.7（15）	11.1（4）	8.3（3）	100.0（36）	p＝0.126
	否	24.0（130）	40.6（220）	24.0（130）	11.4（62）	100.0（542）	
青岛	是	57.5（23）	32.5（13）	10.0（4）	0（0）	100.0（40）	p＝0.005
	否	32.5（143）	36.8（162）	22.3（98）	8.4（37）	100.0（440）	
济南	是	47.1（48）	39.2（40）	10.8（11）	2.9（3）	100.0（102）	p＝0.000
	否	33.0（103）	27.9（87）	26.0（81）	13.1（41）	100.0（312）	
合计	是	59.8（183）	29.7（91）	8.2（25）	2.3（7）	100.0（306）	p＝0.000
	否	37.5（625）	33.0（551）	20.3（338）	9.2（154）	100.0（1668）	

　　独居老人的健康自评状况与健身活动的参与度具有显著关系，参与健身活动的独居老人的健康自评状况明显好于没有参与的独居老人。四个城市中，都是参与健身活动的独居老人的健康自评状况要明显好于没有参与的独居老人（见表2-27）。

表 2-27　健身活动、健康自评与城市交叉列表　　　　单位：%

城市	健身活动（如做操、散步、打门球等）	健康	一般	不好但能自理	不能自理	合计	卡方检验
郑州	是	71.7（274）	20.9（80）	6.3（24）	1.0（4）	100.0（382）	p＝0.000
	否	60.8（73）	20.8（25）	9.2（11）	9.2（11）	100.0（120）	
兰州	是	25.0（92）	45.1（166）	25.5（94）	4.3（16）	100.0（368）	p＝0.000
	否	24.8（52）	32.9（69）	19.0（40）	23.3（49）	100.0（210）	
青岛	是	39.2（107）	38.5（105）	20.9（57）	1.5（4）	100.0（273）	p＝0.000
	否	27.2（61）	35.3（79）	22.3（50）	15.2（34）	100.0（224）	
济南	是	38.3（90）	35.3（83）	20.0（47）	6.4（15）	100.0（235）	p＝0.003
	否	34.1（62）	25.3（46）	24.7（45）	15.9（29）	100.0（182）	
合计	是	44.8（563）	34.5（434）	17.6（222）	3.1（39）	100.0（1258）	p＝0.000
	否	33.7（248）	29.8（219）	19.8（146）	16.7（123）	100.0（736）	

　　独居老人的健康自评状况与社区活动的参与度具有显著关系，参与社区活动的独居老人的健康自评状况明显好于没有参与的独居老人。四个城市中，都是参

与社区活动的独居老人的健康自评状况要好于没有参与的独居老人，但只有兰州和青岛，社区活动参与度不同的独居老人的健康自评状况差别比较显著（见表2-28）。

表2-28　社区活动、健康自评与城市交叉列表　　　　单位：%

城市	社区活动	健康	一般	不好但能自理	不能自理	合计	卡方检验
郑州	是	76.7（66）	20.9（18）	2.3（2）	0（0）	100.0（86）	p=0.066
	否	67.5（281）	20.9（87）	7.9（33）	3.6（15）	100.0（416）	
兰州	是	45.2（33）	34.2（25）	16.4（12）	4.1（3）	100.0（73）	p=0.000
	否	22.0（111）	41.6（210）	24.2（122）	12.3（62）	100.0（505）	
青岛	是	42.7（93）	44.0（96）	12.8（28）	0.5（1）	100.0（218）	p=0.000
	否	27.5（74）	31.2（84）	27.9（75）	13.4（36）	100.0（269）	
济南	是	39.8（41）	39.8（41）	17.5（18）	2.9（3）	100.0（103）	p=0.005
	否	35.4（111）	28.0（88）	23.6（74）	13.1（41）	100.0（314）	
合计	是	48.5（233）	37.5（180）	12.5（60）	1.5（7）	100.0（480）	p=0.000
	否	38.4（577）	31.2（469）	20.2（304）	10.2（54）	100.0（1504）	

总的来说，独居老人是否参与支援老年人活动与其健康自评状况有一定的显著关系，参与支援老年人活动的独居老人的健康自评明显好于没有参与的独居老人。但四个城市中，只有兰州参与支援老年人活动的独居老人的健康自评明显好于没有参与的独居老人，其他三个城市则无显著差异（见表2-29）。

表2-29　支援老年人活动、健康自评与城市交叉列表　　　　单位：%

城市	支援老年人活动	健康	一般	不好但能自理	不能自理	合计	卡方检验
郑州	是	61.5（8）	23.1（3）	7.7（1）	7.7（1）	100.0（13）	p=0.768
	否	69.3（339）	20.9（102）	7.0（34）	2.9（14）	100.0（489）	
兰州	是	23.1（3）	76.9（10）	0（0）	0（0）	100.0（13）	p=0.031
	否	25.0（141）	39.8（225）	23.7（134）	11.5（65）	100.0（565）	
青岛	是	47.6（10）	42.9（9）	9.5（2）	0（0）	100.0（21）	p=0.224
	否	34.2（158）	36.1（167）	21.6（100）	8.0（37）	100.0（462）	
济南	是	22.2（4）	44.4（8）	33.3（6）	0（0）	100.0（18）	p=0.156
	否	37.0（147）	30.2（120）	21.7（86）	11.1（44）	100.0（397）	

城市	支援老年人活动	健康	一般	不好但能自理	不能自理	合计	卡方检验
合计	是	38.5 (25)	46.2 (30)	13.8 (9)	1.5 (1)	100.0 (65)	p=0.041
	否	41.0 (785)	32.1 (614)	18.5 (354)	8.4 (160)	100.0 (1913)	

从总体上来看，独居老人参与环保活动的较少，参与环保活动的独居老人的健康自评要好于没有参与的独居老人，但是否参与环保活动与其健康自评并无显著关系。四个城市中，只有青岛的独居老人的健康自评与是否参与环保活动具有显著关系（见表2-30）。

表2-30　环保活动、健康自评与城市交叉列表　　　　　单位：%

城市	环保活动	健康	一般	不好但能自理	不能自理	合计	卡方检验
郑州	是	70.6 (12)	17.6 (3)	11.8 (2)	0 (0)	100.0 (17)	p=0.753
	否	69.1 (335)	21.0 (102)	6.8 (33)	3.1 (15)	100.0 (485)	
兰州	是	17.6 (3)	64.7 (11)	17.6 (3)	0 (0)	100.0 (17)	p=0.167
	否	25.1 (141)	39.9 (224)	23.4 (131)	11.6 (65)	100.0 (561)	
青岛	是	58.3 (14)	33.3 (8)	8.3 (2)	0 (0)	100.0 (24)	p=0.045
	否	33.4 (153)	36.7 (168)	21.8 (100)	8.1 (37)	100.0 (458)	
济南	是	16.7 (2)	50.0 (6)	33.3 (4)	0 (0)	100.0 (12)	p=0.184
	否	37.1 (149)	30.1 (121)	21.9 (88)	10.9 (44)	100.0 (402)	
合计	是	44.3 (31)	40.0 (28)	15.7 (11)	0 (0)	100.0 (70)	p=0.054
	否	40.8 (778)	32.3 (615)	18.5 (352)	8.4 (161)	100.0 (1906)	

从总体上来看，独居老人参与社会福利活动较少，参与社会福利活动的独居老人的健康自评要明显好于没有参与的独居老人。但是，四个城市中，虽然参与社会福利活动的独居老人的健康自评要好于没有参与的独居老人，但是差别都并不显著（见表2-31）。

表2-31　社会福利活动、健康自评与城市交叉列表　　　　　单位：%

城市	社会福利活动	健康	一般	不好但能自理	不能自理	合计	卡方检验
郑州	是	80.6 (29)	16.7 (6)	0 (0)	2.8 (1)	100.0 (36)	p=0.286
	否	68.2 (318)	21.2 (99)	7.5 (35)	3.0 (14)	100.0 (466)	

续表

城市	社会福利活动	健康	一般	不好但能自理	不能自理	合计	卡方检验
兰州	是	27.8 (5)	55.6 (10)	11.1 (2)	5.6 (1)	100.0 (18)	p=0.427
	否	24.8 (139)	40.2 (225)	23.6 (132)	11.4 (64)	100.0 (560)	
青岛	是	36.7 (11)	53.3 (16)	10.0 (3)	0 (0)	100.0 (30)	p=0.079
	否	34.7 (157)	35.4 (160)	21.9 (99)	8.0 (36)	100.0 (452)	
济南	是	50.0 (5)	50.0 (5)	0 (0)	0 (0)	100.0 (10)	p=0.163
	否	36.1 (146)	30.2 (122)	22.8 (92)	10.9 (44)	100.0 (404)	
合计	是	53.2 (50)	39.4 (37)	5.3 (5)	2.1 (2)	100.0 (94)	p=0.000
	否	40.4 (760)	32.2 (606)	19.0 (358)	8.4 (158)	100.0 (1882)	

参与各项社会活动的独居老人的健康自评存在明显的城市差异。无论是参与哪种活动，郑州的独居老人的健康自评都是最好的，参与兴趣爱好活动、健身活动和社会福利活动的独居老人中，兰州的独居老人的健康自评是最差的。参与社区活动、支援老人活动和环保活动的独居老人中，济南的独居老人的健康自评是最差的。

7. 回归分析

回归分析如表2-32所示。

表2-32　回归分析

Parameter Estimates

		Estimate	Std. Error	Wald	df	Sig.
Threshold	[健康=1.00]	3.784455	1.6173389	5.47525977	1	0.019287494
	[健康=2.00]	6.05083	1.6250186	13.8647876	1	0.000196445
	[健康=3.00]	7.869674	1.6390144	23.0540904	1	1.57507E-06
Location	兴趣爱好	0.453072	0.209196	4.69058897	1	0.03032825
	洗澡	0.303646	0.1381262	4.83261264	1	0.027926281
	上下楼梯	0.368418	0.1381226	7.1146087	1	0.007645829
	旅行	0.173939	0.07865	4.89096439	1	0.026997602
	做家务	0.42769	0.1183465	13.0601301	1	0.000301648
	存取钱	-0.17906	0.0767499	5.44274626	1	0.019649751
	神经性关节炎	0.562262	0.1515329	13.7677544	1	0.000206856
	高低血压	0.358559	0.1463874	5.99948713	1	0.014310038
	肠胃病	0.498191	0.1903673	6.84869514	1	0.008870604

Parameter Estimates

		Estimate	Std. Error	Wald	df	Sig.
Location	糖尿病	0.853815	0.1896266	20.2735023	1	6.71238E-06
	呼吸系统疾病	0.431128	0.2182753	3.90123557	1	0.04825061
	心脏病	0.655203	0.1484275	19.4860136	1	1.01339E-05
	牙齿不好	0.488231	0.1567014	9.7074629	1	0.001835212
	慢性腰腿疼	0.476536	0.1660247	8.23844692	1	0.004101221
	独居年限	-0.01853	0.0064341	8.29632519	1	0.003972538
	性别	-0.45354	0.1811504	6.26835545	1	0.012291317

Link function: Logit.

我们以健康自评为因变量,以前面五个方面的因素为协变量,建构回归模型,进行了有序回归分析。结果发现上述因素通过了显著性检验。这说明能够通过这些因素构建的模型来推测独居老人的健康自评。与前面相关性检验最明显的变化,就是没有心理因素通过检验,社会人口学方面的因素增加了独居年限,社会活动因素仅有兴趣爱好活动通过了显著性检验。

四、结论

(1)独居老人的健康自评状况还是不错的,认为自己健康的比例达40%,绝大多数独居老人认为自己能够生活自理。在很大程度上,自理是独居老人选择独居这样一种居住方式和生活方式的一个重要条件。四个城市独居老人的健康自评状况出现了显著的差异,郑州的独居老人的健康自评状况最好,兰州的独居老人健康自评状况最差。这可能是由于郑州独居老人的经济状况最好,兰州的独居老人的经济状况最差。

(2)独居老人的健康自评状况与社会人口学因素、患病状况、自理能力、心理状况、社会活动参与状况具有显著相关关系。社会人口学方面的因素包括年龄、性别、文化程度、退休前从事的职业、月收入、房屋面积、生活来源等因素。本次调查发现,年龄越大,健康自评越差。独居男性老人的健康自评状况明显好于独居女性老人。文化程度越高、月收入越高、房屋面积越大，独居老人健康自评状况越好。有自己收入来源的独居老人的健康自评明显好于依赖子女和救济的独居老人。退休前是专业技术和办事人员的独居老人健康自评相对较好，退休前无职业的独居老人健康自评最差。患病状况方面，除了癫痫，患有其他16种疾病的独居老人的健康自评明显差于没有患病的独居老人。自理能力方面，包括起床、穿衣、洗澡、上下楼梯、做家务、买东西、存取钱、旅行八个指标，都是自理能力越好的独居老人，健康自评越好。心理状况方面，既包括满意度，即生活满意度、社区服务满意度、子女照顾满意度、赡养现状满意度和医疗现状满意度，也包括孤独感。满意度方面，都是对现状满意的独居老人健康自评明显好于不满的独居老人。越感到孤独的独居老人健康自评越差。社会活动因素包括兴趣爱好活动、健身活动、社区活动和社会福利活动，参与上述活动的独居老人的健康自评明显好于没有参加社会活动的独居老人。

与之前作者的调查结果相比。独居老人的健康自评的好坏相对于非独居老人的健康自评来说，并无显著差异。非独居老人的健康自评也与社会人口学方面的因素、患病状况、心理状况和社会活动的参与状况有关，相互关系也大致相同。不同的是，独居老人的健康自评存在明显的性别差异，而非独居的老年人的健康自评则没有明显的性别差异。之所以会出现这种差异，可能是因为独居老人中，女性所占比例较高，但她们年龄相较居家老人要大，且其经济状况明显不如男性独居老人，常见疾病的患病率也明显高于男性独居老人。

（3）四个城市的独居老人的健康自评虽然也与上述五方面的因素有关，但与之相关的具体因素既有相同之处，又有不同之处。

在社会人口学因素方面，四个城市独居老人的健康自评都与年龄大小具有显著关系。但除了年龄因素以外，郑州市独居老人的健康自评只与退休前的职业具有显著关系，兰州的独居老人的健康自评只与退休前从事的职业和生活来源具有显著关系，青岛独居老人的健康自评则与其他社会人口学方面的因素都具有显著关系，济南独居老人的健康自评则只与月收入具有显著关系。

在患病因素方面，四个城市独居老人的健康自评均与糖尿病和心脏病的患病状况具有显著关系。除此之外，郑州独居老人的健康自评还与神经性关节炎、高低血压、肠胃病、白内障、牙齿不好和慢性腰腿疼的患病状况具有显著关系，兰州的独居老人的健康自评还与神经性关节炎、高低血压、白内障、视力削弱和慢性腰腿疼的患病状况具有显著关系，青岛独居老人的健康自评还与肠胃病和牙齿不好的患病状况具有显著关系，而济南独居老人的健康自评还与神经性关节炎、高低血压、白内障、视力削弱、牙齿不好和慢性腰腿疼的患病状况具有显著关系。

在自理能力因素方面，四个城市独居老人的健康自评均与八个方面的自理能力状况具有显著关系。

在心理因素方面，除了郑州的独居老人，其他三个城市的独居老人的健康自评均与孤独感状况具有显著关系。满意度方面，郑州市独居老人的健康自评与其赡养现状满意度、子女照顾满意度和生活满意度具有显著关系，兰州独居老人的健康自评与其赡养现状满意度和生活满意度具有显著关系，青岛独居老人的健康自评与其社区服务满意度、子女照顾满意度和医疗现状满意度具有显著关系，济南独居老人的健康自评与其赡养现状满意度和医疗现状满意度具有显著关系。

在社会活动因素方面，四个城市独居老人的健康自评状况均与健身活动的参与状况具有显著关系。除了郑州，兰州、青岛和济南独居老人的健康自评状况均与社区活动的参与状况具有显著关系。兰州独居老人的健康自评状况还与支援老年人活动的参与状况具有显著关系，青岛独居老人的健康自评状况还与兴趣爱好活动和环保活动的参与状况具有显著关系，济南独居老人的健康自评状况还与兴趣爱好活动的参与状况具有显著关系。

第三章　城市独居老人患病状况研究

老年人的患病状况是其身体健康状况的直接体现，也是影响老年人社会活动能力和晚年生活质量的重要因素。一方面，随着年龄的增长，老年人的体质逐渐下降，容易患上多种疾病，使老年人的身体健康状况受损，他们要在身体上承受病痛的折磨。另一方面，老年人患病后，治愈时间更长，甚至久病不愈。这使老年人在精神上承受着巨大的压力，容易导致心理疾病的产生，并且治疗疾病也会使整个家庭和社会背上了沉重的医疗负担。对于独居老人来说尤其如此。以往对于独居老人患病状况的研究相对较少，且大多是 10 多年以前的研究。研究发现，我国城市独居老人中，70 岁以上所占比例超过 50%，患病率高达 78.76%。城市独居老人最常见的几种疾病，依患病率高低依次为高血压与心脏病、呼吸系统疾病和神经性关节炎。其中，男性患病率为 74.19%，女性患病率比男性高 6.10%（韩少梅和张承训，1999）。而区域性的研究则发现，城市社区 79.70% 的独居老人患有慢性疾病，患病率最高的是高血压（占比为 34.59%），以下依次为心脏病（占比为 19.55%）、神经性关节炎（占比为 10.53%）、脑血管病（占比为 9.77%）、慢性阻塞性肺病（占比为 9.02%）等。独居老人们希望能从社区获得医疗保健和心理健康咨询等服务，患病老人对这方面的需求尤为迫切（张欣文和郝建华，2002）。

为了解我国当前大城市独居老人的患病状况及其影响因素，我们选择了甘肃省兰州市、河南省郑州市、山东省济南市和青岛市四个城市为调查地点，分别代表我国西部、中部和东部三个地区的状况。于 2012~2015 年，采用多阶段抽样和问卷调查的方法，共调查了 2014 名独居老人。本次调查主要调查了高低血压、神经性关节炎、贫血、中风、肠胃病、糖尿病、癌症、呼吸系统疾病、骨折、心脏病、肾病、白内障、视力削弱、听力削弱、牙齿不好、慢性腰腿疼和癫痫

17 种常见慢性病的患病状况。数据汇总后，采用 SPSS 软件进行数据处理。

一、总体概况

从总体来看，绝大多数独居老人都患有各种疾病，患病比例高达 86.5%。其中患病比例最高的五种疾病依次为高低血压占比为 43.6%、视力削弱占比为 35.1%、牙齿不好占比为 32.4%、神经性关节炎占比为 30.2%、心脏病占比为 29.3%（见表 3-1）。

表 3-1　不同疾病的患病比例与人数　　　　　　　　　单位：%

疾病种类	神经性关节炎	高低血压	贫血	中风	肠胃病	糖尿病	癌症	呼吸系统疾病	骨折
患病比例（%）	30.2	43.6	4.8	2.5	12.2	14.3	1.2	10.8	5.1
患病人数（人）	609	878	97	50	246	287	25	217	103
疾病种类	心脏病	肾病	白内障	视力削弱	听力削弱	牙齿不好	慢性腰腿疼	癫痫	合计
患病比例（%）	29.3	3.5	14.9	35.1	27.1	32.4	22.2	0.5	86.5
患病人数（人）	590	71	301	707	546	653	447	10	1743

分城市统计中，郑州独居老人最常见的五种疾病依次为高低血压 49.1%、视力削弱 35.0%、心脏病 29.1%、听力削弱 28.7%、神经性关节炎 23.2%。兰州独居老人最常见的五种疾病依次为牙齿不好 70.8%、视力削弱 60.9%、高低血压 56.8%、神经性关节炎 49.1%、听力削弱 48.0%。青岛独居老人最常见的五种疾病依次为高低血压 21.4%、心脏病 16.3%、神经性关节炎 12.3%、糖尿病 11.3%、呼吸系统疾病 5.1%。济南独居老人最常见的五种疾病依次为视力削弱 52.6%、高低血压 52.4%、心脏病 43.6%、牙齿不好 42.4%、听力削弱 38.7%。

不同城市的独居老人的患病状况存在显著差异，其中兰州独居老人的患病比例最高，达 98.1%；青岛独居老人的患病比例最低，为 59.7%。就具体疾病而言，不同城市的独居老人的患病比例存在显著差异。患病率最高的五种疾病，青岛独居老人的患病比例都是最低。高低血压、视力削弱、牙齿不好和神经性关节炎四种疾病，兰州独居老人的患病比例最高。就心脏病而言，济南的独居老人的患病比例最高（见表3-2）。

表3-2　城市与不同疾病患病情况交叉列表　　　　　单位：%

城市	高低血压	视力削弱	牙齿不好	神经性关节炎	心脏病	总患病率	合计
郑州	49.1（250）	35.0（178）	22.0（112）	23.2（118）	29.1（148）	91.2（464）	100.0（509）
兰州	56.8（332）	60.9（307）	70.8（357）	49.1（287）	34.6（202）	98.1（573）	100.0（584）
青岛	21.4（80）	1.6（6）	3.0（11）	12.3（46）	16.3（61）	59.7（298）	100.0（499）
济南	52.4（216）	52.6（216）	42.4（173）	38.5（158）	43.6（179）	96.7（408）	100.0（422）
合计	46.8（878）	39.4（707）	36.4（653）	32.4（609）	31.4（590）	86.5（1743）	100.0（2014）
卡方检验	$p=0.000$	$p=0.000$	$p=0.000$	$p=0.000$	$p=0.000$	$p=0.000$	

二、相关因素分析

1. 性别与患病比例

不同性别的独居老人总患病率并无显著差异。具体的疾病中，神经性关节炎、骨折、心脏病、白内障、听力削弱和慢性腰腿疼六种疾病的患病比例存在显著差异。神经性关节炎、骨折、心脏病、白内障和慢性腰腿疼五种疾病，女性独居老人的患病比例明显高于男性独居老人。而男性独居老人听力削弱的比例明显高于女性独居老人（见表3-3）。

表3-3　性别与不同疾病患病情况交叉列表　　　　　单位：%

性别	神经性关节炎	骨折	心脏病	白内障	听力削弱	慢性腰腿疼	总患病率
女	32.9（483）	6.1（90）	31.5（462）	17.1（250）	34.8（381）	24.1（354）	86.9（1274）
男	21.4（106）	2.6（13）	21.6（107）	9.5（47）	41.4（152）	17.0（84）	85.1（421）
卡方检验	$p=0.000$	$p=0.002$	$p=0.000$	$p=0.000$	$p=0.022$	$p=0.001$	$p=0.298$

四个城市中，只有郑州市女性独居老人的患病比例明显高于男性独居老人，其他三个城市男性独居老人和女性独居老人的患病比例均无显著差异。就具体疾病来看：在郑州，女性独居老人患慢性腰腿疼的比例明显高于男性独居老人；在

兰州，女性独居老人患骨折、白内障、心脏病和神经性关节炎的比例明显高于男性独居老人，而女性独居老人牙齿不好和听力削弱的比例则明显低于男性独居老人；在济南，女性独居老人白内障、心脏病和神经性关节炎的患病比例明显高于男性独居老人（见表3-4）。

表3-4　性别、不同疾病患病情况与城市交叉列表　　　　单位：%

城市	性别	骨折	白内障	牙齿不好	慢性腰腿疼	心脏病	神经性关节炎	听力削弱	总患病率
郑州	女	3.4(12)	14.3(50)	22.6(79)	14.3(50)	31.1(109)	24.6(86)	27.4(96)	93.7(328)
	男	2.0(3)	11.9(18)	20.5(31)	6.0(9)	23.8(36)	19.9(30)	31.8(48)	86.8(131)
卡方检验		p=0.385	p=0.478	p=0.612	p=0.008	p=0.098	p=0.252	p=0.322	p=0.010
兰州	女	10.7(45)	27.8(117)	59.9(252)	43.7(184)	36.8(155)	53.0(223)	39.2(165)	98.3(414)
	男	4.5(6)	15.2(20)	69.7(92)	37.9(50)	26.5(35)	36.4(48)	53.0(70)	97.7(129)
卡方检验		p=0.033	p=0.003	p=0.042	p=0.237	p=0.030	p=0.001	p=0.005	p=0.646
青岛	女	1.4(5)	1.1(4)	1.9(7)	2.7(10)	11.9(44)	10.0(37)		58.4(216)
	男	0.8(1)	0.8(1)	3.1(4)	2.3(3)	13.3(17)	7.0(9)		63.3(81)
卡方检验		p=0.610	p=0.769	p=0.413	p=0.826	p=0.679	p=0.317		p=0.330
济南	女	8.6(28)	24.3(79)	43.1(140)	33.8(110)	47.4(154)	42.2(137)	36.9(120)	97.2(316)
	男	3.6(3)	9.5(8)	33.3(28)	26.2(22)	22.6(19)	22.6(19)	40.5(34)	95.2(80)
卡方检验		p=0.119	p=0.003	p=0.106	p=0.181	p=0.000	p=0.001	p=0.549	p=0.353

并且除了中风、癌症和癫痫三种疾病以外，不同城市的女性独居老人的其他疾病的患病比例存在显著差异。兰州的女性独居老人，神经性关节炎、高低血压、贫血、骨折、白内障、视力削弱、听力削弱、牙齿不好、慢性腰腿疼的患病比例高，济南的女性独居老人肠胃病、糖尿病、呼吸系统疾病、心脏病、肾病等疾病的患病比例高（见表3-5）。

表3-5　性别、不同疾病患病情况与城市交叉列表　　　　单位：%

性别	城市	神经性关节炎	高低血压	贫血	肠胃病	糖尿病	呼吸系统疾病	骨折
女	郑州	24.6(86)	50.0(175)	4.6(16)	5.1(18)	14.0(49)	5.1(18)	3.4(12)
	兰州	53.0(223)	58.2(245)	10.2(43)	18.5(78)	15.4(65)	14.0(59)	10.7(45)
	青岛	13.7(37)	22.0(59)	0(0)	3.0(8)	10.9(29)	4.5(12)	1.9(5)
	济南	43.5(137)	54.7(174)	5.8(18)	24.3(76)	19.0(60)	21.7(68)	9.0(28)

续表

性别	城市	神经性关节炎	高低血压	贫血	肠胃病	糖尿病	呼吸系统疾病	骨折
卡方检验		p=0.000	p=0.000	p=0.000	p=0.000	p=0.047	p=0.000	p=0.000
男	郑州	19.9 (30)	49.0 (74)	2.6 (4)	5.3 (8)	18.5 (28)	2.0 (3)	2.0 (3)
	兰州	36.4 (48)	51.5 (68)	8.3 (11)	25.0 (33)	19.7 (26)	18.2 (24)	4.5 (6)
	青岛	8.7 (9)	20.2 (21)	0 (0)	3.8 (4)	12.5 (13)	5.8 (6)	1.0 (1)
	济南	22.9 (19)	46.3 (38)	2.5 (2)	21.0 (17)	15.0 (12)	24.7 (20)	3.7 (3)
卡方检验		p=0.000	p=0.000	p=0.005	p=0.000	p=0.447	p=0.000	p=0.333

性别	城市	心脏病	肾病	白内障	视力削弱	听力削弱	牙齿不好	慢性腰腿疼	总患病率
女	郑州	31.1 (109)	1.1 (4)	14.3 (50)	34.6 (121)	27.4 (96)	22.6 (79)	14.3 (50)	93.7 (328)
	兰州	36.8 (155)	6.6 (24)	32.1 (117)	60.5 (221)	45.2 (165)	69.0 (252)	50.4 (184)	98.3 (414)
	青岛	16.4 (44)	0.4 (1)	1.5 (4)	1.5 (4)	0 (0)	2.6 (7)	3.7 (10)	58.4 (216)
	济南	48.4 (154)	8.6 (27)	25.0 (79)	53.2 (168)	38.3 (120)	44.6 (140)	34.9 (110)	97.2 (316)
卡方检验		p=0.000	p=0.000	p=0.000	p=0.000	p=0.000	p=0.000	p=0.000	p=0.000
男	郑州	23.8 (36)	2.6 (4)	11.9 (18)	35.8 (54)	31.8 (48)	20.5 (31)	6.0 (9)	86.8 (131)
	兰州	26.5 (35)	3.4 (4)	16.8 (20)	66.4 (79)	58.8 (70)	77.3 (92)	42.0 (50)	97.7 (129)
	青岛	16.3 (17)	1.0 (1)	1.0 (1)	1.9 (2)	0 (0)	3.8 (4)	2.9 (3)	63.3 (81)
	济南	23.5 (19)	6.3 (5)	9.9 (8)	49.4 (41)	41.0 (34)	34.1 (28)	27.2 (22)	95.2 (80)
卡方检验		p=0.308	p=0.224	p=0.001	p=0.000	p=0.000	p=0.000	p=0.000	p=0.000

不同城市的男性独居老人神经性关节炎、高低血压、贫血、肠胃病、白内障、视力削弱、听力削弱、牙齿不好、呼吸系统疾病和慢性腰腿疼的患病比例存在显著差异。其中，兰州的男性独居老人神经性关节炎、高低血压、贫血、肠胃病、白内障、视力削弱、听力削弱、牙齿不好和慢性腰腿疼等疾病的患病比例最高，济南的男性独居老人呼吸系统疾病的患病比例最高。

2. 年龄与患病比例

从总体上来看，不同年龄的独居老人的患病比例存在显著差异，年龄越大，患病比例越高，而且不同年龄段的独居老人的患病比例均在80%以上。不同年龄段的独居老人，神经性关节炎、高低血压、中风、心脏病、白内障、视力削弱、听力削弱、牙齿不好等疾病的患病比例存在显著差异。其中，视力削弱、听力削弱和牙齿不好，年龄越大，患病比例越高。神经性关节炎、高低血压、心脏病和白内障，则是 70 岁以上的独居老人患病比例高于 70 岁以下的独居老人，其中 70~79 岁的独居老人的患病比例最高。而中风则是 70~79 岁的独居老人患病比例最低，80 岁及以上的独居老人患病比例最高（见表3-6）。

表3-6　年龄段、不同疾病患病情况与城市交叉列表　　单位：%

城市	年龄段	神经性关节炎	高低血压	呼吸系统疾病	白内障	视力削弱	听力削弱	牙齿不好	总患病率
郑州	60~69 岁	13.4(15)	37.5(42)	3.6(4)	5.4(6)	30.4(34)	16.1(18)	13.4(15)	81.3(91)
	70~79 岁	26.5(61)	53.0(122)	3.9(9)	19.1(44)	37.0(85)	30.4(70)	23.5(54)	92.6(213)
	80 岁及以上	24.7(40)	52.5(85)	4.9(8)	11.7(19)	36.4(59)	35.2(57)	25.9(42)	96.3(156)
卡方检验		p=0.021	p=0.017	p=0.828	p=0.002	p=0.458	p=0.002	p=0.037	P=0.000
兰州	60~69 岁	52.3(56)	56.1(60)	14.0(15)	14.0(15)	39.3(42)	23.4(25)	48.6(52)	97.2(104)
	70~79 岁	48.7(151)	59.0(183)	15.8(49)	25.8(80)	54.8(170)	44.2(137)	61.3(190)	97.7(303)
	80 岁及以上	48.7(76)	54.5(85)	14.7(23)	26.9(42)	57.7(90)	49.4(77)	70.5(110)	99.4(155)
卡方检验		p=0.796	p=0.622	p=0.892	p=0.028	p=0.007	p=0.000	p=0.002	P=0.370
青岛	60~69 岁	6.0(6)	16.0(16)	2.0(2)	1.0(1)	1.0(1)		2.0(2)	52.0(52)
	70~79 岁	7.9(19)	15.4(37)	2.5(6)	0.8(2)	1.3(3)		1.3(3)	58.3(140)
	80 岁及以上	13.0(20)	16.9(26)	7.1(11)	1.3(2)	1.3(2)		3.9(6)	67.5(104)
卡方检验		p=0.112	p=0.928	p=0.036	p=0.904	p=0.975		p=0.218	P=0.037
济南	60~69 岁	28.6(22)	41.6(32)	15.6(12)	10.4(8)	46.8(36)	32.5(25)	40.3(31)	97.4(75)
	70~79 岁	40.7(79)	55.7(108)	22.2(43)	21.1(41)	49.5(96)	33.5(65)	38.7(75)	96.9(188)
	80 岁及以上	38.0(54)	50.0(71)	21.1(30)	25.4(36)	56.3(80)	45.5(65)	44.4(63)	95.8(136)
卡方检验		p=0.174	p=0.106	p=0.472	p=0.032	p=0.311	p=0.043	p=0.571	

	年龄段	神经性关节炎	高低血压	中风	白内障	视力削弱	听力削弱	牙齿不好	心脏病	总患病率
合计	60~69 岁	25.0(99)	37.9(150)	3.0(12)	7.6(30)	28.5(113)	23.0(68)	25.3(100)	24.0(95)	81.7(322)
	70~79 岁	31.8(310)	46.2(450)	1.6(16)	17.1(167)	36.3(354)	37.1(272)	33.1(322)	30.4(296)	86.7(844)
	80 岁及以上	30.9(190)	43.5(267)	3.6(22)	16.1(99)	37.6(231)	43.3(199)	36.0(221)	30.3(186)	89.7(551)
卡方检验		p=0.039	p=0.019	p=0.043	p=0.000	p=0.007	p=0.000	p=0.001	p=0.045	p=0.001

四个城市中，只有郑州和青岛，不同年龄段的独居老人的患病比例存在显著差异。两个城市的独居老人，都是年龄越大，患病比例越高。各个城市中，郑州不同年龄段的独居老人，听力削弱、牙齿不好、神经性关节炎、高低血压、白内障的患病比例存在显著差异。年龄越大，听力削弱和牙齿不好的比例越高。神经性关节炎、高低血压和白内障的患病比例则是 70 岁及以上的独居老人患病比例高于 70 岁以下的独居老人，其中 70~79 岁的独居老人的患病比例最高。这可能是由于各个年龄段女性独居老人所占比例较高，尤其是 70~79 岁年龄段，女性独居老人所占比例最高。

兰州不同年龄段的独居老人，视力削弱、听力削弱、牙齿不好和白内障的患病比例均存在显著差异，都是年龄越大，患病比例越高。青岛市不同年龄阶段的独居老人，只有呼吸系统疾病的患病比例存在显著差异，年龄越大，患病比例越高。济南不同年龄阶段的独居老人，白内障和听力削弱的比例存在显著差异，都是年龄越大，患病比例越高。

3. 文化程度与患病比例

从总体上来看，不同文化程度的独居老人的患病比例存在显著差异。小学文化程度的独居老人的患病比例高，大专及以上学历的独居老人患病比例最低。不同文化程度的独居老人在神经性关节炎、视力削弱、听力削弱、牙齿不好的患病比例方面存在显著差异。不识字的独居老人这些疾病的患病比例都是最高的，大专及以上学历的独居老人患神经性关节炎、视力削弱和牙齿不好的比例都是最低的，高中或中专学历的独居老人听力削弱的比例最低。这可能是由于高学历的独居老人经济收入水平较高，能够享受到较好的医疗和保健，对相关疾病也能较好预防（见表 3-7）。

表 3-7　文化程度、不同疾病患病情况与城市交叉列表　　单位：%

文化程度	郑州	兰州	青岛	济南	合计
不识字	94.2（147）	97.2（176）	53.5（46）	93.7（104）	88.6（473）
小学	92.4（110）	98.8（160）	69.4（100）	97.0（129）	89.4（499）
初中	89.8（114）	100.0（104）	62.4（787）	97.5（77）	85.7（373）
高中或中专	88.5（54）	96.6（85）	49.4（44）	100.0（60）	81.5（243）
大专及以上	88.4（38）	100.0（34）	44.2（19）	97.1（33）	80.5（124）
卡方检验	p=0.500	p=0.270	p=0.004	p=0.258	p=0.002

　　四个城市中，只有青岛不同文化程度的独居老人的患病比例存在显著差异，小学文化程度的独居老人的患病比例最高，大专及以上学历的独居老人患病比例最低。郑州和青岛不同文化程度的独居老人各种具体疾病的患病比例均无显著差异。兰州不同文化程度的独居老人神经性关节炎和听力削弱的比例存在显著差异。不识字的独居老人神经性关节炎的患病比例最高，大专及以上文化程度的独居老人神经性关节炎的患病比例最低，听力削弱的比例最高，而初中文化程度的独居老人听力削弱的比例最低。济南不同文化程度的独居老人视力削弱、听力削弱和肠胃病的患病比例存在显著差异。不识字的独居老人，听力削弱的比例最高，高中或中专文化程度的独居老人听力削弱的比例最低；小学文化程度的独居老人视力削弱的比例最高，大专及以上文化程度的独居老人视力削弱的比例最低；初中文化程度的独居老人肠胃病的患病比例最低，高中或中专文化程度的独居老人肠胃病的患病比例最高（见表3-8）。

表 3-8　文化程度、不同疾病患病情况与城市交叉列表　　　　单位：%

城市	文化程度	神经性关节炎	肠胃	视力削弱	听力削弱	合计
郑州	不识字	21.8 (34)	7.7 (12)	43.6 (68)	34.0 (53)	100.0 (156)
	小学	24.7 (29)	5.0 (6)	27.7 (33)	23.5 (28)	100.0 (119)
	初中	29.1 (37)	6.3 (8)	33.9 (43)	24.4 (31)	100.0 (127)
	高中或中专	24.6 (15)	0 (0)	31.1 (19)	27.9 (17)	100.0 (61)
	大专及以上	7.0 (3)	2.3 (1)	32.6 (14)	37.2 (16)	100.0 (43)
	卡方检验	p = 0.057	p = 0.186	p = 0.078	p = 0.173	
兰州	不识字	56.4 (102)	21.0 (38)	53.0 (96)	44.8 (81)	100.0 (181)
	小学	48.8 (79)	19.8 (32)	50.6 (82)	41.4 (67)	100.0 (162)
	初中	55.8 (58)	17.3 (18)	51.0 (53)	33.7 (35)	100.0 (104)
	高中或中专	40.9 (36)	23.9 (21)	61.4 (54)	35.2 (31)	100.0 (88)
	大专及以上	14.7 (5)	11.8 (4)	44.1 (15)	61.8 (21)	100.0 (34)
	卡方检验	p = 0.000	p = 0.582	p = 0.397	p = 0.031	
青岛	不识字	8.1 (7)	0 (0)	1.2 (1)		100.0 (86)
	小学	7.6 (11)	3.5 (5)	2.1 (3)		100.0 (144)
	初中	9.6 (12)	3.2 (4)	0 (0)		100.0 (125)
	高中或中专	12.4 (11)	2.2 (2)	0 (0)		100.0 (89)
	大专及以上	7.0 (3)	2.3 (1)	4.7 (2)		100.0 (43)
	卡方检验	p = 0.756	p = 0.544	p = 0.105		

续表

城市	文化程度	神经性关节炎	肠胃	视力削弱	听力削弱	合计
济南	不识字	37.8 (42)	21.6 (24)	53.2 (59)	46.8 (52)	100.0 (111)
	小学	39.1 (52)	18.8 (25)	61.7 (82)	43.6 (58)	100.0 (133)
	初中	34.2 (27)	16.5 (13)	44.3 (35)	34.2 (27)	100.0 (79)
	高中或中专	31.7 (19)	36.7 (22)	46.7 (28)	20.0 (12)	100.0 (60)
	大专及以上	50.0 (17)	26.5 (9)	29.4 (10)	20.6 (7)	100.0 (34)
	卡方检验	p=0.455	p=0.040	p=0.006	p=0.001	

4. 退休前职业与患病比例

退休前从事不同职业的独居老人的患病状况存在显著差异。退休前从事农林牧副渔的独居老人的患病比例是最低的，为75.8%。退休前从事生产、商业和服务业的独居老人的患病比例是最高的，达95.3%。具体疾病方面，神经性关节炎、高低血压、视力削弱、心脏病、牙齿不好、慢性腰腿疼、糖尿病、白内障、肾病和贫血等疾病，退休前从事不同职业的独居老人上述疾病的患病比例均存在显著差异。退休前无职业的独居老人，神经性关节炎、贫血、白内障、视力削弱、牙齿不好和慢性腰腿疼的患病比例最高。退休前从事生产、商业和服务业的独居老人，患高低血压、糖尿病和心脏病的比例最高。退休前是单位负责人、专业技术办事人员和军人的独居老人患贫血的比例最低，其他疾病，退休前从事农林牧副渔的独居老人的患病比例都是最低的（见表3-9）。

表3-9　退休前职业与不同疾病患病情况交叉列表　　　　　单位：%

退休前职业	神经性关节炎	高低血压	贫血	糖尿病	心脏病	白内障
单位负责人、专业技术办事人员和军人	27.0 (191)	42.2 (272)	3.0 (19)	14.8 (105)	27.0 (191)	12.1 (86)
生产、商业和服务业	32.6 (223)	54.2 (370)	5.3 (36)	17.2 (118)	35.9 (246)	18.1 (124)
农林牧副渔	26.1 (93)	38.5 (115)	6.0 (18)	9.6 (34)	19.7 (70)	11.0 (39)
无职业	39.3 (77)	50.3 (95)	7.3 (14)	10.7 (21)	31.1 (61)	18.9 (37)
卡方检验	p=0.001	p=0.000	p=0.031	p=0.004	p=0.000	p=0.001

退休前职业	视力削弱	牙齿不好	慢性腰腿疼	肾病	总患病率	
单位负责人、专业技术办事人员和军人	27.4 (194)	26.0 (184)	20.3 (126)	3.1 (22)	81.4 (576)	
生产、商业和服务业	43.6 (299)	38.2 (262)	27.0 (177)	3.2 (22)	95.3 (653)	
农林牧副渔	23.0 (82)	22.5 (80)	19.7 (55)	2.8 (10)	75.8 (270)	
无职业	48.5 (95)	50.5 (99)	33.7 (61)	7.1 (14)	92.9 (182)	
卡方检验	p=0.000	p=0.000	p=0.000	p=0.033	p=0.000	

　　四个城市中，每个城市退休前从事不同职业的独居老人总的患病比例均无显著差异。而就具体疾病而言，郑州退休前从事不同职业的独居老人贫血、呼吸系统疾病和视力削弱的患病比例存在显著差异，退休前从事农林牧副渔业的独居老人贫血和视力削弱的比例最高，退休前是单位负责人、军人、技术和办事人员的独居老人呼吸系统疾病的患病比例最高。兰州退休前从事不同职业的独居老人糖尿病和视力削弱的比例存在显著差异，退休前是单位负责人、专业技术办事人员和军人的独居老人糖尿病的患病比例最高，无职业的独居老人视力削弱的比例最高。济南退休前从事不同职业的独居老人肠胃病的患病比例存在显著差异，退休前是单位负责人、专业技术办事人员和军人的独居老人肠胃病的患病比例最高。而青岛退休前从事不同职业的独居老人，各种疾病的患病比例均无显著差异（见表3-10）。

表3-10　退休前职业、不同疾病患病情况与城市交叉列表　　　单位：%

城市	退休前职业	贫血	呼吸系统疾病	视力削弱	合计
郑州	单位负责人、专业技术办事人员和军人	2.9（4）	9.4（13）	33.1（46）	100.0（139）
	生产、商业和服务业	3.4（10）	1.7（5）	33.4（98）	100.0（293）
	农林牧副渔	13.2（5）	7.9（3）	57.9（22）	100.0（38）
	无职业	2.9（1）	2.9（1）	31.4（11）	100.0（35）
	卡方检验	p = 0.026	p = 0.002	p = 0.024	

城市	退休前职业	糖尿病	视力削弱		
兰州	单位负责人、专业技术办事人员和军人	23.1（40）	46.2（80）		100.0（173）
	生产、商业和服务业	15.3（32）	57.9（121）		100.0（209）
	农林牧副渔	8.7（8）	43.5（40）		100.0（92）
	无职业	14.1（13）	60.9（56）		100.0（92）
	卡方检验	p = 0.017	p = 0.013		

城市	退休前职业	肠胃病			合计
济南	单位负责人、专业技术办事人员和军人	27.8（37）			100.0（133）
	生产、商业和服务业	21.8（36）			100.0（165）
	农林牧副渔	12.0（3）			100.0（25）
	无职业	11.5（7）			100.0（61）
	卡方检验	p = 0.044			

5. 收入与患病比例

不同收入水平的独居老人的患病比例存在显著差异，月收入为 1001~1500 元的独居老人患病比例最低，而月收入为 501~1000 元的患病比例最高。就具体疾病而言，除了中风、癌症、呼吸系统疾病、骨折、肾病、听力削弱和癫痫以外，其他疾病，不同收入水平的独居老人的患病比例均存在显著差异。

表 3-11 月收入与不同疾病患病情况交叉列表

月收入	牙齿不好	视力削弱	高低血压	神经性关节炎	心脏病	慢性腰腿疼
0~500 元	46.2 (117)	50.6 (128)	44.4 (106)	38.7 (98)	35.6 (90)	29.2 (74)
501~1000 元	50.2 (138)	44.7 (123)	54.6 (148)	42.9 (118)	28.7 (79)	32.4 (89)
1001~1500 元	23.2 (86)	22.1 (82)	38.0 (123)	24.3 (90)	23.7 (88)	17.0 (63)
1501~2000 元	29.3 (176)	35.7 (214)	46.9 (265)	29.5 (177)	31.3 (188)	21.2 (127)
2001 元及以上	25.9 (111)	30.6 (131)	49.4 (194)	22.7 (97)	29.7 (127)	17.8 (76)
卡方检验	$p = 0.000$	$p = 0.000$	$p = 0.001$	$p = 0.000$	$p = 0.022$	$p = 0.000$
月收入	白内障	糖尿病	肠胃病	贫血	总患病率	
0~500 元	19.0 (48)	7.5 (19)	18.6 (47)	9.2 (22)	90.9 (230)	
501~1000 元	19.6 (54)	13.8 (38)	13.5 (37)	10.0 (27)	95.3 (262)	
1001~1500 元	9.7 (36)	16.7 (62)	11.1 (41)	2.8 (9)	79.0 (293)	
1501~2000 元	13.0 (78)	15.3 (92)	12.0 (72)	4.4 (25)	87.3 (524)	
2001 元及以上	18.2 (78)	15.7 (67)	9.8 (42)	2.8 (11)	83.2 (356)	
卡方检验	$p = 0.000$	$p = 0.015$	$p = 0.014$	$p = 0.000$	$p = 0.000$	

四个城市，不同收入水平的独居老人的总患病率均无显著差异。其中，在郑州，不同收入水平的独居老人牙齿不好和骨折的比例存在显著差异。月收入为 1001~1500 元的独居老人牙齿不好和骨折的比例都是最高的，月收入 1501~2000 元的独居老人牙齿不好的比例最低，月收入为 501~1000 元的独居老人骨折的比例最低。在兰州，不同收入水平的独居老人牙齿不好、视力削弱和呼吸系统疾病的患病比例存在显著差异。月收入为 0~500 元的独居老人牙齿不好的比例最高，月收入为 1501~2000 元的独居老人视力削弱和呼吸系统疾病的患病比例最高。月收入为 1001~1500 元的独居老人牙齿不好的比例最低，月收入为 501~1000 元的独居老人视力削弱和呼吸系统疾病的患病比例最低。在青岛，不同收入水平的独居老人只有呼吸系统疾病的患病比例存在显著差异。月收入为 0~500 元的独居老人患病比例最高，月收入为 501~1000 元的独居老人患病比例最低。在济南，不同收入水平的独居老人白内障、骨折和糖尿病的患病比例存在显著差异。

月收入在 2001 元及以上的独居老人患白内障的比例最高，月收入为 501~1000 元的独居老人患骨折的比例最高，月收入为 1001~1500 元的独居老人患糖尿病的比例最高（见表 3-12）。

表 3-12 月收入、不同疾病患病情况与城市交叉列表　　单位：%

城市	月收入	牙齿不好	骨折	合计
郑州	0~500 元	29.3（12）	7.3（3）	100.0（41）
	501~1000 元	29.7（11）	0（0）	100.0（37）
	1001~1500 元	33.9（20）	8.5（5）	100.0（59）
	1501~2000 元	16.8（36）	1.9（4）	100.0（214）
	2001 元及以上	22.6（28）	1.6（2）	100.0（124）
	卡方检验	p=0.032	p=0.019	

城市	月收入	牙齿不好	视力削弱	呼吸	合计
兰州	0~500 元	68.9（62）	60.0（54）	17.8（16）	100.0（90）
	501~1000 元	59.0（102）	46.8（81）	9.2（16）	100.0（173）
	1001~1500 元	50.0（44）	47.7（42）	18.2（16）	100.0（88）
	1501~2000 元	67.6（94）	61.9（86）	22.3（31）	100.0（139）
	2001 元及以上	61.9（39）	49.2（31）	12.7（8）	100.0（63）
	卡方检验	p=0.046	p=0.038	p=0.025	

城市	月收入	呼吸	合计
青岛	0~500 元	14.3（5）	100.0（35）
	501~1000 元	0（0）	100.0（15）
	1001~1500 元	2.4（4）	100.0（169）
	1501~2000 元	3.6（5）	100.0（140）
	2001 元及以上	3.2（4）	100.0（125）
	卡方检验	p=0.014	

城市	月收入	白内障	骨折	糖尿病	合计
济南	0~500 元	20.7（18）	2.3（2）	5.7（5）	100.0（87）
	501~1000 元	14.0（7）	14.0（7）	12.0（6）	100.0（50）
	1001~1500 元	10.9（6）	0（0）	27.3（15）	100.0（55）
	1501~2000 元	16.8（18）	6.5（7）	22.4（24）	100.0（107）
	2001 元及以上	32.8（38）	12.9（15）	18.1（21）	100.0（116）
	卡方检验	p=0.003	p=0.003	p=0.005	

6. 健康自评与患病比例

从总体上来看，健康自评状况不同的独居老人的患病状况存在显著差异，健康自评状况越好的独居老人患病比例越低。17 种疾病中，除了癫痫，健康自评状况不同的独居老人其他疾病的患病比例均存在显著差异。健康自评的好坏与其他疾病患病比例的高低基本上成反比，即健康自评状况越差，患病比例越高。这说明独居老人对自身健康状况的主观认知与其患病状况密切相关（见表3-13）。

表3-13　健康自评与不同疾病患病情况交叉列表　　　　单位：%

健康自评	牙齿不好	视力削弱	高低血压	神经性关节炎	心脏病	听力削弱	慢性腰腿疼	糖尿病	总患病率
健康	24.1 (196)	29.1 (236)	37.9 (283)	19.7 (160)	16.3 (132)	29.5 (190)	13.5 (110)	9.0 (73)	78.2 (635)
一般	36.4 (238)	39.6 (259)	51.4 (311)	33.0 (216)	35.5 (232)	38.9 (183)	25.7 (168)	12.8 (84)	88.8 (581)
不好	40.5 (216)	38.3 (204)	54.5 (279)	43.0 (229)	41.1 (219)	43.4 (168)	31.5 (168)	23.8 (127)	96.4 (514)
卡方检验	$p = 0.000$	$p = 0.000$	$p = 0.000$	$p = 0.000$	$p = 0.000$	$p = 0.000$	$p = 0.000$	$p = 0.000$	$p = 0.000$

四个城市中，健康自评状况不同的独居老人的患病比例均存在显著差异。郑州和兰州的受访者都是认为自己健康的独居老人患病比例最低，在兰州认为自己身体一般的独居老人患病比例最高。青岛和济南则是健康自评的好坏与患病比例的高低成反比，即健康自评越好，患病比例越低。

就具体疾病而言，在郑州，健康自评状况不同的独居老人在高低血压、牙齿不好、神经性关节炎、心脏病、慢性腰腿疼、白内障、糖尿病、肠胃病、呼吸系统疾病和骨折的患病比例方面存在显著差异。心脏病和呼吸系统疾病，都是认为自己身体健康的独居老人患病比例最低，认为自己身体一般的独居老人患病比例最高。其他疾病的患病比例的高低均与独居老人的健康自评的好坏成反比。

在兰州，健康自评状况不同的独居老人在视力削弱、高低血压、神经性关节炎、心脏病、白内障、慢性腰腿疼、糖尿病和呼吸系统疾病的患病比例方面存在显著差异。视力削弱和白内障，都是认为自己身体健康的独居老人患病比例最低，认为自己身体一般的独居老人患病比例最高。其他疾病的患病比例的高低均与独居老人的健康自评的好坏成反比。

在青岛，健康自评状况不同的独居老人，在高低血压、心脏病、糖尿病、呼吸系统疾病、肠胃病和骨折的患病比例方面存在显著差异。在肠胃病患病比例方面，认为自己身体一般的独居老人患病比例最高，认为自己身体不好的独居老人反而患病比例最低。在呼吸系统疾病患病比例方面认为自己身体不好的独居老人患病比例最高，认为自己身体一般的独居老人的患病比例最低。其他疾病的患病比例的高低均与独居老人的健康自评的好坏成反比。

在济南，健康自评状况不同的独居老人，在高低血压、视力削弱、听力削弱、心脏病、神经性关节、牙齿不好、白内障、慢性腰腿疼、呼吸系统疾病、糖尿病和肾病的患病比例方面存在显著差异，各种疾病的患病比例的高低均与独居老人的健康自评的好坏成反比（见表3-14）。

表3-14 健康自评、不同疾病患病情况与城市交叉列表　　　　单位：%

城市	健康自评	心脏病	神经性关节炎	牙齿不好	高低血压	慢性腰腿疼	白内障	糖尿病	肠胃病	呼吸系统疾病	骨折	总患病率
郑州	健康	20.7 (72)	17.9 (62)	16.1 (56)	45.2 (157)	7.5 (26)	10.4 (36)	10.1 (35)	2.6 (9)	2.0 (7)	1.7 (6)	
	一般	49.5 (52)	33.3 (35)	29.5 (31)	54.3 (57)	20.0 (21)	18.1 (19)	21.0 (22)	9.5 (10)	9.5 (10)	5.7 (6)	
	不好	42.0 (21)	38.0 (19)	50.0 (25)	66.0 (33)	24.0 (12)	28.0 (14)	36.0 (18)	12.0 (6)	8.0 (4)	6.0 (3)	
卡方检验		p= 0.000	p= 0.000	p= 0.000	p= 0.012	p= 0.000	p= 0.001	p= 0.000	p= 0.001	p= 0.001	p= 0.046	

城市	健康自评	心脏病	神经性关节炎	视力削弱	高低血压	慢性腰腿疼	白内障	糖尿病	呼吸系统疾病			
兰州	健康	15.3 (22)	17.9 (62)	41.0 (59)	37.5 (54)	7.5 (26)	13.2 (19)	9.0 (13)	9.0 (13)			
	一般	38.7 (91)	33.3 (35)	64.7 (152)	61.3 (144)	20.0 (21)	31.9 (75)	13.2 (31)	15.7 (37)			
	不好	43.2 (86)	38.0 (19)	46.2 (92)	66.3 (132)	24.0 (12)	23.1 (46)	25.6 (51)	18.6 (37)			
卡方检验		p= 0.000	p= 0.000	p= 0.000	p= 0.000	p= 0.000	p= 0.000	p= 0.000	p= 0.047			

城市	健康自评	肠胃病	糖尿病	心脏病	高低血压	呼吸系统疾病	骨折					
青岛	健康	1.2 (2)	4.1 (7)	3.6 (6)	13.5 (14)	2.4 (4)	0 (0)					
	一般	4.9 (9)	6.0 (11)	13.0 (24)	24.5 (34)	2.2 (4)	0.5 (1)					
	不好	0.7 (1)	16.4 (24)	21.2 (31)	24.6 (32)	7.5 (11)	3.4 (5)					
卡方检验		p= 0.021	p= 0.000	p= 0.000	p= 0.002	p= 0.020	p= 0.012					

城市	健康自评	神经性关节炎	牙齿不好	视力削弱	高低血压	心脏病	听力削弱	慢性腰腿疼	白内障	糖尿病	呼吸系统疾病	
济南	健康	17.9 (62)	16.1 (56)	39.5 (60)	38.4 (58)	21.1 (32)	32.2 (49)	7.5 (26)	13.2 (20)	11.8 (18)	13.2 (20)	
	一般	33.3 (35)	29.5 (31)	50.8 (66)	60.3 (76)	50.0 (65)	33.8 (44)	20.0 (21)	21.5 (28)	15.4 (20)	18.5 (24)	
	不好	38.0 (19)	50.0 (25)	63.8 (88)	51.7 (82)	58.7 (81)	45.7 (63)	24.0 (12)	28.3 (39)	24.6 (34)	31.9 (44)	
卡方检验		p= 0.000	p= 0.000	p= 0.000	p= 0.000	p= 0.000	p= 0.040	p= 0.000	p= 0.006	p= 0.013	p= 0.000	

7. 活动参与患病比例

从总体上来看，独居老人是否参与健身活动、社区活动、支援老年人活动、环保活动和社会福利活动与其患病比例存在显著关系。参与上述五种活动的独居老人的患病比例均明显低于没有参与的独居老人。

独居老人是否参与兴趣爱好活动与其听力削弱、牙齿不好和神经性关节炎患病比例存在显著关系。参与兴趣爱好活动的独居老人三种疾病的患病比例明显低于不参与的独居老人。独居老人是否参与健身活动与其肾病、骨折、呼吸系统疾病和视力削弱的比例存在显著关系。参与健身活动的独居老人肾病、骨折和呼吸系统疾病的患病比例明显低于不参与的独居老人。参与健身活动的独居老人视力削弱的比例明显高于不参与的独居老人。独居老人是否参与社区活动则与其高低血压、视力削弱、牙齿不好、神经性关节炎、心脏病、慢性腰腿疼和癌症的患病比例存在显著关系。除了癌症，参与社区活动的独居老人上述疾病的患病比例均显著低于不参与的独居老人（见表3-15）。

表3-15　参与活动与不同疾病患病情况交叉列表　　　　单位：%

兴趣爱好活动	听力削弱	牙齿不好	神经性关节炎	总患病率		
是	29.9 (79)	29.6 (86)	27.1 (80)	86.1 (266)		
否	40.4 (466)	37.9 (565)	33.3 (522)	86.8 (1459)		
卡方检验	p=0.002	p=0.007	p=0.038	p=0.717		

续表

健身活动	肾病	骨折	呼吸系统疾病	视力削弱	总患病率		
是	3.2（36）	4.5（52）	9.7（123）	43.5（493）	85.3（1077）		
否	5.3（35）	7.3（51）	12.6（94）	32.5（214）	88.6（661）		
卡方检验	p = 0.026	p = 0.011	p = 0.046	p = 0.000	p = 0.035		

社区活动	慢性腰腿痛	癌症	高低血压	神经性关节炎	心脏病	视力削弱	牙齿不好
是	18.0（74）	2.4（10）	38.2（160）	26.2（109）	25.4（106）	30.1（124）	26.0（107）
否	27.0（372）	1.0（15）	49.2（715）	34.1（496）	33.1（481）	42.3（583）	39.7（546）
卡方检验	p = 0.000	p = 0.032	p = 0.000	p = 0.002	p = 0.003	p = 0.000	p = 0.000

社区活动	总患病率						
是	75.9（365）						
否	90.0（1366）						
卡方检验	p = 0.000						

环保活动	神经性关节炎	贫血	总患病率				
是	45.6（26）	12.7（7）	70.0（49）				
否	32.0（578）	5.0（90）	87.3（1677）				
卡方检验	p = 0.030	p = 0.011	p = 0.000				

支援老年人活动	肾病	总患病率					
是	13.2（7）	73.8（48）					
否	3.7（64）	87.1（1679）					
卡方检验	p = 0.000	p = 0.002					

社会福利活动	慢性腰腿疼	牙齿不好	总患病率				
是	13.5（10）	23.0（17）	73.4（69）				
否	25.4（435）	37.1（635）	87.3（1656）				
卡方检验	p = 0.021	p = 0.013	p = 0.000				

此外,参加环保活动的独居老人患神经性关节炎和贫血的比例明显高于不参加的独居老人,参加支援老年人活动的独居老人患肾病的比例明显高于不参加的独居老人。独居老人是否参与社会福利活动与慢性腰腿疼、牙齿不好的患病比例存在显著关系,参加社会福利活动的独居老人患上述疾病的比例均明显低于不参与的独居老人。上述情况说明,独居老人参加一定的社会活动确实有助于其身体健康,减少某些疾病的患病比例。另外也说明独居老人在患病后可能更加重视自己的身体健康状况,所以更有可能去参与某些社会活动。

四个城市中,郑州市独居老人是否参与兴趣爱好活动、支援老年人活动和环保活动与其患病比例存在显著关系。参与上述活动的独居老人的患病比例均显著低于未参与的独居老人。青岛的独居老人是否参与健身活动、社区活动、环保活动和社会福利活动与其患病比例存在显著关系,参与上述活动的独居老人的患病比例均显著低于没有参与的独居老人。兰州和济南的独居老人是否参与上述活动与其患病比例并无显著关系(见表3-16)。

表3-16 参与活动、不同疾病患病情况与城市交叉列表 单位:%

城市	兴趣爱好活动 (如跳舞等)	总患病率	健身活动 (如做操、散步、 打门球等)	总患病率	社区活动	总患病率
郑州	是	86.2 (112)	是	91.1 (350)	是	87.4 (76)
	否	92.9 (352)	否	91.2 (114)	否	91.9 (388)
	卡方检验	p=0.020		p=0.985		p=0.170
	支援老年人活动	总患病率	环保活动	总患病率	社会福利活动	总患病率
	是	61.5 (8)	是	76.5 (13)	是	88.9 (32)
	否	91.9 (456)	否	91.7 (451)	否	91.3 (432)
	卡方检验	p=0.000		p=0.030		p=0.619
兰州	是	100.0 (36)	是	98.9 (367)	是	100.0 (73)
	否	98.0 (537)	否	96.7 (206)	否	97.8 (500)
	卡方检验	p=0.391		p=0.059		p=0.206
	支援老年人活动	总患病率	环保活动	总患病率	社会福利活动	总患病率
	是	100.0 (13)	是	100.0 (17)	是	100.0 (18)
	否	98.1 (561)	否	98.1 (556)	否	98.1 (555)
	卡方检验	p=0.613		p=0.562		p=0.550

续表

城市	兴趣爱好活动（如跳舞等）	总患病率	健身活动（如做操、散步、打门球等）	总患病率	社区活动	总患病率
	是	45.0（18）	是	48.4（132）	是	53.7（117）
	否	60.9（268）	否	73.2（164）	否	63.9（172）
	卡方检验	p=0.050		p=0.000		p=0.022
青岛	支援老年人活动	总患病率	环保活动	总患病率	社会福利活动	总患病率
	是	42.9（9）	是	29.2（7）	是	33.3（10）
	否	60.2（278）	否	61.1（280）	否	61.1（276）
	卡方检验	p=0.114		p=0.002		p=0.003
	是	97.1（100）	是	97.0（228）	是	96.1（99）
	否	96.5（302）	否	96.2（177）	否	96.8（306）
	卡方检验	p=0.769		p=0.641		p=0.724
济南	支援老年人活动	总患病率	环保活动	总患病率	社会福利活动	总患病率
	是	100.0（18）	是	100.0（12）	是	90.0（9）
	否	96.5（385）	否	96.5（390）	否	96.8（393）
	卡方检验	p=0.419		p=0.512		p=0.239

就具体疾病而言，在郑州参加兴趣爱好活动的独居老人患高低血压的比例明显低于没有参加的独居老人；参加健身活动的独居老人患肠胃病、中风和骨折的比例明显低于没有参加的独居老人，但视力削弱和牙齿不好的比例明显高于不参加的独居老人；参加社区活动的独居老人牙齿不好的比例明显低于没有参加的独居老人；参加支援老年人活动和环保活动的独居老人患贫血的比例均明显高于没有参加的独居老人。

在兰州，参加健身活动的独居老人患肠胃病和肾病的比例明显低于没有参加的独居老人，但视力削弱的比例明显高于没有参加的独居老人；参加社区活动的独居老人患高低血压和心脏病的比例明显低于没有参加的独居老人；参加支援老年人活动的独居老人患癫痫的比例明显高于没有参加的独居老人；参加社会福利活动的独居老人患癌症的比例明显高于没有参加的独居老人。

在青岛，参加兴趣爱好活动的独居老人患白内障的比例明显高于没有参加的独居老人；参加健身活动的独居老人患心脏病、神经性关节炎和骨折的比例明显低于没有参加的独居老人；参加社区活动的独居老人患慢性腰腿疼和牙齿不好的比例明显低于没有参加的独居老人；参加支援老年人活动的独居老人患神经性关节炎的比例明显高于没有参加的独居老人；参加环保活动的独居老人患癫痫的比例明显高于没有参加的独居老人；参加社会福利活动的独居老人患肠胃病和中风的比例明显高于没有参加的独居老人。

在济南，参加兴趣爱好活动的独居老人患肠胃病和骨折的比例均明显高于没有参加的独居老人，但视力削弱的比例明显低于没有参加的独居老人；参加社区活动的独居老人患白内障和骨折的比例则明显高于没有参加的独居老人；参加支援老年人活动的独居老人患肾病的比例明显高于没有参加的独居老人；参加环保活动的独居老人患高低血压、慢性腰腿疼、白内障、肾病、贫血、肠胃病、心脏病和视力削弱的比例均明显高于没有参加的独居老人（见表3-17）。

表 3-17　参与活动、具体不同疾病患病情况与城市交叉列表　　　单位：%

城市	兴趣爱好活动（如跳舞等）	高低血压	社区活动	牙齿不好		
	是	41.5 (54)	是	13.8 (12)		
	否	51.7 (196)	否	23.7 (100)		
	卡方检验	p = 0.045		p = 0.042		
	支援老年人活动	贫血	环保活动	贫血		
	是	15.4 (2)	是	17.6 (3)		
郑州	否	3.8 (19)	否	3.7 (18)		
	卡方检验	p = 0.039		p = 0.004		
	健身活动（如做操、散步、打门球等）	视力削弱	骨折	肠胃病	中风	牙齿不好
	是	38.3 (147)	1.3 (5)	4.2 (16)	1.6 (6)	24.2 (93)
	否	24.8 (31)	8.0 (10)	8.8 (11)	4.8 (6)	15.2 (19)
	卡方检验	p = 0.006	p = 0.000	p = 0.045	p = 0.038	p = 0.035
城市	健身活动（如做操、散步、打门球等）	肠胃病	肾病	视力削弱	支援老年人活动	癫痫
	是	16.7 (62)	3.9 (13)	64.1 (216)	是	7.7 (1)
	否	24.4 (52)	9.6 (16)	54.5 (91)	否	0.2 (1)
	卡方检验	p = 0.024	p = 0.009	p = 0.038		p = 0.000
兰州	社区活动	心脏病	高低血压	社会福利活动	癌症	
	是	21.9 (16)	39.7 (29)	是	11.1 (2)	
	否	36.4 (186)	59.3 (303)	否	0.9 (5)	
	卡方检验	p = 0.015	p = 0.002		p = 0.000	

续表

城市	兴趣爱好活动（如跳舞等）	白内障	支援老年人活动	神经性关节炎	环保活动	癫痫	
	是	7.4（2）	是	33.3（4）	是	8.3（1）	
	否	0.9（3）	否	10.9（39）	否	0（0）	
	卡方检验	p＝0.005		p＝0.017		p＝0.000	
	健身活动（如做操、散步、打门球等）	神经性关节炎	心脏病	骨折			
青岛	是	8.0（15）	11.4（21）	0（0）			
	否	16.6（31）	20.9（39）	3.2（6）			
	卡方检验	p＝0.012	p＝0.013	p＝0.014			
	社区活动	慢性腰腿疼	牙齿不好	社会福利活动	中风	肠胃病	
	是	1.3（2）	0.6（1）	是	7.7（1）	15.4（2）	
	否	5.2（11）	4.8（10）	否	1.1（4）	2.5（9）	
	卡方检验	p＝0.031	p＝0.020		p＝0.044	p＝0.007	
城市	兴趣爱好活动（如跳舞等）	骨折	肠胃病	视力削弱	社区活动	白内障	骨折
	是	12.7（13）	30.4（31）	43.7（45）	是	30.9（30）	12.8（12）
	否	6.0（18）	20.1（60）	56.1（170）	否	18.4（57）	6.2（19）
	卡方检验	p＝0.028	p＝0.032	p＝0.029		p＝0.009	p＝0.036
	环保活动	白内障	肾病	贫血	高低血压	慢性腰腿疼	肠胃病
	是	72.7（8）	50.0（5）	33.3（3）	100.0（11）	80.0（8）	50.0（5）
济南	否	20.1（79）	6.7（26）	4.3（17）	51.4（203）	31.7（125）	22.3（87）
	卡方检验	p＝0.000	p＝0.000	p＝0.000	p＝0.001	p＝0.001	p＝0.039
	环保活动	心脏病	视力削弱	支援老年人活动	肾病		
	是	80.0（8）	90.0（9）	是	40.0（6）		
	否	42.7（169）	52.0（206）	否	6.7（26）		
	卡方检验	p＝0.019	p＝0.017		p＝0.000		

三、结论

从总体上来看，城市独居老人绝大多数都患有各种疾病，总患病率高达86.5%。独居老人最常见的 10 种疾病按照患病率高低依次是高低血压、视力削弱、牙齿不好、神经性关节炎、心脏病、听力削弱、慢性腰腿疼、白内障、糖尿病和肠胃病。

独居老人的患病状况，就最常见的五种疾病的患病比例来看，与其性别、年龄、文化程度、职业背景、收入水平、健康自评和社会活动参与状况存在显著关系。研究发现，女性独居老人常见疾病的患病比例明显高于男性独居老人，这与以往的研究结果是一致的。年龄越大患病比例越高，小学文化程度的独居老人的患病比例最高，大专及以上学历的独居老人患病比例最低。退休前从事农林牧副渔业的独居老人的患病比例最低，退休前从事生产、商业和服务业的独居老人的患病比例是最高的。月收入为 1001~1500 元的独居老人患病比例最低，而月收入为 501~1000 元的患病比例最高。健康自评状况越好，患病比例越低。参加社区活动和社会福利活动的独居老人的患病比例明显低于没有参加的独居老人。从相关因素的分析，我们也可以发现独居老人健康状况主观自评与其客观状况基本一致，具有较高的相关性。一般来说，参加兴趣爱好活动和健身活动有益于老人身心健康，但本次调查发现参加兴趣爱好活动和健身活动的独居老人常见疾病的患病比例与没有参加上述活动的独居老人并无显著差异，甚至还略高于后者，这可能是于独居老人参加这些活动之前就已患病。

在最常见的五种疾病中，兰州的独居老人高低血压、视力削弱、牙齿不好、神经性关节炎这四种疾病的患病比例都是最高的，济南的独居老人患心脏病的比例是最高的。青岛的独居老人这五种疾病的患病比例都是最低的。而这五种常见疾病的总患病率也存在显著差异，青岛的患病比例最低，兰州的患病比例最高，约为前者的 2.55 倍。由此可以看出，四个城市的独居老人，青岛独居老人的身体客观健康状况是最好的，而兰州独居老人的身体客观健康状况是最差的。这应该是由于两地的社会经济发展水平和医疗保健水平上的差异造成的。

就相关因素而言，四个城市独居老人最常见的五种疾病的患病状况，既有相同之处，又有不同之处。四个城市独居老人常见疾病的患病比例均与其健康自评状况存在显著关系，都与其性别、文化程度、月收入、兴趣爱好活动参与状况、社区活动参与状况、支援老年人活动参与状况、环保活动参与状况无关。除了健康自评因素之外，郑州独居老人常见疾病的患病比例还与其年龄、退休职业和健身活动的参与状况存在显著关系，兰州独居老人常见疾病的患病比例还与其健身活动的参与状况存在显著关系，青岛独居老人常见疾病的患病比例还与其健身活动的参与状况和社会福利活动的参与状况存在显著关系，济南独居老人常见疾病的患病比例则与任何因素均无显著关系。

第四章 城市独居老人生活自理能力状况研究

一、研究背景

我国从 1999 年就进入了老龄化社会，2014 年，60 岁及以上的老龄人口已经突破 2 亿大关，老龄化形势十分严峻。同时，中国人口的平均预期寿命也逐渐增高。根据第六次人口普查的数据，我国人口平均预期寿命达到 74.83 岁，比 10 年前提高了 3.43 岁。其中，男性人口平均预期寿命为 72.38 岁，比 2000 年提高了 2.75 岁；女性为 77.37 岁，提高 4.04 岁（《新京报》，2012）。随着老龄化水平的提高，独居老人的数量也在不断增长。所谓独居老人，主要是从居住方式上看，是指单独一人居住的老年人。目前，独居老人的数量和占老年人总数的比例不断上升，尤其是在大城市。以青岛为例，空巢、独居老人有 40 余万人（裴蕾和段玉田，2013）。独居老人是老年群体中的一个弱势群体，他们往往面临着严重的社会排斥问题，其收入缺乏必要保障，也得不到充分的医疗保障，日常起居缺乏必要的生活照顾，社会生活单一封闭，精神孤独问题严重，与主流社会存在明显脱节。其中老年人的自理能力状况十分重要，它不仅是老年人健康状况的直接体现，而且会对老年人的晚年生活产生重要影响。这种影响主要表现在以下几个方面：一是影响老年人的活动能力，缺乏自理能力，意味着自身活动能力的减弱，不仅是日常的家居生活，户外活动能力也会受到严重影响。二是影响老年人的居住方式，老年人缺乏自理能力，意味着需要他人照料，尤其是失能老人，需要长期照料，因此自理能力受损的老年人往往与子女居住在一起或是居住距离很近，便于照料。而缺乏子女和配偶照顾的老年人则可能进入养老机构养老。三是医疗保健状况。老年人生活不能自理往往是由于年老体衰，患有各种疾病，这就意味着医疗保险费用的支出会逐渐增多，也加大了患病老人的经济负担甚至是整个家庭的经济负担。四是老年人的社会交往，虽然信息社会人与人的沟通方式更为多样和便捷，但老年人依然习惯于面对面的传统互动方式。自理能力如果受损，就无法维持交往的频率和深度，甚至由于失能，造成与社会脱节，游离于主流社会之外。五是影响老年人的心理健康状况。老年人自理能力受损后，社会交往减少，容易感到孤独和封闭。子女与亲朋可能由于各自的工作与事务，无法经常见面与沟通，更容易加深这种孤独感。再加上患病之后的心理负担，对精神慰藉的需求极大增强。

因此，系统地研究独居老人的自理能力状况，对于考察独居老人的健康状况和日常生活状况，无疑具有十分重要的意义，对于提高独居老人的生活质量和日常照料水平也具有十分重要的参考价值。对老年人自理能力的研究可以从两个方面进行：一是运用各种指数和量表进行量化研究，参考国外学者于 20 世纪 60 年代以来设计的一系列指数和量表来进行测量，其中尤以美国学者 Lawton 和 Brody（1969）制定的量表最具代表性。二是采用主观评价的方法，由老年人根据问卷中设计的能否自理的问题进行自我评价。研究发现，老年人的日常生活活动能力（Activities of Daily Living，ADL）受到个体、疾病、心理及社会因素等多重因素的影响，这些因素相互作用、相互影响，最终导致老年人 ADL 下降。目前，我国老年人自理能力总体状况较好，男性老人生活自理能力强于女性老人，城市老年人生活能够自理的比例高于农村老年人，农村女性老人的生活自理比例最低。低年龄老年人生活自理能力最强，而年龄越高的老年人生活不能自理的比例也越高。从地区差异上看，东部发达地区老年人生活能够自理的比例最高，而中西部地区老年人不能自理的比例较高（杜鹏和武超，2006）。

为了解我国当前城市独居老人的生活自理能力状况及其影响因素，我们选择了甘肃省兰州市、河南省郑州市、山东省济南市和青岛市四个城市为调查地点，分别代表我国西部、中部和东部及沿海地区四种类型。于 2012 ~ 2015 年，采用多阶段抽样和问卷调查的方法，共调查了 2014 名独居老人，采用 SPSS 软件进行数据处理。

二、样本概况与调查内容

1. 样本概况

从本次调查的样本状况来看，无论是总体还是各个城市，独居老人中，女性占大多数。独居老人中，70岁以上的占绝大多数，在各个城市和总体中所占比例均在77%以上。其中70~79岁的最多，约占49.1%，在各个城市中所占的比例也均在45%以上。将近90%的独居老人丧偶，在各个城市中，丧偶独居老人所占比例也均在86%以上。从文化程度来看，不识字的独居老人占27%，高中及以上学历的占22.9%。90%的独居老人退休前都有职业，其中绝大多数从事非农业。四个城市中，青岛退休前从事农业的独居老人所占比例最高，占比达41%。独居老人平均月收入为1734.42元，存在显著的城市差异和职业差异。从城市差异来看，郑州独居老人的月收入最高，达1966.29元，兰州独居老人的月收入最低，为1381.78元。从职业差异来看，退休前从事非农业的独居老人月收入最高，为1932.4元，退休前无职业的独居老人月收入最低，仅为895.08元，前者是后者的2倍多。退休前从事非农业和农业的独居老人，都是青岛的独居老人月收入最高，兰州的独居老人月收入最低。退休前无职业的独居老人，青岛的独居老人月收入最高，达1892.14元，济南的独居老人月收入最低，仅为507.8元，不到前者的1/3（见表4-1）。

表4-1　样本概况　　　　　　　　　　　　　　　　　单位：%

变量	分类	郑州	兰州	青岛	济南	合计
性别	男性	151 (30.1)	132 (23.9)	128 (25.7)	84 (20.5)	495 (25.2)
	女性	350 (69.9)	421 (86.1)	370 (74.3)	325 (79.5)	1466 (74.8)
年龄	60~69岁	112 (22.2)	107 (18.7)	100 (20.2)	77 (18.6)	396 (20.0)
	70~79岁	230 (45.6)	310 (54.1)	240 (48.6)	194 (47.0)	974 (49.1)
	80岁及以上	162 (32.2)	156 (27.2)	154 (31.2)	142 (34.4)	614 (30.9)
婚姻状况	未婚	10 (2.1)	5 (0.9)	11 (2.2)	5 (1.2)	31 (1.6)
	离婚或分居	44 (9.1)	29 (5.2)	35 (7.1)	33 (7.9)	141 (7.2)
	丧偶	416 (86.5)	510 (91.7)	445 (90.4)	376 (90.4)	1747 (89.8)
	其他	11 (2.3)	12 (2.2)	1 (0.2)	2 (0.5)	26 (1.3)

续表

变量	分类	郑州	兰州	青岛	济南	合计
学历	不识字	156（30.8）	181（31.8）	86（17.7）	111（26.6）	534（27.0）
	小学	119（23.5）	162（28.5）	144（29.6）	133（31.9）	558（28.2）
	初中	127（25.1）	104（18.3）	125（25.7）	79（18.9）	435（22.0）
	高中或中专	61（12.1）	88（15.5）	89（18.3）	60（14.4）	298（15.1）
	大专及以上	43（8.5）	34（6.0）	43（8.8）	34（8.2）	154（7.8）
退休前职业	非农业	433（85.6）	385（67.7）	281（57.3）	318（78.7）	1417（72.0）
	农业	38（7.5）	92（16.2）	201（41.0）	25（6.2）	356（18.1）
	退休前无职业	35（6.9）	92（16.2）	8（1.6）	61（15.1）	196（10.0）
月收入（元）	非农业	2105.55	1539.79	2106.37	2021.64	1932.4
	农业	922.65	876.48	1629.4	926.67	1337.8
	退休前无职业	895.08	1143.85	1892.14	507.8	895.08
	人均月收入	1966.29	1381.78	1904.66	1730.47	1734.42

2. 调查内容与统计方法

生活自理能力（Self-Care Ability，SCA）通常指日常生活能力（Activities of Daily Living，ADL）和功能性日常生活能力（Instrumental Activities of Daily Living，IADL）。ADL 是老年人最基本的自理能力，是老年人从事每天必需的日常生活的能力，如衣、食、行、个人卫生。这一层次的功能受损，将影响老年人基本生活需要的满足。IADL 包括做饭、家务劳动、旅行、购物、理财、使用电话等，这一层次的功能提示老年人是否能独立生活并具备良好的日常生活能力。目前对于生活自理能力状况的测量，主要是基于这两个方面指标的测量，Katz 指数量表和巴氏日常生活功能量表。本次调查共设计了 8 个指标考察老年人的生活自理能力，分别是能否一个人起床、穿脱衣服、洗澡、上下楼梯、做家务、买东西、旅行和存取钱，大体包括穿、住、用、行四个方面。前四种指标属于 ADL，后四种指标属于 IADL。每一指标分为四种情况，即完全自理、比较吃力、需要他人帮助和丧失自理能力，分别赋值 3 分、2 分、1 分和 0 分。完全自理，是指能一个人独立完成，且不感觉吃力；比较吃力是指独立完成比较吃力；需要他人帮助是指在他人的帮助下能够完成；丧失自理能力是指完全依赖他人。完全自理和比较吃力说明独居老人能自理，需要他人帮助和丧失自理能力说明其自理能力受到损伤，即半失能和失能状况。本次调查数据的录用和处理采用统计软件 SPSS20.5，

·63·

主要通过 χ^2 检验，来验证不同因素与老年人生活自理能力的相互关系。

三、生活自理能力

1. 总体概况

有 58.5% 的独居老人生活自理能力受损，也就是说八项指标中有一项或一项以上存在半失能或失能的状况。有 24.0% 的独居老人在八个方面能够完全自理，在八个方面均丧失自理能力的老年人仅占 1.1%。其中独居老人在起床、穿脱衣服两个方面的自理能力较强，完全自理的比例均在 85% 以上，需要他人帮助和丧失自理能力的总和所占比例均在 3% 以内。独居老人在旅行方面的自理能力状况最差，能够完全自理的比例仅为 28.2%，丧失自理能力的比例则高达 35.7%（见表 4-2）。总的来说，独居老人在 ADL 方面的自理能力要好于 IADL 方面的自理能力，ADL 受损的比例明显低于 IADL 受损的比例。

表 4-2　生活自理能力总体概况　　　　　　　　单位：%

生活、自理能力	完全自理	比较吃力	需要他人帮助	丧失自理能力	缺失值
起床	88.6 (1784)	7.6 (153)	1.1 (23)	1.3 (27)	1.3 (27)
穿脱衣服	87.3 (1759)	8.3 (168)	1.5 (31)	1.5 (30)	1.2 (24)
洗澡	76.0 (1530)	11.5 (231)	6.4 (128)	5.0 (101)	1.3 (26)
上下楼梯	72.2 (1454)	17.3 (349)	4.5 (90)	4.5 (90)	1.5 (31)
做家务	64.9 (1307)	19.7 (397)	6.9 (139)	6.7 (134)	1.8 (37)
买东西	64.9 (1308)	17.2 (347)	7.4 (149)	8.9 (179)	1.5 (31)
存取钱	50.3 (1013)	12.0 (241)	12.8 (258)	22.7 (457)	2.2 (45)
旅行	28.2 (568)	13.0 (261)	20.6 (414)	35.7 (720)	2.5 (51)
合计	均能完全自理 24.0 (484)	均能自理 36.7 (739)	受损 58.5 (1178)	均丧失自理能力 1.1 (22)	缺失值 4.8 (97)

不同城市的独居老人的生活自理能力状况存在显著差异。兰州独居老人的生活自理能力是最差的，受损率高达 78.4%；郑州独居老人的生活自理能力状况最好，受损率为 49.4%。四个城市的独居老人在各项生活自理能力的指标上存在显

著差异。青岛的独居老人在起床、穿脱衣服、上下楼梯、做家务、买东西等方面完全自理的比例是最高的;郑州的独居老人在洗澡、旅行方面完全自理的比例是最高的;济南的独居老人在存取钱方面完全自理的比例是最高的,而起床和穿脱衣服完全自理的比例是最低的;兰州则在其他六方面完全自理的比例是最低的(见表4-3)。

表4-3 城市与自理能力(完全自理)交叉列表　　单位:%

城市	起床	洗澡	穿脱衣服	上下楼梯	ADL能自理	ADL受损
郑州	92.9 (468)	86.3 (436)	91.1 (459)	80.9 (407)	93.0 (467)	7.0 (35)
兰州	85.2 (490)	67.9 (391)	84.2 (484)	59.4 (341)	80.3 (457)	19.7 (112)
青岛	95.9 (472)	79.5 (392)	95.3 (470)	84.5 (418)	85.3 (419)	14.7 (72)
济南	85.1 (354)	74.8 (311)	83.2 (346)	69.7 (288)	86.2 (356)	13.8 (57)
卡方检验	p=0.000	p=0.000	p=0.000	p=0.000	p=0.000	

城市	做家务	买东西	存取钱	旅行	IADL能自理	IADL受损
郑州	67.9 (340)	67.5 (338)	48.3 (241)	37.3 (186)	50.7 (249)	49.3 (242)
兰州	60.8 (347)	60.1 (346)	44.5 (255)	13.4 (76)	21.6 (121)	78.4 (439)
青岛	70.2 (344)	69.2 (341)	57.0 (281)	36.7 (180)	45.6 (222)	54.4 (265)
济南	66.5 (276)	68.4 (283)	58.4 (236)	31.0 (126)	38.4 (151)	61.6 (242)
卡方检验	p=0.000	p=0.000	p=0.000	p=0.000	p=0.000	

城市	SCA能自理	SCA受损
郑州	50.6 (247)	49.4 (241)
兰州	21.6 (119)	78.4 (433)
青岛	45.7 (222)	54.3 (264)
济南	38.6 (151)	61.4 (240)
卡方检验	p=0.000	

注:自理能力各项具体指标的百分比为完全自理的百分比。能自理包括完全自理和能自理但吃力,受损为需他人帮助和完全丧失自理能力,下同。

2. 性别与自理能力

男性独居老人与女性独居老人的生活自理能力存在显著差异,女性独居老人生活自理能力受损的比例明显高于男性独居老人。无论是ADL方面的自理能力还是IADL方面的自理能力,都是男性独居老人的自理能力状况要明显好于女性独居老人(见表4-4)。

表 4-4　性别与自理能力交叉列表-1　　　　　　单位: %

性别	日常活动自理能力 ADL		功能性自理能力 IADL		生活自理能力 SCA	
	能自理	受损	能自理	受损	能自理	受损
女	84.9 (1222)	15.1 (217)	35.2 (495)	64.8 (913)	35.2 (492)	64.8 (904)
男	88.9 (431)	11.1 (54)	48.2 (229)	51.8 (246)	48.2 (228)	51.8 (245)
卡方检验	p=0.031		p=0.000		p=0.000	

在具体指标上，男性独居老人和女性独居老人在 ADL 方面的自理能力指标上并无显著差异，但在 IADL 方面的自理能力指标上存在显著差异。这主要表现在存取钱和旅行两个方面的自理能力上，女性独居老人这两个方面的自理能力明显弱于男性独居老人（见表 4-5）。

表 4-5　性别与自理能力交叉列表-2　　　　　　单位: %

	性别	不能自理	他人帮助	自理费劲	完全自理	合计
存取钱	女	25.8 (369)	14.1 (202)	12.3 (176)	47.9 (686)	100.0 (1433)
	男	16.2 (79)	10.7 (52)	12.3 (60)	60.8 (296)	100.0 (487)
卡方检验						p=0.000
	性别	不能自理	他人帮助	自理费劲	完全自理	合计
旅行	女	40.3 (578)	20.6 (296)	12.9 (185)	26.3 (377)	100.0 (1436)
	男	26.9 (129)	21.5 (103)	15.0 (72)	36.5 (175)	100.0 (479)
卡方检验						p=0.000

四个城市中，都是男性独居老人的生活自理能力状况要好于女性独居老人，但只有郑州和济南差别有统计学上的显著性。在 ADL 方面的自理能力上，四个城市，都是男性独居老人的状况要稍好于女性独居老人，但差别并不显著。而在 IADL 方面的自理能力上，郑州和济南，男性独居老人这方面的自理能力状况均明显好于女性独居老人。兰州和青岛，男性独居老人这方面的自理能力只是略好于女性独居老人，但差别并不显著（见表 4-6）。

表4-6　性别、自理能力与城市交叉列表-1　　　单位：%

城市	性别	ADL自理	ADL受损	IADL自理	IADL受损	SCA自理	SCA受损
郑州	女	92.8（322）	7.2（25）	44.0（149）	56.0（190）	43.9（148）	56.1（189）
	男	93.3（139）	6.7（10）	65.8（96）	34.2（50）	65.5（95）	34.5（50）
	卡方检验	p=0.844		p=0.000		p=0.000	
兰州	女	78.9（321）	21.1（86）	20.5（83）	79.5（322）	20.4（81）	79.6（316）
	男	82.4（108）	17.6（23）	26.2（33）	73.8（93）	26.2（33）	73.8（93）
	卡方检验	p=0.376		p=0.177		p=0.170	
青岛	女	84.4（309）	15.6（57）	44.4（161）	55.6（202）	44.5（161）	55.5（201）
	男	87.9（109）	12.1（15）	49.6（61）	50.4（62）	49.6（61）	50.4（62）
	卡方检验	p=0.345		p=0.313		p=0.325	
济南	女	84.6（270）	15.4（49）	33.9（102）	66.1（199）	34.0（102）	66.0（198）
	男	92.6（75）	7.4（6）	48.8（39）	51.3（41）	49.4（39）	50.6（40）
	卡方检验	p=0.063		p=0.014		p=0.012	

　　在生活自理能力的具体指标上，在郑州，男性独居老人在旅行方面的自理能力明显好于女性独居老人；在青岛，男性独居老人在存取钱方面的自理能力明显好于女性独居老人；在济南，男性独居老人在上下楼梯、存取钱和旅行方面的自理能力均明显好于女性独居老人（见表4-7）。

表4-7　性别、自理能力与城市交叉列表-2　　　单位：%

	城市	性别	不能自理	他人帮助	自理费劲	完全自理	合计
旅行	郑州	女	32.4（112）	15.6（54）	21.4（74）	30.6（106）	100.0（346）
		男	21.8（32）	7.5（11）	18.4（27）	52.4（77）	100.0（147）
	卡方检验						p=0.000
旅行	济南	女	41.7（131）	22.0（69）	8.9（28）	27.4（86）	100.0（314）
		男	17.3（14）	32.1（26）	12.3（10）	38.3（31）	100.0（81）
	卡方检验						p=0.001
上下楼梯	济南	女	7.5（24）	4.4（14）	22.3（71）	65.8（210）	100.0（319）
		男	3.7（3）	1.2（1）	12.3（10）	82.7（67）	100.0（81）
	卡方检验						p=0.031

续表

存取钱	城市	性别	不能自理	他人帮助	自理费劲	完全自理	合计
	青岛	女	19.9 (73)	14.7 (54)	12.3 (45)	53.1 (195)	100.0 (367)
		男	14.4 (18)	8.0 (10)	8.8 (11)	68.8 (86)	100.0 (125)
	卡方检验						p = 0.021

存取钱	城市	性别	不能自理	他人帮助	自理费劲	完全自理	合计
	济南	女	27.1 (84)	9.7 (30)	8.4 (26)	54.8 (170)	100.0 (310)
		男	9.8 (8)	11.0 (9)	11.0 (9)	68.3 (56)	100.0 (82)
	卡方检验						p = 0.012

3. 年龄与自理能力

从总体上来看，独居老人的生活自理能力与其年龄存在显著关系，年龄越大，生活自理能力受损的比例越高，ADL 和 IADL 方面的自理能力均是如此（见表 4-8）。

表 4-8　年龄段与自理能力交叉列表　　　　　　　　　　单位：%

年龄段	ADL 自理	ADL 受损	IADL 自理	IADL 受损	SCA 自理	SCA 受损
60~69 岁	95.9 (370)	4.1 (16)	61.7 (238)	38.3 (148)	62.5 (237)	37.5 (142)
70~79 岁	89.2 (858)	10.8 (104)	37.7 (351)	62.3 (579)	37.6 (349)	62.4 (580)
80 岁及以上	74.1 (444)	25.9 (155)	23.2 (136)	76.8 (450)	23.2 (135)	76.8 (446)
卡方检验	p = 0.000		p = 0.000		p = 0.000	

从具体指标上来看，独居老人的各项指标与其年龄也存在显著关系，八个方面的指标都是年龄越大完全自理比例越低（见表 4-9）。

表 4-9　年龄段与自理能力（完全自理）交叉列表　　　　　单位：%

年龄段	起床	穿脱衣服	洗澡	上下楼梯
60~69 岁	95.6 (373)	95.4 (372)	90.6 (355)	86.9 (339)
70~79 岁	90.8 (876)	90.4 (872)	80.4 (775)	74.8 (721)
80 岁及以上	84.1 (507)	80.8 (488)	61.8 (374)	61.2 (368)
卡方检验	p = 0.000	p = 0.000	p = 0.000	p = 0.000

续表

年龄段	做家务	买东西	存取钱	旅行
60~69 岁	79.8（313）	83.2（327）	73.1（286）	51.4（200）
70~79 岁	70.2（670）	69.6（667）	53.4（507）	27.4（260）
80 岁及以上	50.3（303）	48.5（292）	33.2（199）	15.6（93）
卡方检验	p=0.000	p=0.000	p=0.000	p=0.000

　　四个城市中，除了兰州，其他三个城市的独居老人的年龄高低与生活自理能力状况均存在显著关系，都是年龄越大，生活自理能力受损的比例越高。不过，ADL 和 IADL 的状况有所不同，ADL 方面的自理能力，四个城市的独居老人都是年龄越大，ADL 方面自理能力受损的比例越高。IADL 方面的自理能力，则是除了兰州，其他三个城市的独居老人这方面的自理能力状况与其年龄高低存在显著关系，年龄越大，IADL 方面自理能力受损的比例越高（见表 4-10）。

表 4-10　年龄段、自理能力与城市交叉列表　　　　　　　　单位：%

城市	年龄段	ADL 自理	ADL 受损	IADL 自理	IADL 受损	SCA 自理	SCA 受损
郑州	60~69 岁	100.0（110）	0（0）	71.4（80）	28.6（32）	71.8（79）	28.2（31）
	70~79 岁	95.2（216）	4.8（11）	53.7（117）	46.3（101）	53.7（117）	46.3（101）
	80 岁及以上	85.1（137）	14.9（24）	31.2（49）	68.8（108）	30.8（48）	69.2（108）
	卡方检验	p=0.000		p=0.000		p=0.000	
兰州	60~69 岁	87.3（89）	12.7（13）	25.5（26）	74.5（76）	26.5（26）	73.5（72）
	70~79 岁	82.1（252）	17.9（55）	20.3（30）	79.7（236）	19.7（58）	80.3（237）
	80 岁及以上	71.3（107）	28.7（43）	19.9（30）	80.1（121）	20.1（30）	79.9（119）
	卡方检验	p=0.004		p=0.487		p=0.335	
青岛	60~69 岁	99.0（98）	1.0（1）	82.7（81）	17.3（17）	82.7（81）	17.3（17）
	70~79 岁	89.5（212）	10.5（25）	44.5（105）	55.5（131）	44.5（105）	55.5（131）
	80 岁及以上	69.3（104）	30.7（46）	20.9（31）	79.1（117）	21.1（31）	78.9（116）
	卡方检验	p=0.000		p=0.000		p=0.000	
济南	60~69 岁	97.3（73）	2.7（2）	68.9（51）	31.1（23）	69.9（51）	30.1（22）
	70~79 岁	93.2（178）	6.8（13）	38.3（69）	61.7（111）	38.3（69）	61.7（111）
	80 岁及以上	69.6（96）	30.4（42）	20.0（26）	80.0（104）	20.2（26）	79.8（103）
	卡方检验	p=0.000		p=0.000		p=0.000	

就具体指标而言，每个城市的独居老人的自理能力的具体指标状况都与其年龄高低存在显著关系。在各项指标上都是年龄越大完全自理的比例越低（见表4-11）。

表 4-11　年龄段、自理能力（完全自理）与城市交叉列表　　　单位：%

城市	年龄段	起床	洗澡	穿脱衣服	上下楼梯	旅行	做家务	买东西	存取钱
郑州	60~69 岁	100.0(111)	99.1(111)	99.1(110)	94.6(105)	55.4(62)	81.3(91)	83.0(93)	63.4(71)
	70~79 岁	94.3(214)	89.4(203)	93.8(213)	82.4(187)	40.6(91)	73.7(165)	70.7(159)	52.3(116)
	80 岁及以上	85.8(139)	72.8(118)	81.5(132)	68.9(111)	19.5(31)	49.7(80)	51.3(82)	31.1(50)
	卡方检验	p=0.001	p=0.000	p=0.000	p=0.000	p=0.000	p=0.000	p=0.000	p=0.000
兰州	60~69 岁	92.3(96)	76.2(80)	94.2(98)	70.5(74)	26.5(27)	65.1(69)	72.6(77)	59.4(63)
	70~79 岁	85.4(263)	68.7(211)	85.1(262)	59.7(184)	11.3(34)	64.9(196)	62.5(192)	43.1(131)
	80 岁及以上	79.6(121)	59.5(91)	75.7(115)	49.0(74)	7.3(11)	50.0(76)	46.1(70)	35.5(54)
	卡方检验	p=0.021	p=0.040	p=0.000	p=0.003	p=0.000	p=0.000	p=0.000	p=0.003
青岛	60~69 岁	99.0(98)	99.0(98)	99.0(98)	98.0(97)	72.7(72)	95.9(94)	93.9(93)	90.9(90)
	70~79 岁	96.6(230)	87.0(207)	97.5(232)	87.8(209)	31.8(75)	71.3(169)	73.0(173)	59.2(141)
	80 岁及以上	92.7(139)	54.3(82)	89.4(135)	70.9(107)	19.2(29)	51.0(77)	47.0(71)	30.5(46)
	卡方检验	p=0.033	p=0.000	p=0.002	p=0.000	p=0.000	p=0.000	p=0.000	p=0.000
济南	60~69 岁	89.5(68)	86.8(66)	86.8(66)	84.0(63)	51.3(39)	77.6(59)	84.2(64)	83.8(62)
	70~79 岁	88.0(169)	80.2(154)	85.9(165)	73.8(141)	31.9(60)	73.3(140)	75.3(143)	64.3(119)
	80 岁及以上	77.7(108)	59.7(83)	76.3(106)	55.1(76)	16.4(22)	50.4(70)	49.6(69)	36.0(49)
	卡方检验	p=0.007	p=0.000	p=0.005	p=0.000	p=0.000	p=0.000	p=0.000	p=0.000

4. 文化程度与自理能力

不同文化程度的独居老人的生活自理能力状况存在显著差异，文化程度越高，生活自理能力受损的比例越低，ADL 方面的自理能力和 IADL 方面的自理能力均是如此（见表4-12）。

表 4-12　文化程度与自理能力交叉列表　　　单位：%

文化程度	ADL 自理	ADL 受损	IADL 自理	IADL 受损	SCA 自理	SCA 受损
不识字	78.1 (410)	21.9 (115)	24.9 (127)	75.1 (384)	24.4 (124)	75.6 (384)
小学	85.3 (465)	14.7 (80)	36.8 (196)	63.2 (336)	37.1 (196)	62.9 (333)
初中	90.0 (385)	10.0 (43)	44.0 (188)	56.0 (239)	44.5 (188)	55.5 (234)

续表

文化程度	ADL 自理	ADL 受损	IADL 自理	IADL 受损	SCA 自理	SCA 受损
高中或中专	92.4（268）	7.6（22）	48.9（137）	51.1（143）	49.1（136）	50.9（141）
大专及以上	91.6（141）	8.4（13）	55.7（83）	44.3（66）	55.7（83）	44.3（66）
卡方检验	p = 0.000		p = 0.000		p = 0.000	

而在具体指标方面，独居老人八个方面的自理能力都其与文化程度存在显著关系，都是文化程度越高，完全自理的比例越高（见表4-13）。

表4-13　文化程度与自理能力（完全自理）交叉列表　　单位：%

文化程度	起床	洗澡	穿脱衣服	上下楼梯	旅行	做家务	买东西	存取钱
不识字	86.4(457)	67.1(355)	83.9(444)	63.4(334)	16.9(89)	57.1(299)	54.2(285)	29.2(152)
小学	89.6(490)	74.0(405)	88.3(484)	72.3(396)	27.5(148)	65.0(355)	64.6(354)	51.2(278)
初中	91.0(392)	82.5(358)	89.8(387)	79.4(342)	33.9(145)	70.6(305)	71.5(308)	62.0(268)
高中或中专	92.5(271)	84.6(248)	92.2(270)	79.0(229)	39.5(113)	74.6(217)	76.4(223)	65.9(191)
大专及以上	93.5(144)	89.0(137)	93.5(144)	83.8(129)	42.8(65)	72.8(110)	77.8(119)	71.7(109)
卡方检验	p = 0.031	p = 0.000	p = 0.002	p = 0.000	p = 0.000	p = 0.000	p = 0.000	p = 0.000

四个城市中，不同文化程度的独居老人的生活自理能力状况均存在显著差异。但情形稍有不同，郑州和济南，都是不识字的独居老人的生活自理能力受损的比例最高，高中或中专文化程度的独居老人生活自理能力受损的比例最低。而兰州和青岛，都是独居老人文化程度越高，生活自理能力受损的比例越低。在ADL方面，除了郑州，其他三个城市，不同文化程度的独居老人ADL方面的自理能力状况存在显著差异。三个城市中，都是不识字的独居老人这方面的自理能力受损的比例最高。兰州和青岛，都是大专及以上文化程度的独居老人ADL方面受损的比例最低，而济南则是高中或中专文化程度的独居老人ADL方面受损的比例最低。在IADL方面，四个城市不同文化程度的独居老人这方面的自理能力状况均存在显著差异。郑州和济南，都是不识字的独居老人这方面自理能力受损的比例最高，高中或中专文化程度的独居老人这方面受损的比例最低。而兰州和青岛，则是文化程度越高，这方面自理能力受损的比例越低（见表4-14）。

表 4-14　文化程度、自理能力与城市交叉列表　　　　单位：%

城市	文化程度	ADL 自理	ADL 受损	IADL 自理	IADL 受损	SCA 自理	SCA 受损
郑州	不识字	89.0（138）	11.0（17）	36.6（56）	63.4（97）	36.2（55）	63.8（97）
	小学	94.0（110）	6（7）	51.7（60）	48.3（56）	51.7（60）	48.3（56）
	初中	95.2（120）	4.8（6）	58.4（73）	41.6（52）	58.9（73）	41.1（51）
	高中或中专	98.3（59）	1.7（1）	66.1（37）	33.9（19）	65.5（36）	34.5（19）
	大专及以上	90.7（39）	9.3（4）	55.0（22）	45.0（18）	55.0（22）	45.0（18）
	卡方检验	p=0.096		p=0.000		p=0.000	
兰州	不识字	73.4（130）	26.6（47）	16.3（28）	83.7（144）	15.2（26）	84.8（145）
	小学	78.5（124）	21.5（34）	20.1（31）	79.9（123）	20.4（31）	79.6（121）
	初中	87.0（87）	13.0（13）	20.8（21）	79.2（80）	21.6（21）	78.4（76）
	高中或中专	85.9（73）	14.1（12）	27.4（23）	72.6（61）	27.7（23）	72.3（60）
	大专及以上	88.2（30）	11.8（4）	44.1（15）	55.9（19）	44.1（15）	55.9（19）
	卡方检验	p=0.023		p=0.005		p=0.003	
青岛	不识字	69.4（59）	30.6（26）	24.7（21）	75.3（64）	25.0（21）	75.0（63）
	小学	84.4（119）	15.6（22）	37.4（52）	62.6（87）	37.4（52）	62.6（87）
	初中	87.1（108）	12.9（16）	50.8（63）	49.2（61）	50.8（63）	49.2（61）
	高中或中专	93.0（80）	7.0（6）	57.6（49）	42.4（36）	57.6（49）	42.4（36）
	大专及以上	97.7（42）	2.3（1）	72.1（31）	27.9（12）	72.1（31）	27.9（12）
	卡方检验	p=0.000		p=0.000		p=0.000	
济南	不识字	76.9（83）	23.1（25）	21.8（22）	78.2（79）	21.8（22）	78.2（79）
	小学	86.8（112）	13.2（17）	43.1（53）	56.9（70）	43.4（53）	56.6（69）
	初中	89.7（70）	10.3（8）	40.3（31）	59.7（46）	40.3（31）	59.7（46）
	高中或中专	94.9（56）	5.1（3）	50.9（28）	49.1（27）	51.9（28）	48.1（26）
	大专及以上	88.2（30）	11.8（4）	46.9（15）	53.1（17）	46.9（15）	53.1（17）
	卡方检验	p=0.014		p=0.001		p=0.001	

在具体指标上，郑州不同文化程度的独居老人，在这些具体指标方面的自理能力状况均存在显著差异。兰州不同文化程度的独居老人在存取钱和旅行方面的自理能力状况存在显著差异。青岛不同文化程度的独居老人在洗澡、上下楼梯、做家务、买东西、存取钱和旅行方面的自理能力状况存在显著差异。济南不同文化程度的独居老人在洗澡、做家务、买东西和存取钱方面的自理能力状况存在显著差异（见表 4-15）。

表 4-15　文化程度、自理能力（完全自理）与城市交叉列表　　单位：%

城市	文化程度	旅行	存取钱	买东西	做家务	上下楼梯	洗澡	穿脱衣服	起床
郑州	不识字	23.2(36)	31.8(49)	52.6(81)	52.9(82)	72.3(112)	77.6(121)	86.5(135)	88.5(138)
	小学	33.6(39)	50.0(58)	68.4(80)	73.5(86)	82.9(97)	92.3(108)	93.2(109)	98.3(115)
	初中	42.9(54)	55.1(70)	73.8(93)	73.2(93)	85.8(109)	89.0(113)	93.7(118)	93.7(118)
	高中或中专	58.6(34)	61.0(36)	83.6(51)	78.7(48)	86.7(52)	93.4(57)	95.1(58)	95.1(58)
	大专及以上	51.2(22)	66.7(28)	78.6(33)	75.0(30)	83.7(36)	83.7(36)	88.4(38)	88.4(38)
	卡方检验	p=0.000	p=0.000	p=0.001	p=0.009	p=0.019	p=0.002	p=0.027	p=0.011
兰州	不识字	8.0(14)	25.0(44)	55.6(99)	60.0(105)	56.7(101)	63.5(113)	83.1(148)	85.5(153)
	小学	11.6(18)	45.9(73)	58.1(93)	58.5(93)	52.5(84)	62.3(99)	82.5(132)	82.4(131)
	初中	15.8(16)	58.3(60)	65.0(67)	63.1(65)	67.6(69)	73.1(76)	82.4(84)	84.3(86)
	高中或中专	18.8(16)	52.3(45)	61.6(53)	62.4(53)	62.4(53)	72.1(62)	86.0(74)	86.0(74)
	大专及以上	26.5(9)	70.6(24)	67.6(23)	61.8(21)	73.5(25)	88.2(30)	97.1(33)	97.1(33)
	卡方检验	p=0.000	p=0.000	p=0.623	p=0.886	p=0.505	p=0.061	p=0.054	p=0.412
青岛	不识字	20.9(18)	30.2(26)	55.8(48)	64.7(55)	72.1(62)	62.8(54)	94.2(81)	95.3(81)
	小学	33.6(47)	50.7(72)	63.8(90)	64.3(90)	85.2(121)	73.0(103)	95.7(135)	94.3(133)
	初中	41.1(51)	65.3(81)	75.8(94)	73.4(91)	86.3(107)	84.0(105)	93.6(117)	95.2(119)
	高中或中专	48.8(42)	75.9(66)	82.6(71)	80.2(69)	88.4(76)	90.7(78)	96.5(83)	98.8(85)
	大专及以上	48.8(21)	76.7(33)	81.4(35)	79.1(34)	97.7(42)	97.7(42)	100.0(43)	100.0(43)
	卡方检验	p=0.000	p=0.000	p=0.001	p=0.000	p=0.011	p=0.000	p=0.937	p=0.682
济南	不识字	19.3(21)	31.7(33)	52.8(57)	52.3(57)	54.6(59)	61.5(67)	73.4(80)	78.0(85)
	小学	34.6(44)	59.5(75)	70.0(91)	66.2(86)	72.9(94)	73.1(95)	83.1(108)	85.4(111)
	初中	31.2(24)	73.1(57)	69.2(54)	71.8(56)	73.1(57)	82.1(64)	87.2(68)	88.5(69)
	高中或中专	36.8(21)	75.9(44)	81.4(48)	79.7(47)	81.4(48)	85.0(51)	91.7(55)	90.0(54)
	大专及以上	40.6(13)	72.7(24)	82.4(28)	73.5(25)	76.5(26)	85.3(29)	88.2(30)	88.2(30)
	卡方检验	p=0.169	p=0.000	p=0.007	p=0.008	p=0.056	p=0.005	p=0.060	p=0.282

5. 职业与自理能力

总的来说，退休前从事不同职业的独居老人的生活自理能力存在显著差异。退休前是单位负责人、专业技术办事人员和军人的独居老人的生活自理能力状况最好，受损的比例最低。退休前无职业的独居老人的生活自理能力最差，受损的比例最高。ADL 和 IADL 方面的自理能力状况均是如此（见表 4-16）。

表4-16　退休前职业与自理能力交叉列表　　　　　单位：%

退休职	ADL 自理	ADL 受损	IADL 自理	IADL 受损	SCA 自理	SCA 受损
单专军	88.3（616）	11.7（82）	42.2（288）	57.8（394）	42.5（288）	57.5（389）
生商服	89.3（600）	10.7（72）	38.2（253）	61.8（409）	38.3（251）	61.7（404）
农牧渔	82.1（289）	17.9（63）	37.0（126）	63.0（215）	36.8（125）	63.2（215）
无职业	72.8（139）	27.2（52）	27.0（50）	73.0（135）	26.6（49）	73.4（135）
卡方检验	p＝0.000		p＝0.002		p＝0.001	

注：退休前职业简写为退休职，单位负责人、专业技术办事人员和军人简写为单专军，生产、商业和服务业简写为生商服，农林牧副渔简写为农牧渔，下同。

就具体指标而言，退休前从事不同职业的独居老人在八个方面的自理能力均存在显著差异。各方面的指标都是退休前是单位负责人、专业技术办事人员和军人的独居老人的自理能力状况最好，受损的比例最低。退休前无职业的独居老人的自理能力最差，受损的比例最高（见表4-17）。

表4-17　退休前职业与自理能力（完全自理）交叉列表　　　　　单位：%

退休职	起床	穿脱衣服	洗澡	上下楼梯	做家务	买东西	存取钱	旅行
单专军	91.6(641)	91.6(643)	81.1(569)	78.1(548)	70.4(489)	69.9(491)	59.1(413)	33.9(235)
生商服	90.1(610)	88.2(597)	78.6(534)	74.5(502)	65.9(446)	66.6(449)	51.0(342)	26.9(180)
农牧渔	91.2(323)	89.8(318)	72.8(257)	72.0(255)	65.1(229)	64.0(226)	46.0(160)	26.1(91)
无职业	82.9(160)	79.7(153)	64.2(124)	56.5(108)	55.8(106)	53.9(103)	36.3(69)	20.1(38)
卡方检验	p＝0.000	p＝0.000	p＝0.000	p＝0.000	p＝0.002	p＝0.000	p＝0.000	p＝0.000

就四个城市的情况来看，每个城市不同职业背景的独居老人的生活自理能力总体上均无显著差异。但是 ADL 和 IADL 方面的自理能力状况有所不同。除了青岛以外，其他三个城市不同职业背景的独居老人在 ADL 方面的自理能力状况都存在显著差异。三个城市都是无职业的独居老人在 ADL 方面的自理能力状况最差。郑州和兰州退休前是单位负责人、专业技术办事人员和军人的独居老人在 ADL 方面的自理能力受损的比例最低，而济南则是退休前从事生产、商业和服务业的独居老人在 ADL 方面的自理能力受损的比例最低。IADL 方面的自理能力状况，四个城市不同职业背景的独居老人均无显著差异（见表4-18）。

表4-18　退休前职业、自理能力与城市交叉列表　　　　　单位：%

城市	退休职	ADL 自理	ADL 受损	IADL 自理	IADL 受损	SCA 自理	SCA 受损
郑州	单专军	90.6（125）	9.4（13）	56.2（73）	43.8（57）	56.6（73）	43.4（56）
	生商服	96.2（279）	3.8（11）	49.0（140）	51.0（146）	48.8（139）	51.2（146）
	农牧渔	92.1（35）	7.9（3）	47.4（18）	52.6（20）	47.4（18）	52.6（20）
	无职业	76.5（26）	23.5（8）	48.6（17）	51.4（18）	47.1（16）	52.9（18）
	卡方检验	p＝0.000		p＝0.546		p＝0.464	
兰州	单专军	85.7（144）	14.3（24）	24.0（40）	76.0（127）	24.4（40）	75.6（124）
	生商服	79.3（161）	20.7（42）	21.9（44）	78.1（157）	21.8（43）	78.2（154）
	农牧渔	81.3（74）	18.7（17）	21.8（19）	78.2（68）	20.9（18）	79.1（68）
	无职业	70.8（63）	29.2（26）	10.3（9）	89.7（78）	10.3（9）	89.7（78）
	卡方检验	p＝0.039		p＝0.072		p＝0.065	
青岛	单专军	88.5（231）	11.5（30）	47.9（124）	52.1（135）	48.1（124）	51.9（134）
	生商服	88.9（16）	11.1（2）	44.4（8）	55.6（10）	44.4（8）	55.6（10）
	农牧渔	80.8（160）	19.2（38）	42.3（83）	57.7（113）	42.3（83）	57.7（113）
	无职业	75.0（6）	25.0（2）	50.0（4）	50.0（4）	50.0（4）	50.0（4）
	卡方检验	p＝0.106		p＝0.694		p＝0.673	
济南	单专军	88.5（116）	11.5（15）	40.5（51）	59.5（75）	40.5（51）	59.5（75）
	生商服	89.4（144）	10.6（17）	38.9（61）	61.1（96）	39.4（61）	60.6（94）
	农牧渔	80.0（20）	20.0（5）	30.0（6）	70.0（14）	30.0（6）	70.0（14）
	无职业	73.3（44）	26.7（16）	36.4（20）	63.6（35）	36.4（20）	63.6（35）
	卡方检验	p＝0.012		p＝0.818		p＝0.811	

　　就具体指标而言，郑州不同职业背景的独居老人在起床、穿脱衣服、洗澡、上下楼梯、做家务和买东西方面的自理能力状况存在显著差异，都是退休前从事生产、商业和服务业的独居老人在这几个方完全自理的比例最高，退休前无职业的独居老人在这几个方面完全自理的比例都是最低的。兰州不同职业背景的独居老人在起床、穿脱衣服、存取钱和旅行方面的自理能力状况存在显著差异。退休前无职业的独居老人，这几个方面完全自理的比例都是最低的。退休前是单位负责人、专业技术办事人员和军人的独居老人在起床、穿脱衣服和存取钱方面完全自理的比例都是最高的，退休前从事农林牧副渔业的独居老人在旅行方面完全自理的比例最高。济南不同职业背景的独居老人在起床、穿脱衣服、上下楼梯和存取钱方面的自理能力状况存在显著差异，退休前是单位负责人、专业技术办事人

员和军人的独居老人这四个方面完全自理的比例都是最高的，退休前从事农林牧副渔业的独居老人在起床、穿脱衣服和上下楼梯方面完全自理的比例都是最低的，退休前无职业的独居老人在存取钱完全自理的比例最低。至于青岛，不同职业背景的独居老人八个具体指标的自理能力均无显著差异（见表4-19）。

表4-19 退休前职业、自理能力（完全自理）与城市交叉列表　单位：%

城市	退休职	起床	穿脱衣服	洗澡	上下楼梯	做家务	买东西	存取钱	旅行
郑州	单专军	89.9(124)	89.9(124)	85.6(119)	81.3(113)	71.3(97)	74.6(103)	56.6(77)	47.4(64)
	生商服	95.9(279)	93.8(273)	89.3(260)	84.1(244)	69.7(202)	68.8(198)	46.9(135)	32.9(95)
	农牧渔	89.5(34)	86.8(33)	84.2(32)	68.4(26)	55.3(21)	52.6(20)	39.5(15)	31.6(12)
	无职业	82.9(29)	80.0(28)	65.7(23)	64.7(22)	51.4(18)	42.9(15)	37.1(13)	40.0(14)
	卡方检验	p=0.003	p=0.003	p=0.000	p=0.001	p=0.022	p=0.001	p=0.386	p=0.131
兰州	单专军	89.4(152)	88.9(152)	76.5(130)	66.5(113)	65.7(111)	62.0(106)	55.6(95)	15.4(26)
	生商服	83.9(172)	82.9(170)	64.3(133)	60.0(123)	59.0(121)	60.2(124)	44.6(91)	11.9(24)
	农牧渔	88.0(81)	85.9(79)	68.1(62)	57.6(53)	67.0(61)	67.4(62)	36.3(33)	15.7(14)
	无职业	77.8(70)	76.4(68)	58.9(53)	44.9(40)	52.3(46)	49.4(44)	31.5(28)	4.5(4)
	卡方检验	p=0.013	p=0.021	p=0.220	p=0.067	p=0.413	p=0.221	p=0.001	p=0.012
青岛	单专军	95.4(249)	94.7(248)	82.1(215)	85.1(223)	71.9(187)	71.0(186)	59.3(156)	39.7(104)
	生商服	94.4(17)	100.0(18)	88.9(16)	100.0(18)	61.1(11)	66.7(12)	77.8(14)	44.4(8)
	农牧渔	96.5(192)	95.5(190)	74.9(149)	82.4(164)	67.7(134)	66.2(131)	51.5(102)	31.5(62)
	无职业	100.0(8)	100.0(8)	75.0(6)	87.5(7)	75.0(6)	87.5(7)	75.0(6)	50.0(4)
	卡方检验	p=0.891	p=0.672	p=0.346	p=0.430	p=0.444	p=0.062	p=0.140	p=0.794
济南	单专军	88.5(116)	90.8(119)	80.2(105)	75.6(99)	72.3(94)	73.3(96)	65.9(85)	32.0(41)
	生商服	87.1(142)	83.4(136)	76.7(125)	72.7(117)	68.3(112)	71.0(115)	63.4(102)	33.1(53)
	农牧渔	64.0(16)	64.0(16)	56.0(14)	48.0(12)	52.0(13)	52.0(13)	47.6(10)	12.5(3)
	无职业	88.3(53)	81.7(49)	70.0(42)	65.0(39)	61.0(36)	62.7(37)	37.9(22)	27.6(16)
	卡方检验	p=0.001	p=0.012	p=0.072	p=0.006	p=0.060	p=0.098	p=0.000	p=0.164

6. 收入与自理

不同收入水平的独居老人的生活自理能力状况存在显著差异。月收入在501~1000元的独居老人的生活自理能力状况最差，生活自理能力受损的比例最高。月收入在1001~1500元的独居老人的生活自理能力状况最好，生活自理能力受损的比例最低。但在ADL和IADL方面的状况有所不同。在ADL方面，月

收入在 0~500 元的独居老人的自理能力状况最差，受损的比例最高；月收入在
1501~2000 元的独居老人的自理能力状况最好，受损的比例最低。在 IADL 方面，
月收入在 501~1000 元的独居老人的自理能力状况最差，受损的比例最高；月收入
在 1001~1500 元的独居老人的自理能力状况最好，受损的比例最低（见表 4-20）。

表 4-20　月收入与自理能力交叉列表　　　　单位：%

月收入	ADL 自理	ADL 受损	IADL 自理	IADL 受损	SCA 自理	SCA 受损
0~500 元	73.0（181）	27.0（67）	30.0（71）	70.0（166）	29.7（70）	70.3（166）
501~1000 元	84.5（224）	15.5（41）	21.8（57）	78.2（204）	22.0（56）	78.0（199）
1001~1500 元	88.8（324）	11.2（41）	45.2（163）	54.8（198）	45.0（161）	55.0（197）
1501~2000 元	89.4（529）	10.6（63）	43.4（252）	56.6（329）	43.5（252）	56.5（327）
2001 元及以上	88.0（374）	12.0（51）	41.5（172）	58.5（242）	41.7（172）	58.3（240）
卡方检验	p=0.000		p=0.000		p=0.000	

就具体指标而言，不同收入水平的独居老人各方面的自理能力均存在显著差
异。月收入最低的即月收入在 0~500 元的独居老人在起床、穿脱衣服、洗澡、
上下楼梯、做家务、买东西和存取钱方面完全自理的比例都是最低的。月收入在
501~1000 元的独居老人在旅行方面完全自理的比例是最低的。月收入在 1001~
1500 元的独居老人在穿脱衣服、上下楼梯、做家务和买东西方面完全自理的比
例都是最高的。月收入在 1501~2000 元的独居老人在穿脱衣服方面完全自理的
比例最高。月收入在 2001 元及以上的独居老人在洗澡、存取钱和旅行方面完全
自理的比例是最高的（见表 4-21）。

表 4-21　月收入与自理能力（完全自理）交叉列表　　　　单位：%

月收入	起床	穿脱衣服	洗澡	上下楼梯	做家务	买东西	存取钱	旅行
0~500 元	81.5(203)	80.4(201)	60.4(151)	57.4(143)	55.2(137)	52.6(131)	30.2(73)	20.2(50)
501~1000 元	88.8(238)	88.1(236)	71.4(192)	64.1(173)	63.2(170)	62.5(168)	40.9(110)	17.7(47)
1001~1500 元	92.4(340)	92.4(340)	81.0(298)	82.0(300)	71.9(263)	73.0(268)	58.2(213)	32.1(117)
1501~2000 元	92.6(551)	90.9(541)	81.0(482)	78.4(464)	69.3(410)	69.4(410)	54.7(323)	32.3(190)
2001 元及以上	89.7(382)	88.1(376)	81.5(348)	77.2(329)	66.7(282)	67.4(288)	61.6(261)	34.1(143)
卡方检验	p=0.000	p=0.000	p=0.000	p=0.000	p=0.000	p=0.000	p=0.000	p=0.000

四个城市，除了郑州，其他三个城市不同收入水平的独居老人的生活自理能
力都存在显著差异。在兰州，月收入为 1501~2000 元的独居老人的生活自理能

力状况最好，受损的比例最低，月收入在 501~1000 元的独居老人的生活自理能力状况最差，受损的比例最高。青岛月收入为 1001~1500 元的独居老人的生活自理能力状况最好，受损的比例最低，月收入在 501~1000 元的独居老人的生活自理能力状况最差，受损的比例最高。济南月收入为 1001~1500 元的独居老人的生活自理能力状况最好，受损的比例最低，月收入为 2001 元及以上的独居老人的生活自理能力状况最差，受损的比例最高。不过，ADL 和 IADL 方面的状况有所不同。在 ADL 方面，四个城市不同收入水平的独居老人的自理能力都存在显著差异。四个城市，都是月收入为 0~500 元的独居老人，ADL 方面自理能力受损的比例最高。郑州月收入为 501~1000 元的独居老人，ADL 方面自理能力受损的比例最低。兰州和济南月收入为 1001~1500 元的独居老人 ADL 方面自理能力受损的比例最低。青岛月收入为 2001 元及以上的独居老人，ADL 方面自理能力受损的比例最低。在 IADL 方面，除了郑州，其他三个城市不同收入水平的独居老人这方面的自理能力状况存在显著差异。兰州和青岛都是月收入为 501~1000 元的独居老人的 IADL 自理能力最差，受损的比例最高。兰州月收入为 1501~2000 元的独居老人的 IADL 自理能力最好，受损的比例最低。青岛和济南都是月收入为 1001~1500 元的独居老人的 IADL 自理能力最好，受损的比例最低。济南月收入为 2001 元及以上的独居老人的 IADL 自理能力最差，受损的比例最高（见表4-22）。

表4-22　月收入、自理能力与城市交叉列表　　　单位：%

	月收入	ADL 自理	ADL 受损	IADL 自理	IADL 受损	SCA 自理	SCA 受损
郑州	0~500 元	85.4 (35)	14.6 (6)	53.7 (22)	46.3 (19)	53.7 (22)	46.3 (19)
	501~1000 元	97.1 (34)	2.9 (1)	45.9 (17)	54.1 (20)	45.7 (16)	54.3 (19)
	1001~1500 元	89.7 (52)	10.3 (6)	43.9 (25)	56.1 (32)	42.9 (24)	57.1 (32)
	1501~2000 元	96.7 (205)	3.3 (7)	48.3 (100)	51.7 (107)	48.3 (100)	51.7 (107)
	2001 元及以上	92.7 (115)	7.3 (9)	58.1 (68)	41.9 (49)	58.1 (68)	41.9 (49)
	卡方检验	p = 0.030		p = 0.332		p = 0.297	
兰州	0~500 元	64.8 (57)	35.2 (31)	17.9 (15)	82.1 (69)	16.7 (14)	83.3 (70)
	501~1000 元	82.6 (138)	17.4 (29)	15.2 (25)	84.8 (139)	15.6 (25)	84.4 (135)
	1001~1500 元	84.7 (72)	15.3 (13)	22.4 (19)	77.6 (66)	21.7 (18)	78.3 (65)
	1501~2000 元	84.1 (116)	15.9 (22)	29.2 (40)	70.8 (97)	29.4 (40)	70.6 (96)
	2001 元及以上	80.6 (50)	19.4 (12)	26.2 (16)	73.8 (45)	26.7 (16)	73.3 (44)
	卡方检验	p = 0.003		p = 0.039		p = 0.034	

	月收入	ADL 自理	ADL 受损	IADL 自理	IADL 受损	SCA 自理	SCA 受损
青岛	0~500 元	64.7（22）	35.3（12）	20.6（7）	79.4（27）	21.2（7）	78.8（26）
	501~1000 元	86.7（13）	13.3（2）	13.3（2）	86.7（13）	13.3（2）	86.7（13）
	1001~1500 元	88.7（149）	11.3（19）	50.6（85）	49.4（83）	50.6（85）	49.4（83）
	1501~2000 元	81.8（112）	18.2（25）	47.0（63）	53.0（71）	47.0（63）	53.0（71）
	2001 元及以上	89.5（111）	10.5（13）	49.2（61）	50.8（63）	49.2（61）	50.8（63）
	卡方检验	p = 0.003		p = 0.002		p = 0.002	
济南	0~500 元	78.8（67）	21.2（18）	34.6（27）	65.4（51）	34.6（27）	65.4（51）
	501~1000 元	81.3（39）	18.8（9）	28.9（13）	71.1（32）	28.9（13）	71.1（32）
	1001~1500 元	94.4（51）	5.6（3）	66.7（34）	33.3（17）	66.7（34）	33.3（17）
	1501~2000 元	91.4（96）	8.6（9）	47.6（49）	52.4（54）	48.0（49）	52.0（53）
	2001 元及以上	85.2（98）	14.8（17）	24.1（27）	75.9（85）	24.3（27）	75.7（84）
	卡方检验	p = 0.033		p = 0.000		p = 0.000	

就具体指标而言，郑州不同收入水平的独居老人在买东西、存取钱和旅行方面的自理能力状况存在显著差异。三个方面，都是月收入最高的即月收入2001元及以上的独居老人的自理能力状况最好，完全自理的比例最高；月收入最低的即月收入在0~500元的独居老人的自理能力状况最差，完全自理的比例最低。兰州不同收入水平的独居老人在起床、穿脱衣服、存取钱和旅行方面的自理能力状况存在显著差异。在起床、穿脱衣服和存取钱方面，都是月收入最低的独居老人的自理能力最差，完全自理的比例最低；在起床和穿脱衣服方面，都是月收入为501~1000元的独居老人的自理能力最好，完全自理的比例最高；月收入为1001~1500元的独居老人在存取钱方面完全自理的比例最高，旅行完全自理的比例最低。月收入最高的独居老人旅行完全自理的比例最高。青岛不同收入水平的独居老人，各项指标的自理能力状况都存在显著差异。月收入最低的独居老人在洗澡、上下楼梯、做家务、买东西、存取钱方面完全自理的比例最低；月收入为501~1000元的独居老人在起床、穿脱衣服和旅行方面完全自理的比例最低，而在做家务和存取钱方面完全自理的比例最高；月收入1001~1500元的独居老人在穿脱衣服、上下楼梯和买东西方面完全自理的比例最高；月收入最高的独居老人在起床、洗澡和旅行方面完全自理的比例最高。济南不同收入水平的独居老人在洗澡、上下楼梯、存取钱和旅行方面的自理能力状况存在显著差异。四

个方面的自理能力，都是月收入为 1001~1500 元的独居老人完全自理的比例最高，月收入最低的独居老人在洗澡、上下楼梯和存取钱方面完全自理的比例都是最低的，月收入最高的独居老人在旅行方面完全自理的比例最低（见表 4-23）。

表 4-23　月收入、自理能力（完全自理）与城市交叉列表　　　单位：%

	月收入	起床	穿脱衣服	洗澡	上下楼梯	做家务	买东西	存取钱	旅行
郑州	0~500 元	85.4(35)	87.8(36)	75.6(31)	65.9(27)	56.1(23)	53.7(22)	29.3(12)	29.3(12)
	501~1000 元	94.4(34)	94.4(34)	89.2(33)	80.6(29)	64.9(24)	59.5(22)	43.2(16)	32.4(12)
	1001~1500 元	91.5(54)	86.4(51)	86.4(51)	81.0(47)	67.2(39)	69.0(40)	42.1(24)	34.5(20)
	1501~2000 元	95.8(203)	93.9(199)	89.6(190)	85.4(181)	69.7(147)	67.5(141)	46.9(98)	34.1(72)
	2001 元及以上	91.1(113)	91.1(113)	86.3(107)	81.5(101)	72.1(88)	75.8(94)	61.0(75)	47.5(57)
	卡方检验	p=0.170	p=0.261	p=0.193	p=0.067	p=0.054	p=0.014	p=0.020	p=0.160
兰州	0~500 元	78.4(69)	77.3(68)	54.5(48)	47.7(42)	55.2(48)	52.3(46)	29.1(25)	11.6(10)
	501~1000 元	89.3(151)	88.8(150)	67.5(114)	59.1(101)	61.5(104)	60.0(102)	37.3(63)	11.5(19)
	1001~1500 元	82.8(72)	83.9(73)	69.0(60)	63.5(54)	65.5(57)	69.0(60)	56.3(49)	10.6(9)
	1501~2000 元	87.1(121)	84.9(118)	71.9(100)	66.7(92)	64.5(89)	66.9(93)	54.0(75)	16.7(23)
	2001 元及以上	82.3(51)	82.5(52)	71.4(45)	61.9(39)	52.5(32)	47.6(30)	50.8(32)	19.0(12)
	卡方检验	p=0.015	p=0.000	p=0.120	p=0.138	p=0.209	p=0.122	p=0.000	p=0.011
青岛	0~500 元	91.2(31)	94.3(33)	54.3(19)	71.4(25)	52.9(18)	48.6(17)	22.9(8)	25.7(9)
	501~1000 元	86.7(13)	80.0(12)	73.3(11)	86.7(13)	80.0(12)	73.3(11)	66.7(10)	13.3(2)
	1001~1500 元	97.0(163)	98.8(166)	83.9(141)	90.5(153)	74.4(125)	73.8(124)	59.2(100)	37.5(63)
	1501~2000 元	95.7(132)	94.9(131)	76.8(106)	83.2(114)	70.1(96)	69.3(95)	56.9(78)	37.5(51)
	2001 元及以上	97.6(121)	93.5(116)	86.3(107)	85.5(106)	70.2(87)	71.0(88)	64.5(80)	41.1(51)
	卡方检验	p=0.011	p=0.001	p=0.012	p=0.002	p=0.000	p=0.001	p=0.000	p=0.007
济南	0~500 元	79.1(68)	74.4(64)	61.6(53)	57.6(49)	55.8(48)	54.1(46)	35.0(28)	22.4(19)
	501~1000 元	83.3(40)	83.3(40)	70.8(34)	62.5(30)	62.5(30)	70.2(33)	43.8(21)	29.2(14)
	1001~1500 元	94.4(51)	92.6(50)	85.2(46)	85.2(46)	79.2(42)	81.5(44)	75.5(40)	47.2(25)
	1501~2000 元	89.6(95)	87.7(93)	81.1(86)	73.3(77)	73.6(78)	76.4(81)	68.6(72)	42.3(44)
	2001 元及以上	83.6(97)	81.9(95)	76.7(89)	72.2(83)	64.7(75)	65.5(76)	64.9(74)	20.5(23)
	卡方检验	p=0.314	p=0.157	p=0.032	p=0.003	p=0.063	p=0.061	p=0.000	p=0.000

7. 患病与自理

独居老人的生活自理能力状况与其患病状况存在显著关系，在所调查的疾病中，除了贫血、糖尿病、癌症和癫痫四种疾病，没患其他 13 种疾病的独居老人的生活自理能力状况均明显好于患病的独居老人，其生活自理能力受损的比例明显低于患病的独居老人（见表 4-24）。

表 4-24　疾病与自理能力交叉列表　　　　　　　　单位：%

神经性关节炎	ADL 自理	ADL 受损	IADL 自理	IADL 受损	SCA 自理	SCA 受损
不患	88.8 (1225)	11.2 (154)	45.4 (610)	54.6 (735)	45.4 (607)	54.6 (731)
患病	79.5 (474)	20.5 (122)	22.7 (133)	77.3 (453)	22.8 (132)	77.2 (447)
卡方检验	p=0.000		p=0.000		p=0.000	
高低血压	ADL 自理	ADL 受损	IADL 自理	IADL 受损	SCA 自理	SCA 受损
不患	87.7 (857)	12.3 (120)	44.0 (424)	56.0 (540)	44.2 (422)	55.8 (533)
患病	83.2 (720)	16.8 (145)	29.2 (244)	70.8 (591)	29.1 (242)	70.9 (589)
卡方检验	p=0.006		p=0.000		p=0.000	
中风	ADL 自理	ADL 受损	IADL 自理	IADL 受损	SCA 自理	SCA 受损
不患	86.3 (1538)	13.7 (245)	37.5 (653)	62.5 (1087)	37.6 (649)	62.4 (1078)
患病	60.0 (30)	40.0 (20)	20.0 (10)	80.0 (40)	20.0 (10)	80.0 (40)
卡方检验	p=0.000		p=0.011		p=0.011	
肠胃病	ADL 自理	ADL 受损	IADL 自理	IADL 受损	SCA 自理	SCA 受损
不患	86.5 (1499)	13.5 (234)	39.8 (673)	60.2 (1018)	39.9 (670)	60.1 (1009)
患病	82.6 (200)	17.4 (42)	29.2 (70)	70.8 (170)	29.0 (69)	71.0 (19)
卡方检验	p=0.105		p=0.002		p=0.001	
呼吸系统疾病	ADL 自理	ADL 受损	IADL 自理	IADL 受损	SCA 自理	SCA 受损
不患	86.7 (1527)	13.3 (235)	40.0 (689)	60.0 (1033)	40.1 (685)	59.9 (1024)
患病	80.8 (172)	19.2 (41)	25.8 (54)	74.2 (155)	26.0 (54)	74.0 (154)
卡方检验	p=0.019		p=0.000		p=0.000	
骨折	ADL 自理	ADL 受损	IADL 自理	IADL 受损	SCA 自理	SCA 受损
不患	87.3 (1637)	12.7 (239)	39.8 (729)	60.2 (1102)	39.9 (726)	60.1 (1094)
患病	62.6 (62)	37.4 (37)	14.0 (14)	86.0 (86)	13.4 (13)	86.6 (84)
卡方检验	p=0.000		p=0.000		p=0.000	
心脏病	ADL 自理	ADL 受损	IADL 自理	IADL 受损	SCA 自理	SCA 受损
不患	87.7 (1222)	12.3 (172)	42.2 (577)	57.8 (790)	42.4 (575)	57.6 (780)
患病	82.1 (477)	17.9 (104)	29.4 (166)	70.6 (398)	29.2 (164)	70.8 (398)
卡方检验	p=0.001		p=0.000		p=0.000	

续表

肾病	ADL 自理	ADL 受损	IADL 自理	IADL 受损	SCA 自理	SCA 受损
不患	86.4 (1648)	13.6 (259)	39.1 (728)	60.9 (1134)	39.1 (724)	60.9 (1127)
患病	75.0 (51)	25.0 (17)	21.7 (15)	78.3 (54)	22.7 (15)	77.3 (51)
卡方检验	p = 0.008		p = 0.004		p = 0.007	
白内障	ADL 自理	ADL 受损	IADL 自理	IADL 受损	SCA 自理	SCA 受损
不患	88.5 (1487)	11.5 (193)	41.6 (682)	58.4 (959)	41.6 (678)	58.4 (951)
患病	71.9 (122)	28.1 (83)	21.0 (61)	79.0 (229)	21.2 (61)	78.8 (227)
卡方检验	p = 0.000		p = 0.000		p = 0.000	
视力削弱	ADL 自理	ADL 受损	IADL 自理	IADL 受损	SCA 自理	SCA 受损
不患	88.3 (1133)	11.7 (150)	44.4 (559)	55.6 (699)	44.6 (557)	55.4 (693)
患病	81.8 (566)	18.2 (126)	27.3 (184)	72.7 (489)	27.3 (182)	72.7 (485)
卡方检验	p = 0.000		p = 0.000		p = 0.000	
听力削弱	ADL 自理	ADL 受损	IADL 自理	IADL 受损	SCA 自理	SCA 受损
不患	89.4 (849)	10.6 (101)	41.6 (384)	58.4 (539)	41.8 (382)	58.2 (532)
患病	80.7 (431)	19.3 (103)	26.3 (137)	73.7 (384)	26.1 (135)	73.9 (382)
卡方检验	p = 0.000		p = 0.000		p = 0.000	
牙齿不好	ADL 自理	ADL 受损	IADL 自理	IADL 受损	SCA 自理	SCA 受损
不患	89.9 (1200)	10.1 (135)	44.6 (583)	55.4 (724)	44.8 (582)	55.2 (716)
患病	78.0 (499)	22.0 (141)	25.6 (160)	74.4 (464)	25.4 (157)	74.6 (462)
卡方检验	p = 0.000		p = 0.000		p = 0.000	
慢性腰腿疼	ADL 自理	ADL 受损	IADL 自理	IADL 受损	SCA 自理	SCA 受损
不患	88.4 (1360)	11.6 (178)	42.3 (636)	57.7 (869)	42.3 (632)	57.7 (863)
患病	77.6 (339)	22.4 (98)	25.1 (107)	74.9 (319)	25.4 (107)	74.6 (315)
卡方检验	p = 0.000		p = 0.000		p = 0.000	

　　就具体指标而言，患有高低血压、视力削弱、牙齿不好、神经性关节炎、心脏病、听力削弱、慢性腰腿疼、白内障、骨折、中风的独居老人，八项指标完全自理的比例均明显高于没有患病的独居老人（见表4-25）。

表 4-25　患病与自理能力（完全自理）交叉列表-1　　　　单位：%

神经性关节炎	旅行	存取钱	买东西	做家务	上下楼梯	洗澡	穿脱衣服	起床
不患	34.5(473)	55.9(768)	70.2(970)	70.8(975)	80.0(1105)	81.3(1129)	91.2(1266)	92.3(1279)
患病	16.0(95)	41.1(245)	56.2(338)	55.3(332)	58.0(349)	66.6(401)	82.2(493)	84.0(505)
卡方检验	p=0.000	p=0.000	p=0.000	p=0.000	p=0.000	p=0.000	p=0.000	p=0.000

续表

高低血压	旅行	存取钱	买东西	做家务	上下楼梯	洗澡	穿脱衣服	起床
不患	33.0(323)	54.2(530)	68.6(675)	70.1(689)	77.2(757)	79.4(784)	90.7(893)	91.9(906)
患病	21.0(179)	46.0(394)	60.6(524)	59.5(512)	66.4(576)	72.1(626)	84.8(736)	86.3(748)
卡方检验	p=0.000	p=0.000	p=0.000	p=0.000	p=0.000	p=0.003	p=0.000	p=0.001
骨折	旅行	存取钱	买东西	做家务	上下楼梯	洗澡	穿脱衣服	起床
不患	29.8(555)	52.2(976)	66.9(1258)	66.9(1254)	74.5(1402)	78.0(1474)	89.3(1683)	90.6(1707)
患病	12.7(13)	37.0(37)	49.0(50)	52.0(53)	51.5(52)	55.4(56)	73.8(76)	74.8(77)
卡方检验	p=0.000	p=0.000	p=0.000	p=0.000	p=0.000	p=0.000	p=0.000	p=0.000
心脏病	旅行	存取钱	买东西	做家务	上下楼梯	洗澡	穿脱衣服	起床
不患	32.9(456)	52.6(735)	68.3(961)	69.5(971)	76.9(1078)	80.7(1135)	90.7(1275)	91.5(1285)
患病	19.4(112)	48.6(278)	60.1(347)	58.0(336)	64.7(376)	67.8(395)	83.0(484)	85.6(499)
卡方检验	p=0.000	p=0.042	p=0.002	p=0.000	p=0.000	p=0.000	p=0.000	p=0.001
白内障	旅行	存取钱	买东西	做家务	上下楼梯	洗澡	穿脱衣服	起床
不患	60.9(515)	53.6(899)	68.5(1156)	68.3(1148)	76.5(1290)	79.9(1353)	90.0(1522)	91.5(1547)
患病	18.0(53)	38.9(114)	51.4(152)	53.9(159)	55.2(164)	59.6(177)	80.1(237)	79.8(237)
卡方检验	p=0.000	p=0.000	p=0.000	p=0.000	p=0.000	p=0.000	p=0.000	p=0.000
视力削弱	旅行	存取钱	买东西	做家务	上下楼梯	洗澡	穿脱衣服	起床
不患	34.8(444)	56.9(728)	70.4(904)	70.4(903)	78.9(1016)	81.0(1047)	90.5(1168)	92.4(1190)
患病	18.1(124)	41.4(285)	57.9(404)	58.2(404)	63.0(438)	69.2(483)	84.7(591)	85.0(594)
卡方检验	p=0.000	p=0.000	p=0.000	p=0.000	p=0.000	p=0.000	p=0.001	p=0.000
听力削弱	旅行	存取钱	买东西	做家务	上下楼梯	洗澡	穿脱衣服	起床
不患	31.6(297)	55.6(524)	70.3(669)	70.7(672)	74.0(706)	81.3(780)	88.5(846)	90.7(867)
患病	17.1(91)	39.0(208)	55.3(298)	54.3(291)	61.6(330)	66.7(358)	82.2(443)	82.6(445)
卡方检验	p=0.000	p=0.000	p=0.000	p=0.000	p=0.000	p=0.000	p=0.002	p=0.000
牙齿不好	旅行	存取钱	买东西	做家务	上下楼梯	洗澡	穿脱衣服	起床
不患	34.9(464)	57.2(761)	71.3(956)	71.1(950)	81.1(1088)	82.7(1112)	91.4(1228)	92.8(1245)
患病	16.4(104)	39.4(252)	54.7(352)	55.8(357)	57.1(366)	64.8(418)	82.3(531)	83.4(539)
卡方检验	p=0.000	p=0.000	p=0.000	p=0.000	p=0.000	p=0.000	p=0.000	p=0.000
慢性腰腿疼	旅行	存取钱	买东西	做家务	上下楼梯	洗澡	穿脱衣服	起床
不患	32.6(498)	54.0(828)	68.8(1061)	68.1(1046)	77.7(1200)	80.5(1248)	90.6(1401)	92.0(1422)
患病	16.1(70)	4.4(185)	56.1(247)	59.3(261)	57.9(254)	64.2(282)	81.2(358)	82.1(362)
卡方检验	p=0.000	p=0.000	p=0.000	p=0.001	p=0.000	p=0.000	p=0.000	p=0.000

续表

中风	旅行	存取钱	买东西	做家务	上下楼梯	洗澡	穿脱衣服	起床
不患	27.6(489)	50.7(900)	65.5(1173)	65.9(1176)	72.9(1305)	76.9(1381)	88.5(1588)	89.8(1611)
患病	14.0(7)	34.0(17)	34.0(17)	32.0(16)	40.0(20)	42.0(21)	66.0(33)	70.0(35)
卡方检验	p=0.002	p=0.006	p=0.000	p=0.000	p=0.000	p=0.000	p=0.000	p=0.000

统计的其他疾病方面，患病独居老人的具体自理能力大多不如不患病的独居老人，但具体状况不同。独居老人各方面的自理能力状况与贫血和癫痫的患病状况均无显著关系，患糖尿病的独居老人在洗澡方面的自理能力明显不如不患病的独居老人，患癌症的独居老人在起床和旅行方面的自理能力明显弱于不患病的独居老人，患有肠胃病的独居老人在起床、穿脱衣服、上下楼梯和旅行方面的自理能力明显不如不患病的独居老人，患肾病的独居老人在洗澡、上下楼梯、做家务、买东西、旅行方面的自理能力明显不如不患病的独居老人（见表4-26）。

表4-26 患病与自理能力（完全自理）交叉列表-2   单位：%

贫血	旅行	存取钱	买东西	做家务	上下楼梯	洗澡	穿脱衣服	起床
不患	27.6(477)	50.8(878)	64.6(1126)	65.1(1132)	72.5(1264)	76.1(1332)	88.0(1539)	89.4(1563)
患病	21.3(20)	42.3(41)	68.0(66)	64.6(62)	64.9(63)	75.0(72)	86.6(84)	87.6(85)
卡方检验	p=0.080	p=0.189	p=0.880	p=0.891	p=0.166	p=0.705	p=0.341	p=0.839
癫痫	旅行	存取钱	买东西	做家务	上下楼梯	洗澡	穿脱衣服	起床
不患	27.8(482)	50.7(882)	64.7(1135)	65.4(1144)	71.9(1262)	75.6(1331)	87.9(1546)	89.2(1569)
患病	11.1(1)	22.2(2)	44.4(4)	55.6(5)	66.7(6)	66.7(6)	77.8(7)	77.8(7)
卡方检验	p=0.098	p=0.153	p=0.370	p=0.905	p=0.579	p=0.183	p=0.110	p=0.095
糖尿病	旅行	存取钱	买东西	做家务	上下楼梯	洗澡	穿脱衣服	起床
不患	28.2(436)	50.6(786)	65.0(1016)	65.9(1027)	72.8(1137)	77.3(1211)	88.7(1388)	90.0(1408)
患病	21.9(61)	48.7(135)	63.0(177)	60.2(168)	67.7(191)	68.8(194)	83.4(236)	85.5(241)
卡方检验	p=0.063	p=0.726	p=0.930	p=0.077	p=0.206	p=0.016	p=0.067	p=0.062
癌症	旅行	存取钱	买东西	做家务	上下楼梯	洗澡	穿脱衣服	起床
不患	27.6(496)	50.1(903)	64.9(1178)	65.2(1181)	72.1(1310)	76.1(1386)	88.0(1601)	89.4(1626)
患病	4.0(1)	60.0(15)	52.0(13)	48.0(12)	70.8(17)	72.0(18)	88.0(22)	88.0(22)
卡方检验	p=0.001	p=0.480	p=0.361	p=0.075	p=0.583	p=0.797	p=0.458	p=0.028

续表

肠胃病	旅行	存取钱	买东西	做家务	上下楼梯	洗澡	穿脱衣服	起床
不患	28.2(446)	50.6(804)	65.4(1046)	65.8(1050)	73.6(1178)	76.8(1233)	89.0(1426)	90.0(1442)
患病	20.9(51)	48.1(116)	60.2(147)	59.7(145)	62.4(151)	70.9(173)	81.6(199)	85.2(208)
卡方检验	p=0.012	p=0.283	p=0.169	p=0.102	p=0.004	p=0.251	p=0.004	p=0.029
肾病	旅行	存取钱	买东西	做家务	上下楼梯	洗澡	穿脱衣服	起床
不患	28.0(469)	50.9(855)	65.2(1104)	65.9(1111)	72.4(1225)	76.2(1295)	88.2(1497)	89.5(1520)
患病	22.5(16)	40.6(28)	49.3(35)	52.1(37)	60.6(43)	61.4(43)	81.2(56)	82.6(57)
卡方检验	p=0.043	p=0.074	p=0.033	p=0.035	p=0.006	p=0.001	p=0.328	p=0.087
呼吸性疾病	旅行	存取钱	买东西	做家务	上下楼梯	洗澡	穿脱衣服	起床
不患	28.8(464)	50.9(825)	65.7(1071)	66.1(1073)	73.9(1204)	77.1(1260)	88.5(1446)	90.0(1471)
患病	16.3(35)	45.5(95)	57.7(124)	57.7(124)	58.9(126)	68.4(147)	83.7(180)	84.1(180)
卡方检验	p=0.000	p=0.491	p=0.002	p=0.002	p=0.000	p=0.009	p=0.134	p=0.019

　　独居老人最常见的10种疾病按照患病率高低依次是高低血压、视力削弱、牙齿不好、神经性关节炎、心脏病、听力削弱、慢性腰腿疼、白内障、糖尿病和肠胃病。郑州除了慢性腰腿疼、糖尿病和肠胃病，患有其他七种疾病的独居老人的生活自理能力状况都明显不如不患病的独居老人，生活能够自理的比例均明显低于不患病的独居老人。兰州患有高低血压、牙齿不好、神经性关节炎、慢性腰腿疼、白内障的独居老人的生活自理能力均明显不如不患病的独居老人，生活能够自理的比例均明显低于不患病的独居老人。青岛患有高低血压的独居老人的生活自理能力都明显不如不患病的独居老人，生活能够自理的比例明显低于不患病的独居老人。济南除了高低血压、糖尿病和肠胃病，患有其他七种疾病的独居老人的生活自理能力明显不如不患病的独居老人，生活能够自理的比例明显低于不患病的独居老人。

　　不过，ADL 和 IADL 方面的状况有所不同。郑州患有牙齿不好、神经性关节炎、慢性腰腿疼、白内障四种疾病的独居老人的 ADL 自理能力受损的比例都明显高于不患病的独居老人，患有高低血压、视力削弱、牙齿不好、神经性关节炎、心脏病、听力削弱、白内障七种疾病的独居老人的 IADL 自理能力受损的比例均明显高于不患病的独居老人。兰州患有高低血压、视力削弱、牙齿不好、神经性关节炎、听力削弱、慢性腰腿疼、白内障七种疾病的独居老人的 ADL 自理能力受损的比例明显高于不患病的独居老人，患有高低血压、神经性关节炎、慢性腰腿疼和白内障四种疾病的独居老人的 IADL 自理能力受损的比例明显高于不患病的独居老人。青岛患有心脏病和牙齿不好的独居老人的 ADL 自理能力受损的比例明显高于不患病的独居老人，患有高血压的独居老人的 IADL 自理能力受损的比例明显高于不患病的独居老人。济南患有高低血压、视力削弱、牙齿不好、神经性关节炎、白内障五种疾病的独居老人的 ADL 自理能力受损的比例明显高于不患病的独居老人，患有视力削弱、牙齿不好、神经性关节炎、心脏病、听力削弱、慢性腰腿疼、白内障七种疾病的独居老人的 IADL 自理能力受损的比例明显高于不患病的独居老人（见表 4-27）。

表 4-27　患病、自理能力与城市交叉列表　　　　　单位：%

城市	高低血压	ADL 自理	ADL 受损	IADL 自理	IADL 受损	SCA 自理	SCA 受损
	不患	92.1 (234)	7.9 (20)	60.6 (152)	39.4 (99)	60.2 (150)	39.8 (99)
	患病	94.0 (233)	3.8 (11)	40.4 (97)	59.6 (143)	40.6 (97)	59.4 (142)
	卡方检验	p = 0.422		p = 0.000		p = 0.000	
	视力削弱	ADL 自理	ADL 受损	IADL 自理	IADL 受损	SCA 自理	SCA 受损
	不患	93.6 (306)	6.4 (21)	60.0 (189)	40.0 (126)	59.9 (188)	40.1 (126)
	患病	92.0 (161)	8.0 (14)	34.1 (60)	65.9 (116)	33.9 (59)	66.1 (115)
	卡方检验	p = 0.508		p = 0.000		p = 0.000	
	牙齿不好	ADL 自理	ADL 受损	IADL 自理	IADL 受损	SCA 自理	SCA 受损
	不患	94.7 (372)	5.3 (21)	54.2 (206)	45.8 (174)	54.4 (206)	45.6 (173)
郑州	患病	87.2 (95)	12.8 (14)	38.7 (43)	61.3 (68)	37.6 (41)	62.4 (68)
	卡方检验	p = 0.007		p = 0.004		p = 0.002	
	神经性关节炎	ADL 自理	ADL 受损	IADL 自理	IADL 受损	SCA 自理	SCA 受损
	不患	94.5 (364)	5.5 (21)	54.9 (206)	45.1 (169)	54.7 (204)	45.3 (169)
	患病	88.0 (103)	12.0 (14)	37.1 (43)	62.9 (73)	37.4 (43)	62.6 (72)
	卡方检验	p = 0.015		p = 0.001		p = 0.001	
	心脏病	ADL 自理	ADL 受损	IADL 自理	IADL 受损	SCA 自理	SCA 受损
	不患	94.1 (334)	5.9 (21)	55.6 (195)	44.4 (156)	55.5 (193)	44.5 (155)
	患病	90.5 (133)	9.5 (14)	38.6 (54)	61.4 (86)	38.6 (54)	61.4 (86)
	卡方检验	p = 0.149		p = 0.001		p = 0.001	

续表

城市	听力削弱	ADL 自理	ADL 受损	IADL 自理	IADL 受损	SCA 自理	SCA 受损
	不患	93.6（335）	6.4（23）	57.3（199）	42.7（148）	57.4（198）	42.6（147）
	患病	91.7（132）	8.3（12）	34.7（50）	65.3（94）	34.3（49）	65.7（94）
	卡方检验	p=0.448		p=0.000		p=0.000	
	慢性腰腿疼	ADL 自理	ADL 受损	IADL 自理	IADL 受损	SCA 自理	SCA 受损
	不患	93.9（417）	6.1（27）	51.0（223）	49.0（214）	50.9（221）	49.1（213）
	患病	86.2（50）	13.8（8）	48.1（26）	51.9（28）	48.1（26）	51.9（28）
	卡方检验	p=0.030		p=0.689		p=0.701	
	白内障	ADL 自理	ADL 受损	IADL 自理	IADL 受损	SCA 自理	SCA 受损
郑州	不患	94.5（411）	5.5（24）	53.5（228）	46.5（198）	53.3（226）	46.7（198）
	患病	83.6（56）	16.4（11）	32.3（21）	67.7（44）	32.8（21）	67.2（43）
	卡方检验	p=0.001		p=0.001		p=0.002	
	糖尿病	ADL 自理	ADL 受损	IADL 自理	IADL 受损	SCA 自理	SCA 受损
	不患	93.0（396）	7.0（30）	51.4（215）	48.6（203）	51.4（214）	48.6（202）
	患病	93.4（71）	6.6（5）	46.6（34）	53.4（39）	45.8（33）	54.2（39）
	卡方检验	p=0.884		p=0.443		p=0.379	
	肠胃病	ADL 自理	ADL 受损	IADL 自理	IADL 受损	SCA 自理	SCA 受损
	不患	93.5（445）	6.5（31）	51.2（238）	48.8（227）	51.1（236）	48.9（226）
	患病	84.6（22）	15.4（4）	42.3（11）	57.7（15）	42.3（11）	57.7（15）
	卡方检验	p=0.084		p=0.378		p=0.384	
	高低血压	ADL 自理	ADL 受损	IADL 自理	IADL 受损	SCA 自理	SCA 受损
	不患	86.0（209）	14.0（34）	26.9（65）	73.1（177）	27.4（65）	72.6（172）
	患病	76.1（248）	23.9（78）	17.6（56）	82.4（262）	17.1（54）	82.9（261）
	卡方检验	p=0.003		p=0.008		p=0.004	
	视力削弱	ADL 自理	ADL 受损	IADL 自理	IADL 受损	SCA 自理	SCA 受损
兰州	不患	83.9（162）	16.1（31）	22.5（43）	77.5（148）	22.9（43）	77.1（145）
	患病	75.2（224）	24.8（74）	19.2（56）	80.8（235）	19.2（55）	80.8（232）
	卡方检验	p=0.021		p=0.385		p=0.329	
	牙齿不好	ADL 自理	ADL 受损	IADL 自理	IADL 受损	SCA 自理	SCA 受损
	不患	87.2（123）	12.8（18）	26.1（37）	73.9（105）	26.8（37）	73.2（101）
	患病	75.1（263）	24.9（87）	18.2（62）	81.8（278）	18.1（61）	81.9（276）
	卡方检验	p=0.003		p=0.053		p=0.033	

续表

城市	神经性关节炎	ADL 自理	ADL 受损	IADL 自理	IADL 受损	SCA 自理	SCA 受损
	不患	85.6（250）	14.4（42）	29.4（84）	70.6（202）	29.2（83）	70.8（201）
	患病	74.7（207）	25.3（70）	13.5（37）	86.5（237）	13.4（36）	86.6（232）
	卡方检验	p = 0.001		p = 0.000		p = 0.000	
	心脏病	ADL 自理	ADL 受损	IADL 自理	IADL 受损	SCA 自理	SCA 受损
	不患	81.4（302）	18.6（69）	21.9（80）	78.1（285）	22.3（80）	77.7（278）
	患病	78.3（155）	21.7（43）	21.0（41）	79.0（154）	20.1（39）	79.9（155）
	卡方检验	p = 0.373		p = 0.807		p = 0.541	
	听力削弱	ADL 自理	ADL 受损	IADL 自理	IADL 受损	SCA 自理	SCA 受损
	不患	84.3（214）	15.7（40）	22.5（56）	77.5（193）	22.9（56）	77.1（189）
	患病	72.6（172）	27.4（65）	18.5（43）	81.5（190）	18.3（42）	81.7（188）
	卡方检验	p = 0.002		p = 0.273		p = 0.216	
	慢性腰腿疼	ADL 自理	ADL 受损	IADL 自理	IADL 受损	SCA 自理	SCA 受损
	不患	84.7（216）	15.3（39）	24.8（62）	75.2（188）	24.8（61）	75.2（185）
兰州	患病	72.0（170）	28.0（66）	15.9（37）	84.1（195）	16.2（37）	83.8（192）
	卡方检验	p = 0.001		p = 0.016		p = 0.020	
	白内障	ADL 自理	ADL 受损	IADL 自理	IADL 受损	SCA 自理	SCA 受损
	不患	84.2（299）	15.8（56）	23.1（80）	76.9（266）	23.2（79）	76.8（261）
	患病	64.0（87）	36.0（49）	14.0（19）	86.0（117）	14.1（19）	85.9（116）
	卡方检验	p = 0.000		p = 0.025		p = 0.026	
	糖尿病	ADL 自理	ADL 受损	IADL 自理	IADL 受损	SCA 自理	SCA 受损
	不患	80.8（386）	19.2（92）	22.8（107）	77.2（362）	22.7（105）	77.3（358）
	患病	78.0（71）	22.0（20）	15.4（14）	84.6（77）	15.7（14）	84.3（75）
	卡方检验	p = 0.548		p = 0.115		p = 0.144	
	肠胃病	ADL 自理	ADL 受损	IADL 自理	IADL 受损	SCA 自理	SCA 受损
	不患	80.7（369）	19.3（88）	21.6（97）	78.4（352）	21.7（96）	78.3（346）
	患病	78.6（88）	21.4（24）	21.6（24）	78.4（87）	20.9（23）	79.1（87）
	卡方检验	p = 0.604		p = 0.997		p = 0.853	
	高低血压	ADL 自理	ADL 受损	IADL 自理	IADL 受损	SCA 自理	SCA 受损
	不患	83.1（241）	16.9（49）	44.6（129）	55.4（160）	44.6（129）	55.4（160）
青岛	患病	80.8（63）	19.2（15）	27.6（21）	72.4（55）	27.6（21）	72.4（55）
	卡方检验	p = 0.629		p = 0.007		p = 0.007	

续表

城市	视力削弱	ADL 自理	ADL 受损	IADL 自理	IADL 受损	SCA 自理	SCA 受损
	不患	82.5（298）	17.5（63）	41.3（148）	58.7（210）	41.3（148）	58.7（210）
	患病	83.3（5）	16.7（1）	33.3（2）	66.7（4）	33.3（2）	66.7（4）
	卡方检验	p＝0.960		p＝0.693		p＝0.693	
	牙齿不好	ADL 自理	ADL 受损	IADL 自理	IADL 受损	SCA 自理	SCA 受损
	不患	83.8（299）	16.2（58）	41.8（148）	58.2（206）	41.8（148）	58.2（206）
	患病	40.0（4）	60.0（6）	20.0（2）	80.0（8）	20.0（2）	80.0（8）
	卡方检验	p＝0.000		p＝0.167		p＝0.167	
	神经性关节炎	ADL 自理	ADL 受损	IADL 自理	IADL 受损	SCA 自理	SCA 受损
	不患	82.8（269）	17.2（56）	42.5（137）	57.5（185）	42.5（137）	57.5（185）
	患病	80.0（36）	20.0（9）	28.9（13）	71.1（32）	28.9（13）	71.1（32）
	卡方检验	p＝0.647		p＝0.081		p＝0.081	
	心脏病	ADL 自理	ADL 受损	IADL 自理	IADL 受损	SCA 自理	SCA 受损
	不患	85.1（262）	14.9（46）	42.3（129）	57.7（176）	42.3（129）	57.7（176）
	患病	68.9（42）	31.1（19）	34.4（21）	65.6（40）	34.4（21）	65.6（40）
青岛	卡方检验	p＝0.002		p＝0.254		p＝0.254	
	听力削弱	ADL 自理	ADL 受损	IADL 自理	IADL 受损	SCA 自理	SCA 受损
	不患						
	患病			备注：青岛市未调查此病			
	卡方检验						
	慢性腰腿疼	ADL 自理	ADL 受损	IADL 自理	IADL 受损	SCA 自理	SCA 受损
	不患	82.8（293）	17.2（61）	41.0（144）	59.0（207）	41.0（144）	59.0（207）
	患病	76.9（10）	23.1（3）	46.2（6）	53.8（7）	46.2（6）	53.8（7）
	卡方检验	p＝0.585		p＝0.712		p＝0.712	
	白内障	ADL 自理	ADL 受损	IADL 自理	IADL 受损	SCA 自理	SCA 受损
	不患	82.6（299）	17.4（63）	41.2（148）	58.8（211）	41.2（148）	58.8（211）
	患病	80.0（4）	20.0（1）	40.0（2）	60.0（3）	40.0（2）	60.0（3）
	卡方检验	p＝0.879		p＝0.956		p＝0.956	
	糖尿病	ADL 自理	ADL 受损	IADL 自理	IADL 受损	SCA 自理	SCA 受损
	不患	83.7（272）	16.3（53）	39.8（128）	60.2（194）	39.8（128）	60.2（194）
	患病	73.8（31）	26.2（11）	52.4（22）	47.6（20）	52.4（22）	47.6（20）
	卡方检验	p＝0.112		p＝0.118		p＝0.118	

城市	肠胃病	ADL 自理	ADL 受损	IADL 自理	IADL 受损	SCA 自理	SCA 受损
青岛	不患	82.3 (293)	17.7 (63)	40.8 (144)	59.2 (209)	40.8 (144)	59.2 (209)
	患病	91.7 (11)	8.3 (1)	50.0 (6)	50.0 (6)	50.0 (6)	50.0 (6)
	卡方检验	p=0.400		p=0.524		p=0.524	
	高低血压	ADL 自理	ADL 受损	IADL 自理	IADL 受损	SCA 自理	SCA 受损
	不患	91.1 (173)	8.9 (17)	42.9 (78)	57.1 (104)	43.3 (78)	56.7 (102)
	患病	82.6 (176)	17.4 (37)	34.8 (70)	65.2 (131)	34.8 (70)	65.2 (131)
	卡方检验	p=0.013		p=0.107		p=0.089	
	视力削弱	ADL 自理	ADL 受损	IADL 自理	IADL 受损	SCA 自理	SCA 受损
	不患	91.5 (173)	8.5 (16)	44.0 (80)	56.0 (102)	44.4 (80)	55.6 (100)
	患病	82.6 (176)	17.4 (37)	33.0 (66)	67.0 (134)	33.0 (66)	67.0 (134)
	卡方检验	p=0.008		p=0.028		p=0.022	
	牙齿不好	ADL 自理	ADL 受损	IADL 自理	IADL 受损	SCA 自理	SCA 受损
	不患	91.2 (208)	8.8 (20)	42.6 (92)	57.4 (124)	43.0 (92)	57.0 (122)
	患病	80.1 (137)	19.9 (34)	32.5 (53)	67.5 (110)	32.5 (53)	67.5 (110)
	卡方检验	p=0.001		p=0.046		p=0.038	
济南	神经性关节炎	ADL 自理	ADL 受损	IADL 自理	IADL 受损	SCA 自理	SCA 受损
	不患	89.8 (219)	10.2 (25)	46.1 (106)	53.9 (124)	46.5 (106)	53.5 (122)
	患病	81.5 (128)	18.5 (29)	26.5 (40)	73.5 (111)	26.5 (40)	73.5 (111)
	卡方检验	p=0.019		p=0.000		p=0.000	
	心脏病	ADL 自理	ADL 受损	IADL 自理	IADL 受损	SCA 自理	SCA 受损
	不患	89.0 (202)	11.0 (25)	44.9 (96)	55.1 (118)	45.1 (96)	54.9 (117)
	患病	84.0 (147)	16.0 (28)	29.8 (50)	70.2 (118)	29.9 (50)	70.1 (117)
	卡方检验	p=0.143		p=0.003		p=0.003	
	听力削弱	ADL 自理	ADL 受损	IADL 自理	IADL 受损	SCA 自理	SCA 受损
	不患	89.0 (219)	11.0 (27)	43.4 (102)	56.6 (133)	43.8 (102)	56.2 (131)
	患病	83.0 (127)	17.0 (26)	30.6 (44)	69.4 (100)	30.6 (44)	69.4 (100)
	卡方检验	p=0.085		p=0.013		p=0.010	
	慢性腰腿疼	ADL 自理	ADL 受损	IADL 自理	IADL 受损	SCA 自理	SCA 受损
	不患	88.1 (238)	11.9 (32)	42.7 (108)	57.3 (145)	42.9 (108)	57.1 (144)
	患病	83.8 (109)	16.2 (21)	29.9 (38)	70.1 (89)	30.2 (38)	69.8 (88)
	卡方检验	p=0.235		p=0.016		p=0.017	

城市	白内障	ADL 自理	ADL 受损	IADL 自理	IADL 受损	SCA 自理	SCA 受损
	不患	90.1（282）	9.9（31）	42.8（127）	57.2（170）	43.1（127）	56.9（168）
	患病	74.7（65）	25.3（22）	22.6（19）	77.4（65）	22.6（19）	77.4（65）
	卡方检验	p＝0.000		p＝0.001		p＝0.001	
	糖尿病	ADL 自理	ADL 受损	IADL 自理	IADL 受损	SCA 自理	SCA 受损
	不患	86.2（282）	13.8（45）	39.0（122）	61.0（191）	39.2（122）	60.8（189）
济南	患病	87.3（62）	12.7（9）	35.4（23）	64.6（42）	35.4（23）	64.6（42）
	卡方检验	p＝0.809		p＝0.588		p＝0.563	
	肠胃病	ADL 自理	ADL 受损	IADL 自理	IADL 受损	SCA 自理	SCA 受损
	不患	86.9（265）	13.1（40）	40.2（115）	59.8（171）	40.4（115）	59.6（170）
	患病	85.9（79）	14.1（13）	31.9（29）	68.1（62）	32.2（29）	67.8（61）
	卡方检验	p＝0.802		p＝0.154		p＝0.167	

就具体指标而言,以各城市最常见的五种疾病来看,郑州患有高低血压的独居老人在做家务、买东西、存取钱和旅行四个方面的自理能力明显不如不患病的独居老人,四个方面完全自理的比例明显低于不患病的独居老人;视力削弱的独居老人在洗澡、做家务、买东西、存取钱和旅行方面的自理能力明显不如不患病的独居老人,各方面完全自理的比例明显低于不患病的独居老人;患有心脏病的独居老人在穿脱衣服、洗澡、做家务和旅行方面的自理能力明显不如不患病的独居老人,各方面完全自理的比例明显低于不患病的独居老人;听力削弱的独居老人,除了穿脱衣服和上下楼梯,其他方面的自理能力明显不如不患病的独居老人,各方面完全自理的比例均明显低于不患病的独居老人;患有神经性关节炎的独居老人在上下楼梯、买东西和旅行方面的自理能力明显不如不患病的独居老人,三个方面完全自理的比例明显低于不患病的独居老人。兰州患有神经性关节炎的独居老人,八个方面的自理能力均明显不如不患病的独居老人,各方面完全自理的比例均明显低于不患病的独居老人;牙齿不好的独居老人,除起床和穿脱衣服之外,其他六个方面的自理能力明显不如不患病的独居老人,其完全自理的比例均明显低于不患病的独居老人;患有高低血压和听力削弱的独居老人,除了存取钱方面的自理能力,其他方面的自理能力明显不如不患病的独居老人,完全自理的比例均明显低于不患病的独居老人;视力削弱的独居老人在洗澡、上下楼梯、存取钱和旅行方面的自理能力明显不如不患病的独居老人,完全自理的比例

均明显低于不患病的独居老人。青岛患有高低血压和糖尿病的独居老人在八个方面的自理能力均无显著差异；患有心脏病的独居老人在洗澡和上下楼梯方面的自理能力明显不如不患病的独居老人，两方面完全自理的比例均明显低于不患病的独居老人；患有神经性关节炎的独居老人在起床、做家务、买东西、存取钱和旅行方面的自理能力明显不如不患病的独居老人，完全自理的比例均明显低于不患病的独居老人；患有呼吸系统疾病的独居老人在存取钱方面的自理能力明显不如不患病的独居老人，完全自理的比例均明显低于不患病的独居老人。济南视力削弱的独居老人在上下楼梯、存取钱和旅行方面的自理能力明显不如不患病的独居老人，完全自理的比例均明显低于不患病的独居老人；患有高低血压的独居老人在旅行和买东西方面的自理能力明显不如不患病的独居老人，两方面完全自理的比例均明显低于不患病的独居老人；患有心脏病的独居老人在洗澡、上下楼梯和旅行方面的自理能力明显不如不患病的独居老人，完全自理的比例均明显低于不患病的独居老人；牙齿不好的独居老人，除了起床和穿脱衣服，其他方面的自理能力明显不如不患病的独居老人，完全自理的比例均明显低于不患病的独居老人；听力削弱的独居老人在存取钱和旅行方面的自理能力明显不如不患病的独居老人，完全自理的比例均明显低于不患病的独居老人（见表4-28）。

表4-28　患病、自理能力（完全自理）与城市交叉列表　　单位：%

	高低血压	旅行	存取钱	买东西	做家务	上下楼梯	洗澡	穿脱衣服	起床
	不患	45.5(116)	54.5(138)	73.2(186)	73.7(188)	84.6(215)	87.1(223)	91.0(233)	93.0(238)
	患病	28.7(70)	41.9(103)	61.5(152)	61.8(152)	77.1(192)	85.5(213)	91.1(226)	92.7(230)
	卡方检验	p=0.000	p=0.001	p=0.021	p=0.019	p=0.074	p=0.496	p=0.561	p=0.619
	视力削弱	旅行	存取钱	买东西	做家务	上下楼梯	洗澡	穿脱衣服	起床
	不患	43.5(140)	56.2(181)	74.5(242)	75.6(245)	83.2(272)	89.3(293)	90.9(298)	93.9(308)
郑州	患病	26.0(46)	33.9(60)	54.5(96)	53.7(95)	76.7(135)	80.8(143)	91.5(161)	90.9(160)
	卡方检验	p=0.000	p=0.000	p=0.000	p=0.000	p=0.306	p=0.010	p=0.941	p=0.211
	心脏病	旅行	存取钱	买东西	做家务	上下楼梯	洗澡	穿脱衣服	起床
	不患	42.9(152)	50.1(178)	68.3(244)	71.1(253)	83.4(297)	89.7(321)	93.0(332)	94.7(338)
	患病	23.4(34)	43.8(63)	65.3(94)	60.0(87)	74.8(110)	78.2(115)	86.4(127)	88.4(130)
	卡方检验	p=0.000	p=0.431	p=0.170	p=0.027	p=0.163	p=0.006	p=0.037	p=0.080

续表

郑州	听力削弱	旅行	存取钱	买东西	做家务	上下楼梯	洗澡	穿脱衣服	起床
	不患	42.7(151)	55.4(196)	73.3(261)	74.5(266)	81.3(292)	89.4(322)	92.5(332)	94.7(340)
	患病	24.1(35)	31.0(45)	53.1(77)	51.4(74)	79.9(115)	78.6(114)	87.6(127)	88.3(128)
	卡方检验	p=0.000	p=0.000	p=0.000	p=0.000	p=0.877	p=0.003	p=0.280	p=0.037
	神经性关节炎	旅行	存取钱	买东西	做家务	上下楼梯	洗澡	穿脱衣服	起床
	不患	40.3(154)	49.6(189)	68.0(261)	69.5(266)	84.2(324)	88.1(341)	92.0(356)	93.0(360)
	患病	27.4(32)	44.1(52)	65.8(77)	62.7(74)	70.3(83)	80.5(95)	88.0(103)	92.3(108)
	卡方检验	p=0.001	p=0.108	p=0.005	p=0.444	p=0.011	p=0.189	p=0.233	p=0.875
兰州	牙齿不好	旅行	存取钱	买东西	做家务	上下楼梯	洗澡	穿脱衣服	起床
	不患	16.8(24)	61.8(89)	75.2(109)	74.5(108)	68.1(98)	77.1(111)	88.1(126)	88.8(127)
	患病	11.0(38)	37.1(130)	52.0(183)	55.6(193)	52.1(183)	60.1(212)	81.3(287)	81.9(290)
	卡方检验	p=0.001	p=0.000	p=0.000	p=0.001	p=0.011	p=0.003	p=0.115	p=0.051
	视力削弱	旅行	存取钱	买东西	做家务	上下楼梯	洗澡	穿脱衣服	起床
	不患	17.2(33)	54.1(105)	64.1(125)	67.0(130)	64.1(125)	71.4(140)	85.1(165)	87.1(169)
	患病	9.8(29)	38.0(114)	55.3(167)	57.4(171)	52.0(156)	60.8(183)	82.1(248)	81.8(248)
	卡方检验	p=0.002	p=0.002	p=0.219	p=0.100	p=0.030	p=0.049	p=0.110	p=0.135
	高低血压	旅行	存取钱	买东西	做家务	上下楼梯	洗澡	穿脱衣服	起床
	不患	14.3(35)	48.0(119)	65.7(163)	68.3(168)	66.3(163)	74.2(184)	90.7(223)	90.7(224)
	患病	12.7(41)	41.8(136)	55.8(183)	55.1(179)	54.3(178)	63.1(207)	79.3(261)	81.1(266)
	卡方检验	p=0.004	p=0.057	p=0.046	p=0.000	p=0.028	p=0.032	p=0.001	p=0.015
	神经性关节炎	旅行	存取钱	买东西	做家务	上下楼梯	洗澡	穿脱衣服	起床
	不患	17.2(50)	50.9(149)	67.0(197)	67.4(196)	68.6(201)	75.2(221)	88.8(261)	89.4(262)
	患病	9.4(26)	37.9(106)	52.8(149)	53.9(151)	49.8(140)	60.3(170)	79.4(223)	80.9(228)
	卡方检验	p=0.000	p=0.000	p=0.001	p=0.007	p=0.000	p=0.001	p=0.010	p=0.030
	听力削弱	旅行	存取钱	买东西	做家务	上下楼梯	洗澡	穿脱衣服	起床
	不患	17.1(43)	49.8(127)	64.6(166)	69.8(178)	65.2(167)	72.6(188)	87.9(225)	90.3(232)
	患病	8.0(19)	38.5(92)	52.5(126)	51.9(123)	47.7(114)	56.7(135)	78.3(188)	77.1(185)
	卡方检验	p=0.003	p=0.081	p=0.003	p=0.001	p=0.000	p=0.001	p=0.001	p=0.000
青岛	高低血压	旅行	存取钱	买东西	做家务	上下楼梯	洗澡	穿脱衣服	起床
	不患	34.4(100)	53.6(156)	65.5(190)	67.6(196)	82.5(240)	77.2(224)	93.8(272)	95.2(276)
	患病	22.1(17)	53.8(42)	60.3(47)	59.7(46)	82.1(64)	71.8(56)	96.2(75)	96.2(75)
	卡方检验	p=0.166	p=0.731	p=0.800	p=0.496	p=0.269	p=0.667	p=0.820	p=0.768

	心脏病	旅行	存取钱	买东西	做家务	上下楼梯	洗澡	穿脱衣服	起床
青岛	不患	32.5(100)	54.4(168)	66.6(205)	68.1(209)	84.1(260)	78.6(242)	94.8(292)	95.5(294)
	患病	27.9(17)	49.2(30)	50.8(31)	52.5(32)	72.1(44)	60.7(37)	90.2(55)	93.4(57)
	卡方检验	p=0.401	p=0.526	p=0.075	p=0.094	p=0.029	p=0.021	p=0.218	p=0.603
	神经性关节炎	旅行	存取钱	买东西	做家务	上下楼梯	洗澡	穿脱衣服	起床
	不患	33.8(110)	55.7(181)	66.8(217)	68.5(222)	83.4(271)	76.6(249)	95.1(309)	96.0(312)
	患病	15.6(7)	37.0(17)	42.2(19)	42.2(19)	71.7(33)	68.9(31)	86.7(39)	88.9(40)
	卡方检验	p=0.043	p=0.007	p=0.005	p=0.001	p=0.056	p=0.237	p=0.088	p=0.013
	糖尿病	旅行	存取钱	买东西	做家务	上下楼梯	洗澡	穿脱衣服	起床
	不患	31.4(102)	54.3(177)	65.5(213)	67.3(218)	82.8(270)	76.9(250)	95.1(309)	95.7(311)
	患病	35.7(15)	50.0(21)	54.8(23)	54.8(23)	78.6(33)	69.0(29)	88.1(37)	92.9(39)
	卡方检验	p=0.131	p=0.528	p=0.576	p=0.152	p=0.591	p=0.402	p=0.147	p=0.403
	呼吸	旅行	存取钱	买东西	做家务	上下楼梯	洗澡	穿脱衣服	起床
	不患	32.4(113)	55.0(193)	65.3(228)	66.4(231)	83.4(292)	75.9(265)	94.6(330)	95.7(334)
	患病	26.3(5)	27.8(5)	47.4(9)	57.9(11)	63.2(12)	78.9(15)	89.5(17)	89.5(17)
	卡方检验	p=0.850	p=0.031	p=0.254	p=0.330	p=0.123	p=0.491	p=0.286	p=0.240
济南	视力削弱	旅行	存取钱	买东西	做家务	上下楼梯	洗澡	穿脱衣服	起床
	不患	38.6(73)	65.8(123)	74.1(140)	71.7(137)	74.6(141)	79.1(151)	85.9(164)	86.9(166)
	患病	22.7(47)	52.4(108)	64.0(137)	62.9(134)	66.2(141)	71.5(153)	82.2(176)	84.1(180)
	卡方检验	p=0.000	p=0.039	p=0.077	p=0.062	p=0.023	p=0.100	p=0.667	p=0.861
	高低血压	旅行	存取钱	买东西	做家务	上下楼梯	洗澡	穿脱衣服	起床
	不患	38.1(72)	62.9(117)	70.8(136)	71.4(137)	73.2(139)	79.3(153)	85.5(165)	87.0(168)
	患病	24.5(51)	54.3(113)	67.0(142)	63.4(135)	66.7(142)	70.4(150)	81.7(174)	83.1(177)
	卡方检验	p=0.015	p=0.211	p=0.048	p=0.197	p=0.395	p=0.055	p=0.746	p=0.357
	心脏病	旅行	存取钱	买东西	做家务	上下楼梯	洗澡	穿脱衣服	起床
	不患	39.2(87)	61.0(136)	73.4(168)	72.4(165)	75.8(172)	80.8(185)	86.5(198)	86.5(198)
	患病	19.0(33)	55.3(94)	62.6(107)	60.2(106)	62.3(109)	67.0(118)	80.1(141)	83.5(147)
	卡方检验	p=0.000	p=0.128	p=0.130	p=0.066	p=0.005	p=0.012	p=0.264	p=0.575
	牙齿不好	旅行	存取钱	买东西	做家务	上下楼梯	洗澡	穿脱衣服	起床
	不患	37.3(84)	68.0(151)	76.5(176)	74.2(170)	76.8(175)	80.1(185)	86.1(199)	87.4(202)
	患病	20.8(35)	45.2(76)	57.6(98)	57.0(98)	60.2(103)	67.3(115)	80.1(137)	81.9(140)
	卡方检验	p=0.000	p=0.000	p=0.001	p=0.001	p=0.002	p=0.004	p=0.287	p=0.206
	听力削弱	旅行	存取钱	买东西	做家务	上下楼梯	洗澡	穿脱衣服	起床
	不患	34.0(83)	65.1(157)	72.8(179)	70.7(174)	72.4(178)	77.4(192)	84.3(209)	85.1(211)
	患病	24.8(37)	47.7(71)	61.7(95)	60.6(94)	66.0(101)	70.8(109)	83.1(128)	85.7(132)
	卡方检验	p=0.027	p=0.007	p=0.050	p=0.080	p=0.402	p=0.116	p=0.089	p=0.360

8. 社会活动与自理

一般来说，老年人参加一些健身活动和社会活动有益于其身心健康。从本次调查的状况来看，独居老人参与社会活动的状况与其生活自理能力状况存在显著关系。参加兴趣爱好活动、健身活动、社区活动、支援老年人活动、环保活动和社会福利活动等社会活动的独居老人的生活自理能力状况明显好于没有参加的独居老人，其生活自理能力受损的比例明显低于没有参加这些社会活动的独居老人。不过，ADL 和 IADL 的状况略有差异，参加上述活动的独居老人在 IADL 方面的自理能力受损的比例均明显低于没有参加这些活动的独居老人，而参加支援老年人活动和环保活动的独居老人 ADL 受损的比例与没有参加这些活动的独居老人并无显著差异，而参加兴趣爱好活动、健身活动、社区活动和社会福利活动的独居老人在 ADL 方面的自理能力则要明显好于没有参加上述活动的独居老人（见表4-29）。

表4-29　社会活动与自理能力交叉列表　　　　　　单位：%

兴趣爱好活动（如跳舞等）	ADL 自理	ADL 受损	IADL 自理	IADL 受损	SCA 自理	SCA 受损
是	96.1 (294)	3.9 (12)	59.1 (179)	40.9 (124)	59.1 (179)	40.9 (124)
否	84.1 (1385)	15.9 (261)	34.5 (554)	65.5 (1051)	34.6 (550)	65.4 (1041)
卡方检验	p = 0.000		p = 0.000		p = 0.000	
健身活动（如做操、散步、打门球等）	ADL 自理	ADL 受损	IADL 自理	IADL 受损	SCA 自理	SCA 受损
是	92.4 (1152)	7.6 (95)	41.6 (509)	58.4 (716)	41.5 (506)	58.5 (712)
否	75.2 (545)	24.8 (180)	33.0 (232)	67.0 (471)	33.2 (231)	66.8 (465)
卡方检验	p = 0.000		p = 0.000		p = 0.000	
社区活动	ADL 自理	ADL 受损	IADL 自理	IADL 受损	SCA 自理	SCA 受损
是	95.2 (452)	4.8 (23)	56.5 (264)	43.5 (203)	56.6 (263)	43.4 (202)
否	83.1 (1236)	16.9 (251)	32.7 (474)	67.3 (977)	32.7 (471)	67.3 (968)
卡方检验	p = 0.000		p = 0.000		p = 0.000	
支援老年人活动	ADL 自理	ADL 受损	IADL 自理	IADL 受损	SCA 自理	SCA 受损
是	90.6 (58)	9.4 (6)	55.6 (35)	44.4 (28)	55.6 (35)	44.4 (28)
否	85.8 (1624)	14.2 (268)	37.8 (698)	62.2 (1151)	37.8 (694)	62.2 (1141)
卡方检验	p = 0.278		p = 0.004		p = 0.004	

续表

环保活动	ADL 自理	ADL 受损	IADL 自理	IADL 受损	SCA 自理	SCA 受损
是	92.8（64）	7.2（5）	53.6（37）	46.4（32）	53.6（37）	46.4（32）
否	85.7（1616）	14.3（269）	37.8（695）	62.2（1146）	37.8（691）	62.2（1136）
卡方检验	p = 0.099		p = 0.008		p = 0.008	
社会福利活动	ADL 自理	ADL 受损	IADL 自理	IADL 受损	SCA 自理	SCA 受损
是	94.6（87）	5.4（5）	51.1（46）	48.9（44）	50.6（45）	49.4（44）
否	85.6（1594）	14.4（268）	37.7（687）	62.3（1133）	37.9（684）	62.1（1123）
卡方检验	p = 0.016		p = 0.011		p = 0.016	

就具体指标而言，参加兴趣爱好活动、健身活动、社区活动的独居老人各项指标完全自理的比例均明显高于没有参加这些社会活动的独居老人。参加社会福利活动的独居老人，除了起床、做家务和存取钱方面的自理能力，其他方面完全自理的比例均明显高于没有参加这些社会活动的独居老人。参加环保活动的独居老人在做家务、买东西、存取钱和旅行方面完全自理的比例均明显高于没有参加这些活动的独居老人。参加支援老年人活动独居老人在旅行方面完全自理的比例明显高于没有参加的独居老人（见表4-30）。

表4-30　社会活动与自理能力（完全自理）交叉列表　　　　单位：%

兴趣爱好活动（如跳舞等）	旅行	存取钱	买东西	做家务	上下楼梯	洗澡	穿脱衣服	起床
是	50.0(152)	72.9(223)	83.3(255)	82.6(252)	86.3(264)	91.2(279)	96.4(295)	96.4(295)
否	24.9(407)	47.6(781)	62.8(1038)	63.1(1040)	70.8(1171)	74.2(1233)	87.0(1443)	88.6(1469)
卡方检验	p = 0.000	p = 0.000	p = 0.000	p = 0.000	p = 0.000	p = 0.000	p = 0.000	p = 0.001
健身活动（如做操、散步、打门球等）	旅行	存取钱	买东西	做家务	上下楼梯	洗澡	穿脱衣服	起床
是	31.2(387)	57.1(713)	74.1(928)	73.2(913)	80.2(1002)	84.8(1062)	93.5(1171)	93.5(1172)
否	24.8(179)	41.5(298)	52.0(378)	53.9(392)	61.6(450)	63.5(466)	80.1(586)	83.4(610)
卡方检验	p = 0.000	p = 0.000	p = 0.000	p = 0.000	p = 0.000	p = 0.000	p = 0.000	p = 0.000

社区活动	旅行	存取钱	买东西	做家务	上下楼梯	洗澡	穿脱衣服	起床
是	44.5(212)	67.6(321)	80.3(383)	79.3(375)	88.4(421)	90.0(430)	95.6(457)	96.2(460)
否	23.8(351)	46.5(688)	61.5(918)	62.0(925)	68.5(1023)	72.8(1091)	86.2(1291)	87.8(1313)
卡方检验	p=0.000	p=0.000	p=0.000	p=0.000	p=0.000	p=0.000	p=0.000	p=0.000
支援老年人活动	旅行	存取钱	买东西	做家务	上下楼梯	洗澡	穿脱衣服	起床
是	47.7(31)	65.6(42)	78.1(50)	75.0(48)	79.7(51)	84.4(54)	90.6(58)	89.1(57)
否	28.2(529)	51.1(963)	65.6(1246)	65.8(1247)	73.0(1387)	76.6(1461)	88.4(1684)	89.8(1710)
卡方检验	p=0.001	p=0.069	p=0.172	p=0.309	p=0.397	p=0.441	p=0.784	p=0.457
环保活动	旅行	存取钱	买东西	做家务	上下楼梯	洗澡	穿脱衣服	起床
是	52.2(36)	71.0(49)	84.1(58)	84.1(58)	81.2(56)	88.4(61)	94.2(65)	95.7(66)
否	27.9(522)	50.8(955)	65.3(1236)	65.4(1235)	72.9(1380)	76.4(1452)	88.3(1675)	89.6(1699)
卡方检验	p=0.000	p=0.006	p=0.011	p=0.013	p=0.398	p=0.094	p=0.191	p=0.372
社会福利活动	旅行	存取钱	买东西	做家务	上下楼梯	洗澡	穿脱衣服	起床
是	42.2(38)	63.4(59)	83.9(78)	77.4(72)	85.9(79)	88.2(82)	98.9(92)	94.6(88)
否	28.1(521)	51.0(946)	65.1(1217)	65.6(1222)	72.6(1358)	76.3(1432)	88.0(1649)	89.5(1677)
卡方检验	p=0.009	p=0.107	p=0.002	p=0.060	p=0.017	p=0.035	p=0.011	p=0.332

四个城市中，郑州参加兴趣爱好活动和社区活动的独居老人的生活自理能力状况明显好于没有参加的独居老人，生活自理能力受损的比例明显低于没有参加的独居老人。参加健身活动、支援老年人活动、环保活动和社会福利活动的独居老人的生活自理能力状况与没有参加上述活动的独居老人并无显著差异。不过，ADL 和 IADL 方面的状况有所不同，参加兴趣爱好活动、健身活动和社区活动的独居老人在 ADL 方面的自理能力明显好于没有参加上述活动的独居老人，ADL 自理能力受损的比例均明显低于没有参加这些活动的独居老人，参加支援老年人活动、环保活动和社会福利活动的独居老人 ADL 的自理能力状况与没有参加上述活动的独居老人并无显著差异；而参加兴趣爱好活动和社区活动的独居老人在 IADL 方面的自理能力明显好于没有参加上述活动的独居老人，IADL 自理能力受损的比例明显低于没有参加的独居老人，参加健身活动、支援老年人活动、环保活动和社会福利活动的独居老人 IADL 的自理能力状况与没有参加上述活动的独

居老人并无显著差异。兰州参加兴趣爱好活动、健身活动、社区活动和社会福利活动的独居老人的生活自理能力明显好于没有参加上述活动的独居老人，生活自理能力受损的比例明显低于没有参加的独居老人，参加支援老年人活动和环保活动的独居老人的自理能力状况与没参加上述活动的独居老人并无显著差异；参加健身活动、社区活动的独居老人 ADL 自理能力受损的比例均明显低于没有参加的独居老人，参加兴趣爱好活动、健身活动、社区活动和社会福利活动的独居老人 IADL 自理能力受损的比例均明显低于没有参加的独居老人。青岛参加兴趣爱好活动、健身活动、社区活动的独居老人的生活自理能力明显好于没有参加这些社会活动的独居老人，生活自理能力受损的比例均明显低于没有参加这些活动的独居老人，参加支援老年人活动、环保活动和社会福利活动的独居老人的自理能力状况与没有参加上述活动的独居老人并无显著差异，ADL 和 IADL 方面的自理能力状况均是如此。济南参加兴趣爱好活动的独居老人的生活自理能力明显好于没有参加的独居老人，生活自理能力受损的比例明显低于没有参加这些活动的独居老人，参加健身活动、社区活动、支援老年人活动、环保活动和社会福利活动的独居老人的生活自理能力状况与没有参加上述活动的独居老人并无显著差异。参加兴趣爱好活动、健身活动、社区活动的独居老人 ADL 自理能力受损的比例明显低于没有参加的独居老人，参加兴趣爱好活动和社区活动的独居老人 IADL 自理能力受损的比例均明显低于没有参加的独居老人（见表 4-31）。

表 4-31　社会活动、自理能力与城市交叉列表　　　　单位：%

城市	兴趣爱好活动（如跳舞等）	ADL 自理	ADL 受损	IADL 自理	IADL 受损	SCA 自理	SCA 受损
郑州	是	97.7 (126)	2.3 (3)	62.5 (80)	37.5 (48)	62.5 (80)	37.5 (48)
	否	91.4 (341)	8.6 (32)	46.6 (169)	53.4 (194)	46.4 (167)	53.6 (193)
	卡方检验	p＝0.016		p＝0.002		p＝0.002	
兰州	是	83.3 (30)	16.7 (6)	51.4 (18)	48.6 (17)	51.4 (18)	48.6 (17)
	否	80.1 (427)	19.9 (106)	19.6 (103)	80.4 (422)	19.5 (101)	80.5 (416)
	卡方检验	p＝0.638		p＝0.000		p＝0.000	
青岛	是	100.0 (39)	0 (0)	74.4 (29)	25.6 (10)	74.4 (29)	25.6 (10)
	否	83.9 (364)	16.1 (70)	43.0 (185)	57.0 (245)	43.1 (185)	56.9 (244)
	卡方检验	p＝0.007		p＝0.000		p＝0.000	

城市	兴趣爱好活动（如跳舞等）	ADL 自理	ADL 受损	IADL 自理	IADL 受损	SCA 自理	SCA 受损
济南	是	97.1 (99)	2.9 (3)	51.5 (52)	48.5 (49)	51.5 (52)	48.5 (49)
	否	82.7 (253)	17.3 (53)	33.8 (97)	66.2 (190)	34.0 (97)	66.0 (188)
	卡方检验	p = 0.000		p = 0.002		p = 0.002	

城市	健身活动（如做操、散步、打门球等）	ADL 自理	ADL 受损	IADL 自理	IADL 受损	SCA 自理	SCA 受损
郑州	是	96.3 (365)	3.7 (14)	49.5 (185)	50.5 (189)	49.3 (183)	50.7 (188)
	否	82.9 (102)	17.1 (21)	54.7 (64)	45.3 (53)	54.7 (64)	45.3 (53)
	卡方检验	p = 0.000		p = 0.323		p = 0.311	
兰州	是	88.2 (322)	11.8 (43)	24.5 (87)	75.5 (268)	24.4 (86)	75.6 (267)
	否	66.2 (135)	33.8 (69)	16.6 (34)	83.4 (171)	16.6 (33)	83.4 (166)
	卡方检验	p = 0.000		p = 0.028		p = 0.033	
青岛	是	92.3 (250)	7.7 (21)	53.3 (144)	46.7 (126)	53.3 (144)	46.7 (126)
	否	77.2 (169)	22.8 (50)	36.1 (78)	63.9 (138)	36.3 (78)	63.7 (137)
	卡方检验	p = 0.000		p = 0.000		p = 0.000	
济南	是	92.7 (215)	7.3 (17)	41.2 (93)	58.8 (133)	41.5 (93)	58.5 (131)
	否	77.7 (139)	22.3 (40)	33.9 (56)	66.1 (109)	33.9 (56)	66.1 (109)
	卡方检验	p = 0.000		p = 0.147		p = 0.129	

城市	社区活动	ADL 自理	ADL 受损	IADL 自理	IADL 受损	SCA 自理	SCA 受损
郑州	是	98.8 (85)	1.2 (1)	71.1 (59)	28.9 (24)	70.7 (58)	29.3 (24)
	否	91.8 (382)	8.2 (34)	46.6 (190)	53.4 (218)	46.6 (189)	53.4 (217)
	卡方检验	p = 0.020		p = 0.000		p = 0.000	
兰州	是	90.3 (65)	9.7 (7)	43.7 (31)	56.3 (40)	44.3 (31)	55.7 (39)
	否	78.9 (392)	21.1 (105)	18.4 (90)	81.6 (399)	18.3 (88)	81.7 (394)
	卡方检验	p = 0.023		p = 0.000		p = 0.000	
青岛	是	96.3 (206)	3.7 (8)	59.8 (128)	40.2 (86)	59.8 (128)	40.2 (86)
	否	76.7 (204)	23.3 (62)	34.7 (91)	65.3 (171)	34.9 (91)	65.1 (170)
	卡方检验	p = 0.000		p = 0.000		p = 0.000	

续表

城市	社区活动	ADL 自理	ADL 受损	IADL 自理	IADL 受损	SCA 自理	SCA 受损
济南	是	93.2 (96)	6.8 (7)	46.5 (46)	53.5 (53)	46.5 (46)	53.5 (53)
	否	83.8 (258)	16.2 (50)	35.3 (103)	64.7 (189)	35.5 (103)	64.5 (187)
	卡方检验	p=0.016		p=0.048		p=0.053	

城市	支援老年人活动	ADL 自理	ADL 受损	IADL 自理	IADL 受损	SCA 自理	SCA 受损
郑州	是	100.0 (13)	0 (0)	61.5 (8)	38.5 (5)	61.5 (8)	38.5 (5)
	否	92.8 (454)	7.2 (35)	50.4 (241)	49.6 (237)	50.3 (239)	49.7 (236)
	卡方检验	p=0.317		p=0.429		p=0.425	
兰州	是	76.9 (10)	23.1 (3)	30.8 (4)	69.2 (9)	30.8 (4)	69.2 (9)
	否	80.4 (447)	19.6 (109)	21.4 (117)	78.6 (430)	21.3 (115)	78.7 (424)
	卡方检验	p=0.756		p=0.417		p=0.414	
青岛	是	95.0 (19)	5.0 (1)	65.0 (13)	35.0 (7)	65.0 (13)	35.0 (7)
	否	84.9 (387)	15.1 (69)	44.9 (203)	55.1 (249)	45.0 (203)	55.0 (248)
	卡方检验	p=0.211		p=0.078		p=0.079	
济南	是	88.9 (16)	11.1 (2)	58.8 (10)	41.2 (7)	58.8 (10)	41.2 (7)
	否	85.9 (336)	14.1 (55)	36.8 (137)	63.2 (235)	37.0 (137)	63.0 (233)
	卡方检验	p=0.723		p=0.067		p=0.070	

城市	环保活动	ADL 自理	ADL 受损	IADL 自理	IADL 受损	SCA 自理	SCA 受损
郑州	是	100.0 (17)	0 (0)	52.9 (9)	47.1 (8)	52.9 (9)	47.1 (8)
	否	92.8 (450)	7.2 (35)	50.6 (240)	49.4 (234)	50.5 (238)	49.5 (233)
	卡方检验	p=0.251		p=0.852		p=0.845	
兰州	是	88.2 (15)	11.8 (2)	35.3 (6)	64.7 (11)	35.3 (6)	64.7 (11)
	否	80.1 (442)	19.9 (110)	21.2 (115)	78.8 (428)	21.1 (113)	78.9 (422)
	卡方检验	p=0.404		p=0.164		p=0.162	
青岛	是	91.3 (21)	8.7 (2)	65.2 (15)	34.8 (8)	65.2 (15)	34.8 (8)
	否	85.0 (384)	15.0 (68)	44.6 (200)	55.4 (248)	44.7 (200)	55.3 (247)
	卡方检验	p=0.402		p=0.053		p=0.055	
济南	是	91.7 (11)	8.3 (1)	58.3 (7)	41.7 (5)	58.3 (7)	41.7 (5)
	否	85.9 (340)	14.1 (56)	37.2 (140)	62.8 (236)	37.4 (140)	62.6 (234)
	卡方检验	p=0.567		p=0.138		p=0.142	

城市	社会福利活动	ADL 自理	ADL 受损	IADL 自理	IADL 受损	SCA 自理	SCA 受损
郑州	是	97.1（34）	2.9（1）	52.9（18）	47.1（16）	51.5（17）	48.5（16）
	否	92.7（433）	7.3（34）	50.5（231）	49.5（226）	50.5（230）	49.5（225）
	卡方检验	p = 0.322		p = 0.788		p = 0.915	
兰州	是	94.4（17）	5.6（1）	55.6（10）	44.4（8）	55.6（10）	44.4（8）
	否	79.9（440）	20.1（111）	20.5（111）	79.5（431）	20.4（109）	79.6（425）
	卡方检验	p = 0.126		p = 0.000		p = 0.000	
青岛	是	89.7（26）	10.3（3）	44.8（13）	55.2（16）	44.8（13）	55.2（16）
	否	85.2（380）	14.8（66）	45.9（203）	54.1（239）	46.0（203）	54.0（238）
	卡方检验	p = 0.510		p = 0.908		p = 0.900	
济南	是	100.0（10）	0（0）	55.6（5）	44.4（4）	55.6（5）	44.4（4）
	否	85.7（341）	14.3（57）	37.5（142）	62.5（237）	37.7（142）	62.3（235）
	卡方检验	p = 0.197		p = 0.269		p = 0.275	

就具体指标而言，郑州参加兴趣爱好活动的独居老人在做家务、买东西、存取钱和旅行方面完全自理的比例明显高于没有参加的独居老人；参加健身活动的独居老人，除了旅行和存取钱之外，其他方面完全自理的比例均明显高于没有参加这些社会活动的独居老人；参加社区活动的独居老人在做家务、存取钱和旅行方面完全自理的比例明显高于没有参加的独居老人。兰州参加兴趣爱好活动的独居老人在旅行和做家务方面完全自理的比例明显高于没有参加的独居老人；参加健身活动的独居老人各方面完全自理的比例均明显高于没有参加的独居老人；参加社区活动的独居老人在做家务、买东西、存取钱和旅行方面完全自理的比例均明显高于没有参加的独居老人；参加社会福利活动的独居老人在存取钱和旅行方面完全自理的比例均明显高于没有参加的独居老人；参加环保活动的独居老人在旅行方面完全自理的比例明显高于没有参加的独居老人。青岛参加兴趣爱好活动的独居老人在洗澡、做家务、存取钱和旅行方面完全自理的比例均明显高于没有参加的独居老人；参加健身活动和社区活动的独居老人各方面完全自理的比例均明显高于没有参加的独居老人。济南参加兴趣爱好活动、健身活动和社区活动的独居老人各方面完全自理的比例均明显高于没有参加的独居老人；参加支援老年活动和社会福利活动的独居老人在旅行方面完全自理的比例明显高于没有参加的

独居老人（见表 4-32）。

表 4-32　社会活动、自理能力（完全自理）和城市交叉列表

城市	兴趣爱好活动（如跳舞等）	旅行	存取钱	买东西	做家务	上下楼梯	洗澡	穿脱衣服	起床
郑州	是	53.9(69)	69.0(89)	83.7(108)	79.8(103)	86.0(111)	92.2(119)	96.1(124)	96.9(125)
	否	31.5(117)	41.1(152)	61.8(230)	63.7(237)	79.1(296)	84.3(317)	89.3(335)	91.5(343)
	卡方检验	p=0.000	p=0.000	p=0.000	p=0.007	p=0.179	p=0.114	p=0.116	p=0.212
兰州	是	33.3(12)	58.3(21)	72.2(26)	82.9(29)	72.2(26)	72.2(26)	94.4(34)	86.1(31)
	否	12.1(64)	43.6(234)	59.3(320)	59.3(318)	58.6(315)	67.6(365)	83.5(450)	85.2(459)
	卡方检验	p=0.000	p=0.318	p=0.329	p=0.040	p=0.411	p=0.791	p=0.067	p=0.929
青岛	是	61.5(24)	76.9(30)	76.9(30)	87.2(34)	97.4(38)	97.4(38)	100.0(39)	100.0(39)
	否	34.6(150)	56.2(245)	69.0(300)	69.1(299)	83.7(365)	78.0(340)	95.2(415)	95.9(417)
	卡方检验	p=0.005	p=0.012	p=0.142	p=0.047	p=0.144	p=0.035	p=0.580	p=0.642
济南	是	46.5(47)	81.4(83)	89.2(91)	84.3(86)	87.3(89)	94.1(96)	96.1(98)	98.0(100)
	否	25.2(76)	50.5(150)	61.2(188)	60.4(186)	63.7(195)	68.3(211)	78.6(243)	80.9(250)
	卡方检验	p=0.000	p=0.000	p=0.000	p=0.000	p=0.000	p=0.000	p=0.001	p=0.000
城市	健身活动（如做操、散步、打门球等）	旅行	存取钱	买东西	做家务	上下楼梯	洗澡	穿脱衣服	起床
郑州	是	35.7(135)	49.5(188)	70.6(269)	70.1(267)	85.0(323)	91.1(348)	95.5(364)	96.3(367)
	否	42.1(51)	44.5(53)	57.5(69)	60.8(73)	68.3(84)	71.5(88)	77.2(95)	82.1(101)
	卡方检验	p=0.623	p=0.245	p=0.000	p=0.000	p=0.000	p=0.000	p=0.000	p=0.000
兰州	是	14.4(52)	51.1(187)	70.3(258)	69.3(251)	66.9(245)	76.2(279)	90.7(333)	89.1(327)
	否	11.7(24)	32.9(68)	42.1(88)	45.9(96)	46.2(96)	53.3(112)	72.6(151)	78.4(163)
	卡方检验	p=0.010	p=0.000	p=0.000	p=0.000	p=0.000	p=0.000	p=0.000	p=0.000
青岛	是	44.6(121)	69.6(188)	84.1(228)	83.0(225)	95.9(260)	89.7(243)	99.3(269)	98.9(268)
	否	26.9(59)	41.9(93)	51.4(113)	54.6(119)	71.5(158)	67.4(149)	91.0(201)	92.7(204)
	卡方检验	p=0.000	p=0.000	p=0.000	p=0.000	p=0.000	p=0.000	p=0.000	p=0.004
济南	是	34.3(79)	64.7(150)	73.9(173)	73.0(170)	75.0(174)	82.1(192)	87.6(205)	89.7(210)
	否	25.7(45)	49.4(84)	60.7(108)	57.8(104)	62.6(112)	65.0(117)	77.2(139)	78.9(142)
	卡方检验	p=0.007	p=0.001	p=0.000	p=0.000	p=0.000	p=0.000	p=0.003	p=0.002

续表

城市	社区活动	旅行	存取钱	买东西	做家务	上下楼梯	洗澡	穿脱衣服	起床
郑州	是	60.5(52)	61.2(52)	78.2(68)	84.9(73)	90.7(78)	90.8(79)	95.4(83)	94.2(82)
	否	32.4(134)	45.7(189)	65.2(270)	64.3(267)	89(329)	85.4(357)	90.2(376)	92.6(386)
	卡方检验	p=0.000	p=0.003	p=0.107	p=0.003	p=0.075	p=0.205	p=0.406	p=0.860
兰州	是	23.3(17)	63.0(46)	76.7(56)	76.1(54)	72.2(52)	78.1(57)	91.8(67)	90.4(66)
	否	12.0(59)	41.8(209)	57.7(290)	58.6(293)	57.6(289)	66.4(334)	83.1(417)	84.5(424)
	卡方检验	p=0.000	p=0.002	p=0.005	p=0.019	p=0.071	p=0.146	p=0.072	p=0.531
青岛	是	46.5(100)	69.9(151)	81.8(175)	78.0(167)	94.9(204)	94.0(202)	98.6(212)	99.5(214)
	否	29.1(77)	48.1(128)	60.3(161)	64.9(172)	77.2(206)	68.5(183)	93.2(249)	93.6(249)
	卡方检验	p=0.000	p=0.000	p=0.000	p=0.000	p=0.000	p=0.000	p=0.024	p=0.008
济南	是	42.2(43)	71.3(72)	81.6(84)	79.4(81)	84.5(87)	89.3(92)	92.2(95)	95.1(98)
	否	26.7(81)	53.8(162)	63.8(197)	62.1(193)	64.6(199)	69.8(217)	80.1(249)	91.7(254)
	卡方检验	p=0.030	p=0.012	p=0.001	p=0.006	p=0.002	p=0.001	p=0.033	p=0.008

城市	支援老年人活动	旅行	存取钱	买东西	做家务	上下楼梯	洗澡	穿脱衣服	起床
郑州	是	46.2(6)	69.2(9)	76.9(10)	84.6(11)	84.6(11)	92.3(12)	92.3(12)	92.3(12)
	否	37.0(180)	47.7(232)	67.2(328)	67.4(329)	80.8(396)	86.2(424)	91.0(447)	92.9(456)
	卡方检验	p=0.124	p=0.455	p=0.749	p=0.465	p=0.894	p=0.838	p=0.943	p=0.934
兰州	是	23.1(3)	46.2(6)	69.2(9)	46.2(6)	61.5(8)	61.5(8)	84.6(11)	69.2(9)
	否	13.2(73)	44.5(249)	59.9(397)	61.1(341)	59.4(333)	68.0(383)	84.2(473)	85.6(481)
	卡方检验	p=0.448	p=0.418	p=0.925	p=0.209	p=0.846	p=0.869	p=0.597	p=0.161
青岛	是	52.4(11)	71.4(15)	85.0(17)	85.0(17)	90.0(18)	90.0(18)	90.0(18)	95.0(19)
	否	36.3(165)	57.3(262)	69.1(316)	70.1(319)	84.7(388)	79.3(363)	95.9(439)	96.3(440)
	卡方检验	p=0.375	p=0.471	p=0.503	p=0.360	p=0.630	p=0.631	p=0.163	p=0.855
济南	是	61.1(11)	70.6(12)	77.8(14)	77.8(14)	77.8(14)	88.9(16)	94.4(17)	94.4(17)
	否	28.8(111)	57.4(220)	67.6(265)	65.6(258)	69.1(270)	73.9(291)	82.5(325)	84.5(333)
	卡方检验	p=0.020	p=0.378	p=0.255	p=0.324	p=0.778	p=0.335	p=0.599	p=0.694

城市	环保活动	旅行	存取钱	买东西	做家务	上下楼梯	洗澡	穿脱衣服	起床
郑州	是	64.7(11)	70.6(12)	88.2(15)	94.1(16)	88.2(15)	94.1(16)	100.0(17)	100.0(17)
	否	36.3(175)	47.5(229)	66.7(323)	66.9(324)	80.7(392)	86.1(420)	90.8(442)	92.6(451)
	卡方检验	p=0.060	p=0.153	p=0.256	p=0.084	p=0.804	p=0.742	p=0.631	p=0.717

城市	环保活动	旅行	存取钱	买东西	做家务	上下楼梯	洗澡	穿脱衣服	起床
兰州	是	29.4(5)	58.8(10)	70.6(12)	70.6(12)	64.7(11)	76.5(13)	88.2(15)	82.4(14)
	否	12.9(71)	44.1(245)	59.7(334)	60.5(335)	59.2(330)	67.6(378)	84.1(469)	85.3(476)
	卡方检验	p=0.008	p=0.420	p=0.308	p=0.855	p=0.758	p=0.557	p=0.645	p=0.759
青岛	是	56.5(13)	78.3(18)	87.0(20)	82.6(19)	91.3(21)	91.3(21)	91.3(21)	100.0(23)
	否	35.8(162)	56.8(258)	68.9(312)	70.1(316)	84.6(384)	79.1(359)	95.8(435)	96.0(435)
	卡方检验	p=0.254	p=0.221	p=0.262	p=0.256	p=0.743	p=0.506	p=0.607	p=0.813
济南	是	58.3(7)	75.0(9)	91.7(11)	91.7(11)	75.0(9)	91.7(11)	100.0(12)	100.0(12)
	否	29.2(114)	57.6(223)	67.3(267)	65.3(260)	69.2(274)	73.9(295)	82.5(329)	84.5(337)
	卡方检验	p=0.120	p=0.274	p=0.322	p=0.281	p=0.876	p=0.532	p=0.469	p=0.533

城市	社会福利活动	旅行	存取钱	买东西	做家务	上下楼梯	洗澡	穿脱衣服	起床
郑州	是	44.1(15)	55.6(20)	77.8(28)	66.7(24)	82.9(29)	88.9(32)	100.0(36)	94.4(34)
	否	36.8(171)	47.7(221)	66.7(310)	68.0(316)	80.8(378)	86.1(404)	90.4(423)	92.7(434)
	卡方检验	p=0.863	p=0.837	p=0.329	p=0.700	p=0.612	p=767	p=0.284	p=0.851
兰州	是	27.8(5)	72.2(13)	77.8(14)	66.7(12)	72.2(13)	77.8(14)	94.4(17)	88.9(16)
	否	13.0(71)	43.6(242)	59.5(332)	60.6(335)	59.0(328)	67.6(377)	83.8(467)	85.1(474)
	卡方检验	p=0.002	p=0.032	p=0.295	p=0.649	p=0.390	p=0.338	p=0.325	p=0.886
青岛	是	41.4(12)	62.1(18)	89.7(26)	89.7(26)	93.1(27)	89.7(26)	100.0(29)	96.6(28)
	否	36.8(164)	57.8(259)	68.7(307)	69.7(310)	84.6(379)	79.1(355)	95.5(428)	96.2(430)
	卡方检验	p=0.536	p=0.277	p=0.078	p=0.073	p=0.590	p=0.227	p=0.717	p=0.920
济南	是	66.7(6)	80.0(8)	100.0(10)	100.0(10)	100.0(10)	100.0(10)	100.0(10)	100.0(10)
	否	29.3(115)	57.6(224)	67.2(268)	65.3(261)	68.6(273)	73.8(296)	82.5(331)	84.5(339)
	卡方检验	p=0.033	p=0.425	p=0.185	p=0.154	p=0.210	p=0.319	p=0.551	p=0.610

9. 回归分析

通过二元逻辑回归我们发现，影响独居老人生活自理能力受损的因素主要包括三个方面：社会人口学因素，包括性别、年龄、文化程度和职业；患病状况，包括神经性关节炎、高低血压、骨折、视力削弱；社会活动因素，即是否参与兴趣爱好活动、健身活动和社区活动。ADL 与 IADL 自理能力的影响因素有所差异，主要表现在性别因素和文化程度对独居老人 ADL 的影响不显著，对 IADL 的影响比较显著。退休前职业对独居老人 ADL 的影响比较显著，对 IADL 的影响不显著（见表 4-33）。

表 4-33　回归分析

生活自理能力二元逻辑回归	B	Sig.	Exp(B)	ADL 自理能力二元逻辑回归	B	Sig.	Exp(B)	IADL 自理能力二元逻辑回归	B	Sig.	Exp(B)
性别	0.48	5E-04	1.616	年龄	0.098	5E-13	1.102	性别	0.483	0.0004	1.621
年龄	0.075	5E-16	1.078	兴趣爱好活动	-1.11	0.003	0.33	年龄	0.073	1E-15	1.076
文化程度		0.027		健身活动	-1.21	5E-13	0.297	文化程度		0.0402	
文化程度(1)	0.807	0.003	2.242	社区活动	-0.79	0.003	0.453	文化程度(1)	0.78	0.0046	2.182
文化程度(2)	0.412	0.11	1.509	骨折(1)	-0.98	5E-04	0.374	文化程度(2)	0.428	0.095	1.535
文化程度(3)	0.509	0.039	1.663	白内障(1)	-0.83	1E-04	0.434	文化程度(3)	0.529	0.0312	1.698
文化程度(4)	0.27	0.283	1.31	牙齿不好(1)	-0.49	0.017	0.613	文化程度(4)	0.291	0.2464	1.337
兴趣爱好活动	-0.65	5E-05	0.521	退休职		1E-04		兴趣爱好活动	-0.66	4E-05	0.518
健身活动	-0.37	0.004	0.693	退休职(1)	-0.26	0.389	0.771	健身活动	-0.37	0.0036	0.69
社区活动	-0.54	1E-04	0.585	退休职(2)	-0.9	0.001	0.407	社区活动	-0.55	6E-05	0.577
神经性关节炎(1)	-0.63	2E-05	0.533	退休职(3)	0.086	0.764	1.09	神经性关节炎(1)	-0.64	9E-06	0.527
高低血压(1)	-0.55	1E-05	0.578	Constant	-4.8	0.001	0.008	高低血压(1)	-0.52	3E-05	0.592
骨折(1)	-0.94	0.007	0.389					骨折(1)	-0.86	0.0111	0.423
视力削弱	-0.501	8E-04	1.65					视力削弱	-0.484	0.001	1.623
退休职		0.036						Constant	-1.83	0.0878	0.16
退休职(1)	0.108	0.678	1.114								
退休职(2)	-0.29	0.235	0.75								
退休职(3)	0.115	0.662	1.122								
Constant	-2.07	0.058	0.126								

四、结论

从总体上来看，独居老人的生活自理能力不是很好，将近 60% 的独居老人的生活自理能力受损。不过，ADL 和 IADL 的状况有所不同，独居老人 ADL 状况要

好于 IADL 的状况。ADL 受损的比例明显低于 IADL 受损的比例，主要是因为
ADL 涉及的主要是体力活动，IADL 既涉及体力又涉及脑力，对独居老人这方面
自理能力的要求较高。

独居老人的生活自理能力状况主要与三方面的因素有关：一是社会人口学因
素，即性别、年龄、文化程度、退休职业、收入水平；二是患病状况；三是社会
活动参与状况。本次调查发现，男性独居老人的生活自理能力明显好于女性独居
老人，年龄越大的独居老人生活自理能力越差，这与我国老年人日常生活能力的
状况基本一致。文化程度越高的生活自理能力越高，退休前为单位负责人、专业
技术办事人员和军人的生活自理能力状况最好，退休前无职业的独居老人生活自
理能力状况最差。月收入在 501~1000 元的独居老人的生活自理能力状况最差，
月收入在 1001~1500 元的独居老人的生活自理能力状况最好。患有高低血压等
常见慢性病的独居老人的生活自理能力明显不如不患病的独居老人。参加兴趣爱
好活动、健身活动和社区活动的独居老人的生活自理能力状况明显好于没有参加
的独居老人。通过回归分析，我们发现，除了收入水平，其他因素均会对独居老
人的生活自理能力产生显著影响。

从地域来看，不同城市的独居老人的生活自理能力存在显著差异。中部地区
郑州的独居老人的生活自理能力最好，西部地区兰州的独居老人的生活自理能力
最差，东部地区的青岛和济南的独居老人的生活自理能力状况居中。

第五章　城市独居老人经济状况分析

截至 2014 年底，我国 65 岁以上的老年人口的绝对数量为 13755 万人，占总人口的 10.1%。从 1999 年进入老龄化社会以来（65 岁以上老人占总人口的 7%），平均以每年 0.224% 的速度递增，2012 年以来增长速度更是超过了 0.3%，2014 年 65 岁以上的老年人口增长速度达到了 0.4%。而与此同时，2014 年我国人均 GDP 仅为 20167.1 元（《中国统计年鉴：网络版》，2015），远远低于世界人均水平，排名仅为第 76 位。中国已经进入了一个未富先老的社会发展阶段，而且这样的人口发展状态还会持续相当长的一段时间。随着老龄人口的比例越来越高，老年人群最终变为一个对社会影响巨大的群体，养老就会成为一个不容忽视的问题。老人的养老是需要一大笔开支的，但随着越来越多的老人，越来越核心化的家庭，无论传统的家庭养老，还是国家大力倡导的机构、社区养老，都需要老年人有一定的经济基础，尤其是独居老人更是如此。因此，有必要现在就对独居老人的经济状况做一番研究。

我国对于城镇老年人的经济收入研究，是按照传统的理论研究和数据分析研究进行分类的。传统的理论研究以田雪原为主要代表，探讨了高速老龄化对社会运转的冲击、老年人收入的主要来源，以及对于"银色浪潮"的冲击当代社会政策要如何应对等。这些研究结论从制度政策层面上探讨了面对老年人在未来可能会出现的种种问题以及我国政府的应对方式，指出要"建立不分年龄人人共享的社会"（田雪原，1991，1994，1997，1999，2001，2003，2005）。

数据分析研究的主要代表则为杜鹏等学者，他们通过对社会调查、统计数据进行分析，在横向数据上，研究哪些因素影响了老年人的经济收入；在纵向数据上，研究老年人长达 20 年的生活来源主要变化及其影响（杜鹏，1998，1999，2000，2003；陶国枢等，1998；熊跃根，1999；王树新，1996；黄万武，1994），指出社会保障水平的不断提高，老年人在经济方面越来越独立，尤其是在城市，有60.4%的老年人生活的主要来源为离退休金（杜鹏，2003）。另外，从社会分层的角度切入，对老年人口的内部结构差异进行分析。指出老年群体内部收入差异较大，按"五分法"进行分析，一半以上的老年人口集中在收入最高的20%群体中（伍小兰，2008）；但也有学者对我国东部进行的调查数据指出还不完善的福利干预使老人的收入形态呈现一个"葫芦"形，收入在360元以下的贫困群体占30%以上，他们的生活来源主要依靠子女；还有将经济收入作为社会分层的标准，对城市老年人的分化现象给予一定的解释（唐国建，2008），并指出改革前的老年人职业身份对其经济收入和社会等级差异有着显著影响。

但上述研究，无论是传统的理论研究，还是实证的数据分析，都很少涉及独居老人这一老年群体中的最脆弱部分；再就是面对幅员辽阔，差异性极大地内陆地区，也无一个从东到西的比较性分析。本书将就这两个方面做一番研究，为当前的老年人经济状况研究添砖加瓦。

为此，我们选取青岛、济南、郑州、兰州四个城市，以访谈式问卷的形式对60岁以上的独居老人进行调查，共取得有效问卷2014份，然后录入SPSS数据统计软件包进行数据分析（如无特别说明，本章数据均来自四个城市问卷的分析结果）。

一、四个城市独居老人的基本经济状况

谈到经济状况，住房、月收入和生活来源无疑是三个最有代表性的指标，因而对老年人的经济状况进行分析就从这三个方面开始。

从表5-1可以看出，郑州的独居老人居住条件最为优越，困难的最少，仅为3.9%，与最多的青岛相差3倍多；而且居住宽松的也是最多的，占比为7.1%，是其他城市的2倍以上。单从居住方面来推断，郑州的老人总体满意度应该最高，其次是济南。相对来说，独居老人居住情况最为困难的是青岛，其次是兰州。

表5-1　四个城市独居老人住房面积基本情况

地点	平均值（平方米）	中位数（平方米）	当地均值（2014年）（平方米）	小于30平方米（困难）	30~59平方米（中下）	60~89平方米（中等）	90~119平方米（中上）	120平方米以上（宽松）	样本数 N
青岛	57.56	58	29.8	13.4%	39.9%	35.9%	9.8%	1.0%	499

续表

地点	平均值（平方米）	中位数（平方米）	当地均值（2014年）（平方米）	小于30平方米（困难）	30~59平方米（中下）	60~89平方米（中等）	90~119平方米（中上）	120平方米以上（宽松）	样本数 N
济南	65.51	60	36.4	6.9%	36.3%	48.3%	5.5%	3.1%	422
郑州	61.00	60	29	3.9%	33.8%	45.4%	9.8%	7.1%	509
兰州	56.83	50	31	9.2%	51.7%	32.0%	5.3%	1.7%	584
总体样本	64.51	60	—	8.5%	41.0%	39.8%	7.6%	3.2%	2014

但总体上来说独居老人的住房面积还算可以，80%以上独居老人的住房面积集中在30~89平方米这一区间，如果考虑到老人独居，可以说是居住宽松的。但仍有8.5%的老人居住的房子很小甚至无房可住。

从总体上来说，大多数独居老人有自己的私房，占比为71.5%（见表5-2）。如果以家庭为单位来计算，私房占比达到80.4%。但是还有6.2%的独居老人租房居住。比较来看，如果从优到劣以私房、公房和租房三种方式来比较，可以得出：郑州的独居老人多住在私房中，占全部的87.0%；其次是济南，占全部的83.6%；再次是青岛和兰州，分别占80.0%和73.0%。而在私房排位居末的兰州独居老人居住公房的情况为四个城市第一，占全部的18.3%；其次是济南，占全部的10.4%；再次是青岛和郑州，分别占9.2%和6.7%。青岛租房居住的独居老人最多，占全部的9.4%；其次是兰州，占全部的7.1%；再次是郑州和济南，分别占4.3%和3.5%。

表5-2 四个城市独居老人住房性质基本情况

城市	本人的私房	子女的私房	单位的公房	子女租的	本人租的	其他	总计	样本数 N
青岛	77.6%	2.4%	9.2%	9.4%	0	1.4%	100%	499
济南	74.4%	9.2%	10.4%	0.7%	2.8%	2.4%	100%	422
郑州	72.9%	14.1%	6.7%	0.8%	3.5%	2.0%	100%	509
兰州	63.2%	9.8%	18.3%	2.1%	5.0%	1.7%	100%	584
总体样本	71.5%	8.9%	11.5%	3.3%	2.9%	1.8%	100%	2014

由表5-3可知，从平均收入来看，各地的独居老人平均收入全部低于当地平均居民收入，这符合我国的养老金替代规律，但各地差异较大。四个城市并非按照从东到西的顺序依次增长的，济南独居老人的平均月收入出乎意料的低，与当

地居民平均收入相差 1523.89 元，位居榜首；其次是青岛，与当地居民平均收入相差 1331.13 元；再次是兰州和郑州，分别相差 609.35 元和 575.83 元。再有，地处西部的兰州独居老人的经济收入明显低于其他三个城市，仅为 1328.90 元；济南比其略高，为 1708.86 元；郑州与青岛相差不多，分别为 1848.75 元和 1860.04 元。单从此方面来说，郑州的独居老人相对收入（与当地居民平均收入比）最高，应该感觉良好。

表 5-3　四个城市独居老人经济月收入基本情况

城市	平均值（元）	中位数（元）	当地均值（元）（2014 年）	小于 1000 元（困难）	1000~1999 元（中下）	2000~2999 元（中等）	3000~3999 元（中上）	4000 元及以上（富裕）	样本数 N
青岛	1860.04	1600	3191.17	11.8%	58.7%	15.0%	7.6%	6.8%	499
济南	1708.86	1600	3232.75	27.3%	30.8%	28.0%	7.6%	6.4%	422
郑州	1848.75	1950	2424.58	17.9%	32.6%	36.9%	7.3%	5.3%	509
兰州	1328.90	1100	1938.25	43.2%	34.4%	18.7%	2.2%	1.4%	584
总体样本	1672	1600	—	25.7%	39.3%	24.3%	6.0%	4.8%	2014

从五档分层来看，兰州处于困难档次的独居老年群体的比例为 43.2%，也远高于其他三个城市；其次是表现一直不好的济南，处于困难档次的独居老年群体的比例为 27.3%；再次是郑州和青岛，分别占 17.9% 和 11.8%。处于富裕档次的独居老人群体的比例严格遵循了从东到西依次增长的规律，分别是 6.8%、6.4%、5.3% 和 1.4%，但是青岛的多数独居老人是处于中下收入层次的，达到了 58.7%。

总体来说，大多数独居老人处于中下水平，月收入不足 2000 元的要占六成以上（65%），中上和富裕的独居老人仅占总体样本的一成多点（10.8%）。

由表 5-4 可见，大多数独居老人的主要生活来源为退休金或工资，总体上为 77.4%，其后依次为子女提供、社会救济和自己的存款，但所占比例都不足 10%。

表 5-4　四个城市独居老人主要生活来源基本情况　　　　单位：%

城市	退休金或工资	子女提供	自己的存款	社会救济金	其他	合计	样本数 N
青岛	88.6	0.6	7.6	2.0	1.2	100.0	499
济南	75.4	10.7	2.4	6.6	5.0	100.0	422

续表

城市	退休金或工资	子女提供	自己的存款	社会救济金	其他	合计	样本数 N
郑州	82.5	10.8	1.6	2.9	2.2	100.0	509
兰州	64.7	11.5	1.4	17.1	5.3	100.0	584
总体样本	77.4	8.4	3.2	7.6	3.4	100.0	2014

比较来说，青岛的独居老人最为独立，仅有很少一部分（占2.6%）依靠社会救济和子女；兰州的独居老人依靠社会救济的最多，占比已经达到了17.1%，位居四个城市中依靠社会救济的榜首；济南、郑州和兰州三个城市独居老人都有一成多的老人由子女提供帮助。

总的来说，四个城市独居老人的基本经济情况为：大多数独居老人的住房方面困难不大，相对来说济南和郑州较为优越一点，兰州和青岛较差一些；独居老人经济收入偏低，处于中等或中下层次的占绝大多数。

二、交叉分析

为了探明独居老人基本经济情况的简单规律，我们就经济收入做一下基于性别、年龄分组、教育水平、退休前职业等方面的交叉分析。

从表5-5可见，性别对独居老人的收入有着显著的影响。

表5-5 四个城市独居老人月收入与性别交叉分析

单位：% Sig=0.000

城市	性别	小于1000元（困难）	1000~1999元（中下）	2000~2999元（中等）	3000~3999元（中上）	4000元及以上（富裕）	合计	平均值（元）	样本数 N
青岛	男	4.7	48.4	23.4	12.5	10.9	100.0	2288.69	370
	女	14.1	**62.4**	12.2	5.9	5.4	100.0	1716.04	128
济南	男	13.1	31.0	25.0	21.4	9.5	100.0	2195.39	84
	女	31.4	29.8	29.2	4.0	5.5	100.0	1585.30	325
郑州	男	10.6	19.9	45.0	12.6	11.9	100.0	2328.11	151
	女	20.9	38.3	33.1	5.1	2.6	100.0	1655.19	350

续表

城市	性别	小于 1000 元 （困难）	1000~1999 元 （中下）	2000~2999 元 （中等）	3000~3999 元 （中上）	4000 元及 以上（富裕）	合计	平均值 （元）	样本数 N
兰州	男	18.2	31.1	41.7	5.3	3.8	100.0	1854.20	132
	女	**51.1**	34.7	12.1	1.4	0.7	100.0	1186.41	421
总体 样本	男	11.5	32.1	35.2	12.1	9.1	100.0	2168.44	495
	女	30.2	41.5	20.9	4.0	3.4	100.0	1521.32	1466

女性独居老人的月收入明显低于男性。从平均值上来看，相差最多的是郑州，男女收入相差 672.92 元；其次是兰州，男女收入相差 667.79 元；最后是济南和青岛，男女收入分别相差 610.09 元和 572.65 元。

从五档分层来看，总体上女性独居老人多集中在中下和困难层次，比率达到 71.7%；男性独居老人多集中在中等和中下层次，占比达到 67.3%；困难层女性占比要比男性高出 18.7 个百分点，而中上和富裕层男性则比女性高出 13.8 个百分点。各地比较来说，在兰州有一半以上（51.1%）的女性独居老人处于困难层，青岛的大多数独居女性老人（62.4%）月收入集中在中下层，其余则与总体相差不大。

从年龄上来看（见表 5-6），年龄对独居老人的月收入有影响，但比较复杂。总体上高龄独居老人的人均月收入略高于中低龄的独居老人，尤其是在富裕层级表现得最为明显，并且各地表现有所差异。

表 5-6　四个城市独居老人月收入与年龄三分交叉分析

单位：%　Sig＝0.000

城市	年龄	低于 1000 元 （困难）	1000~ 1999 元 （中下）	2000~ 2999 元 （中等）	3000~ 3999 元 （中上）	4000 元 及以上 （富裕）	合计	平均值 （元）	样本数 N
青岛	小于 70 岁	10.5	**61.9**	10.5	11.4	5.7	100.0	1829.95	105
	70~79 岁	4.6	<u>**65.8**</u>	14.6	7.9	7.1	100.0	1941.97	240
	80 岁及以上	**24.0**	**45.5**	18.8	4.5	7.1	100.0	<u>1752.01</u>	154
济南	小于 70 岁	31.4	**43.0**	20.9	2.3	2.3	100.0	1399.94	86
	70~79 岁	22.8	31.6	**35.2**	4.1	6.2	100.0	1739.22	193
	80 岁及以上	30.8	22.4	22.4	<u>**15.4**</u>	<u>**9.1**</u>	100.0	1852.72	143

续表

城市	年龄	低于1000元（困难）	1000~1999元（中下）	2000~2999元（中等）	3000~3999元（中上）	4000元及以上（富裕）	合计	平均值（元）	样本数 N
郑州	小于70岁	25.6	**45.3**	22.2	1.7	4.3	100.0	1472.57	117
	70~79岁	13.0	31.3	**41.7**	10.4	3.5	100.0	1933.42	230
	80岁及以上	18.5	25.3	**40.7**	6.8	8.6	100.0	1999.90	162
兰州*	小于70岁	47.5	36.4	14.4	0.8	0.8	100.0	1524.09	118
	70~79岁	40.3	38.4	18.4	2.9	0	100.0	<u>1250.79</u>	310
	80岁及以上	**45.5**	25.6	22.4	1.9	4.5	100.0	1335.80	156
总体样本	小于70岁	29.3	**46.5**	16.9	4.0	3.3	100.0	1560.94	426
	70~79岁	21.6	42.1	26.3	6.2	3.8	100.0	1680.44	973
	80岁及以上	29.6	29.8	26.3	7.0	7.3	100.0	1735.78	615

注：* 兰州的卡方检验值略高，为 Sig=0.001。

青岛和兰州两地表现与总体不一致：青岛的高龄老人组平均收入最低，尤其是在月收入困难层级所占比值是其他两个年龄组的2倍还多；青岛的中龄老人组平均收入最高，虽然月收入多集中于中下层级组，但处于月收入处于困难层级所占比值是最低的。兰州的中龄老人组平均收入最低，没有富裕户，大多数（78.7%）集中在中下和困难层级；兰州的低龄老人组平均收入虽然最高，但也是几乎没有富裕户；兰州的富裕户都集中在高龄老人组。

济南和郑州两个城市的表现同整体较为一致：济南的高龄老人中富裕户、中上户的比值都是最高，这两个群体直接拉高了高龄老人组的平均收入。郑州的低龄老人组平均收入远远低于其他两组，多集中在中下层级，而不是其他两组的中等层级。

很明显，教育程度与独居老人的月收入正相关（见表5-7），尤其是在富裕层级，大专及以上老人组独占鳌头。兰州的大专及以上独居老人群体中富裕户不多，统计数字不明显，但其中等和中上层级的比值远高于中等以下层级。

表5-7　四个城市独居老人月收入与教育程度交叉分析

单位：%　Sig=0.000

城市	教育程度	低于1000元（困难）	1000~1999元（中下）	2000~2999元（中等）	3000~3999元（中上）	4000元及以上（富裕）	合计	平均值（元）	样本数N
青岛	不识字	31.4	59.3	5.8	1.2	2.3	100.0	1238.14	86
	小学及以下	14.7	68.6	11.5	3.2	1.9	100.0	1569.70	156
	初中	4.0	72.0	13.6	3.2	7.2	100.0	1932.10	125
	高中或中专	3.4	41.6	23.6	19.1	12.4	100.0	2411.55	89
	大专及以上	2.3	18.6	32.6	25.6	20.9	100.0	2805.58	43
济南	不识字	54.1	17.1	23.4	4.5	0.9	100.0	1069.73	111
	小学及以下	29.7	42.0	24.6	2.9	0.7	100.0	1391.19	138
	初中	13.9	31.6	39.2	6.3	8.9	100.0	2095.39	79
	高中或中专	3.3	35.0	31.7	16.7	13.3	100.0	2392.00	60
	大专及以上	2.9	20.6	23.5	23.5	29.4	100.0	2994.50	34
郑州	不识字	30.8	42.9	24.4	1.9	0	100.0	1286.55	156
	小学及以下	20.5	26.2	48.4	0.8	4.1	100.0	1825.50	122
	初中	11.0	37.8	43.3	3.9	3.9	100.0	1851.91	127
	高中或中专	3.3	24.6	44.3	23.0	4.9	100.0	2316.67	61
	大专及以上	4.7	9.3	20.9	32.6	32.6	100.0	3278.00	43
兰州	不识字	70.7	24.3	5.0	0	0	100.0	759.96	181
	小学及以下	42.9	41.8	13.6	0.6	1.1	100.0	1176.40	177
	初中	30.8	39.4	23.1	3.8	2.9	100.0	1913.41	104
	高中或中专	17.0	43.2	34.1	3.4	2.3	100.0	1743.95	88
	大专及以上	2.9	14.7	64.7	14.7	2.9	100.0	2266.88	34
总体样本	不识字	49.3	33.9	14.6	1.7	0.6	100.0	1055.87	534
	小学及以下	27.8	45.7	22.8	1.9	1.9	100.0	1463.38	593
	初中	14.3	46.9	29.2	4.1	5.5	100.0	1933.13	435
	高中或中专	7.4	37.2	32.6	14.8	8.1	100.0	2192.91	298
	大专及以上	3.2	15.6	34.4	24.7	22.1	100.0	2860.27	154

从总体上来看，教育程度越高的群体在较高的月收入层级中所占的比例也就越多；反之，教育程度越低的群体在较低的月收入层级中所占的比例也就越多，教育程度的高低与月收入高低层级的比值正相关。四个城市在这一点上表现得非

常一致。

退休前职业身份对独居老人的月收入有重大影响（见表5-8），但各地差异较大。

表5-8　四个城市独居老人月收入与退休前职业身份交叉分析

单位：%　Sig＝0.000

城市	退休前职业身份	低于1000元（困难）	1000~1999元（中下）	2000~2999元（中等）	3000~3999元（中上）	4000元及以上（富裕）	合计	平均值（元）	样本数N
青岛	公务员	42.0	26.8	14.3	4.5	12.5	100.0	1648.76	112
	专业技术人员	0	37.2	26.5	21.2	15.0	100.0	**2620.58**	113
	办事员商业工人	3.1	83.3	10.1	3.1	0.4	100.0	1620.34	257
	从事农林牧渔	0	80.0	0	0	20.0	100.0	2142.40	5
	无业人员	37.5	25.0	12.5	12.5	12.5	100.0	1655.63	8
	其他	25.0	25.0	50.0			100.0	1575.00	4
济南	公务员	1.7	31.7	41.7	15.0	10.0	100.0	2363.37	60
	专业技术人员	3.7	25.9	24.1	14.8	31.5	100.0	**2919.13**	54
	办事员商业工人	14.7	37.7	39.3	7.9	0.5	100.0	1768.57	191
	从事农林牧渔	61.5	30.8	3.8	0	3.8	100.0	893.85	26
	无业人员	85.7	11.1	1.6	0	1.6	100.0	475.40	63
	其他	50.0	35.7	10.7	0	3.6	100.0	1103.39	28
郑州	公务员	7.9	7.9	31.6	26.3	26.3	100.0	**3087.41**	38
	专业技术人员	8.2	39.7	21.9	21.9	12.3	100.0	2466.16	73
	办事员商业工人	7.5	42.5	44.4	3.1	2.5	100.0	1865.40	320
	从事农林牧渔	76.3	7.9	2.6	2.6	0	100.0	631.29	38
	无业人员	74.3	20.0	5.7	0	0	100.0	556.86	35
	其他	60.0	40.0	0	0	0	100.0	670.00	5
兰州	公务员	10.6	27.7	46.8	9.6	5.3	100.0	2033.34	94
	专业技术人员	5.3	49.1	40.4	1.8	3.5	100.0	**1834.82**	57
	办事员商业工人	27.1	54.3	17.6	1.0		100.0	1362.94	210
	从事农林牧渔	71.3	24.5	4.3	0	0	100.0	768.55	94
	无业人员	91.9	6.1	1.0	0	1.0	100.0	984.24	99
	其他	80.0	16.7	0	3.3	0	100.0	800.34	30

续表

城市	退休前职业身份	低于1000 元（困难）	1000～1999 元（中下）	2000～2999 元（中等）	3000～3999 元（中上）	4000 元及以上（富裕）	合计	平均值（元）	样本数N
总体样本	公务员	20.1	25.7	31.9	10.9	11.5	100.0	2086.70	304
	专业技术人员	3.7	32.7	32.0	16.5	15.2	100.0	**2488.31**	297
	办事员商业工人	12.0	54.8	28.6	3.6	1.0	100.0	1674.91	978
	从事农林牧渔	68.7	24.5	4.9	0.6	1.2	100.0	798.86	163
	无业人员	84.9	10.7	2.4	0.5	1.5	100.0	781.10	205
	其他	62.7	26.9	7.5	1.5	1.5	100.0	970.54	67

从总体上来说，公务员和专业技术人员这两种具有类似改革前干部身份的独居老人群体平均月收入明显高出其他群体；尤其是专业技术人员表现较为突出，受青岛数据的影响，这次"公务员"群体略逊于专业技术人员。

各地比较来看，青岛最为特殊，受调查样本分布影响，后三类群体样本量过少，统计意义不大，但较高的"从事农林牧渔"群体的平均收入还是可以想象沿海经济中有富裕的渔民。

"专业技术人员"群体在各地均处于伯仲之间，收入相对较为稳定；山东地区的专业技术老年人收入要高于公务员群体，而中西部地区的"公务员"群体收入则高于"专业技术人员"群体，尤其是郑州的"公务员"群体，其富裕层级的比率远高于其他三个城市。

"办事员商业工人"群体在各地占比最多，平均月收入居中；在青岛，这一群体八成集中在中下收入层级，济南和郑州两个城市的这一群体集中于中等和中下两个层级，兰州的此群体收入最低，多见于中下和困难群体之中。"无业人员"群体在各地均处于较低层次。

三、结论

通过对青岛、济南、郑州、兰州为代表的东、中、西部独居老人基本经济情况的分析，可以得出如下结论：

（1）大多数独居老人的住房方面困难不大，相对来说济南和郑州较为优越。有8.5%的老人居住的房子很小甚至无房可住，这将是今后我们社会服务政策制定时需要考虑的一点。

（2）独居老人经济收入偏低，处于中等或中下层次的占绝大多数。

（3）东、中、西部独居老人经济收入有差异，各地的经济发展情况不一样，四个城市从东到西青岛最高，郑州其次，济南第三，但三者相差不大，兰州远居末位。

（4）从影响因素上来看，性别、年龄、教育程度和退休前职业对各地老年人的月收入均有影响。性别和教育程度在很大程度上决定着老人所从事的职业，而年龄决定着老人退休时所对应的相应政策，进而影响着月收入的层级，从这一方面来说，退休前职业决定着独居老人月收入所处的层级。

第六章 城市独居老人的代际双向支持研究

一、研究背景

根据第六次人口普查的数据，我国 60 岁及以上老年人的比例已经达到 13.26%，全面进入老龄化社会，相应地，养老问题逐渐凸显，成为政府和学术界极为关注的问题。目前，我国老年人的养老方式仍然以家庭养老为主（姚远，2001），老年人基本是依靠家庭的支持和家人的照料度过晚年。然而，随着现代化的推进和计划生育政策的长期施行，家庭结构发生了巨大的变化，空巢老年家庭逐渐增多，家庭养老的功能的实现面临着严峻的挑战。

代际关系和夫妻关系共同构成了家庭关系的纵向和横向两个最重要的维度，同时，代际关系也影响到老人的生活质量（吕如敏，2007）。我们认为，代际关系的一个重要形式是代际的互相支持，研究代际的双向支持有利于我们更清楚地了解代际关系的发展方向和特点。在代际的双向支持中，存在向上和向下的支持两种，向上支持是指子女赡养父母，而向下支持是父母抚养子女。在代际支持的内容上可以分为三类支持：经济、生活、精神，经济支持主要体现在货币形式的帮助和支持，生活支持则表现为劳务形式的照料，而精神支持主要是聊天、谈心等形式的交流和情感慰藉（杨菊华，2001）。

解释代际关系理论主要有权力与协商模型、交换模型以及合作群体模型三种理论模型。权力与协商模型认为，代际的支持与双方对资源（如财产）的控制有关。交换模型认为付出是为了获得回报，如父母为子女提供生活照料（照顾孙子、孙女等），反过来照顾晚年的父母。合作群体模型认为，老人和子女之间根据自己和对方的能力和需要，提供或者接收支持和帮助，代际的互相支持是为了整个家庭的延续和发展。目前国内大部分学者认为合作群体模型更加符合我国现阶段的代际关系现状。

在代际关系的研究中，居住安排一直是学者们关注的重要因素，居住安排作为一种老人与子女之间的家庭策略，既影响代际关系也受到代际关系的制约。一方面，代际关系影响到老年人与子女的居住安排，老年人可能会为了避免代际矛盾，而选择与子女分住，也有可能为了支持子女而选择与子女同住。比如很多老年人会因为孙子、孙女需要照顾，而选择与子女同住，承担子女家庭的家务劳动，扮演起"老妈子"的角色（金一虹，2010），在生活上给予子女支持；或者成年子女没有住房，老年人则与子女同住，帮助子女逐渐获得经济独立。另一方面，居住安排一旦确定，也会对老年人和子女之间的代际支持的方向、内容、性质产生很大影响。老年人与子女同住，会增加双方的各项支持和帮助（鄢盛明，2001）。老年人和子女分住对代际支持会产生一定的影响，子女虽然可以通过打电话、汇款等方式给老年父母提供经济和精神上的支持，但是生活照顾会或多或少地受到分住的影响。

以往的研究存在的缺陷在于：首先，研究的对象都是普通老年人，缺少对独居老人的关注。我国老年人独居的比例越来越高，独居对于老年人的生活习惯和代际关系产生很大影响（Klinenberg E. Going Solo，2012）。同时，有学者认为，同住条件下，老年人与子女的代际沟通频繁，代际支持的方向和性质并不是那么容易测量（Cohen PN & Casper LM.，2002）。独居老人由于和子女分开单独居住，因此代际的支持比普通老年人更清晰明了。通过对独居老人的代际支持的研究，可以更有效地说明我国代际支持的现状。其次，以往的研究往往只关注一个方向，或者单纯从子女照料的角度，或者单纯从老年人支持子女的角度，很少把代际支持双向支持作为一个整体研究，因此无法得出全面的结论。

本章通过全国性的调查数据，使用兰州、郑州、济南、青岛四个城市的独居老人的样本，分析当前独居老人的代际关系模式，比较不同性别、年龄、收入状况等情况下的独居老人与子女的代际支持状况。通过多变量分析，找到影响独居老人代际支持的因素。

二、调查方法

本章采用国家社科基金项目"城市独居老人的孤独问题与社会关系网研究"的调查数据，数据收集地点是兰州、郑州、济南、青岛四个城市，调查对象是独居的老年人，通过分层抽样选择城市社区，对每个社区进行配额抽样选择独居老人，采用入户访谈的方式收集问卷。最后，共调查2000人，有效回收1693份问卷，有效回收率为84.4%。

为研究独居老人与子女的代际支持，问卷中设计了双向支持量表，包含6个是否型问题，询问独居老人是否向子女提供生活费，是否向子女提供生活照顾，是否主动找子女聊天，若是则为1，若否则为0。同时也询问子女是否在这三个方面向老人提供支持。所以量表是由两个方向（父母→子女、子女→父母）和三个维度（生活费、生活照顾、聊天解闷）构成的交叉表格。由父母提供给子女的项目，定义为向下的代际支持，而由子女提供给父母的，则定义为向上的代际支持。首先通过统计量表各项目回答为"是"的比例来反映代际支持的概况，并且利用一些人口学特征变量对这些项目进行交叉分析，其次分析6个项目之间的相关性，最后对这6个项目进行 Logistic 回归分析影响代际支持的影响因素。上述分析过程均采用 SAS9.3 统计软件。

从被调查的独居老人的基本情况来看，男性老人所占的比例为25.8%，独居老人的男女性别比例约为1∶3，并且四个城市的性别比差别不大。年龄上独居老人的年龄平均数为77.13岁，济南和青岛两个城市的独居老人平均年龄稍高，比其他两个城市高3岁左右。独居老人丧偶的比例非常高，90%的独居老人丧偶。可见，在被调查独居老人中，大部分是女性、高龄、寡居。样本的这一情况也反映了当前我国老龄化的特点，一方面，由于平均预期寿命的增加，高龄化特征越来越明显；另一方面，女性的寿命一般高于男性，老年人口中呈现出女性化、丧偶化的特征（姜向群，2009）。在四个城市独居老人的收入水平上，总的平均收入为1696.52元，其中兰州最低，郑州和青岛较高，而济南接近平均水平。在文化程度和子女数量方面，四个城市的独居老人差异不大，大部分独居老人是中学学历，平均约有2.88个子女。在三种老年人常见疾病的患病率上，高血压患病率最高，为 42.6%，心脏病和神经性关节炎的患病率分别为 28.3% 和 29.3%。四个城市中，兰州和济南的独居老人在三种疾病的患病率上，高于平均水平，而青岛的独居老人患病率最低（见表 6-1）。

表 6-1　不同城市独居老人基本情况（均值）　　　　单位：%

城市			郑州	兰州	青岛	济南	合计
百分比	性别	男	29.8	24.1	26.3	22.5	25.8
		女	70.2	75.9	73.7	77.5	74.2
	婚姻状况	丧偶	87.3	92	90.7	89.8	90
		非丧偶	12.7	8	9.3	10.2	10
	文化程度	不识字	31.4	29.7	16.8	28.1	26.3
		小学	22.6	28.2	29	32.6	27.9
		初中	24.9	19.4	26.9	16.5	22.3
		高中或中专	12.5	15.8	18.6	14.1	15.4
		大专及以上	8.6	6.8	8.7	8.7	8.2
	常见病患病率	神经性关节炎	23.1	48.8	9.1	38	29.3
		高血压	49.9	57.5	15.7	49.4	42.6
		心脏病	30.3	34.5	11.9	39.8	28.3
均值	年龄（岁）		75.26	75.95	78.3	78.25	77.13
	收入（元）		1900.15	1321.34	1894.89	1688.26	1696.52
	子女数量（个）		2.97	2.89	2.87	2.74	2.88
合计（N）			433	468	458	334	1693

三、结果

1. 独居老人和子女代际支持的概况

（1）支持概况。

在我们调查的四个城市中，兰州、郑州和济南是内陆省会城市，青岛是沿海城市，四个城市的地理位置涵盖了西部、中部、东部和沿海地区。独居老人与子女的代际支持模式，在这四个城市中也表现出一些共性及不同特点（见表6-2和表6-3）。

表6-2　不同城市独居老人与子女的双向支持比较　　　单位：%

城市		郑州	兰州	青岛	济南	合计	χ^2
子女→父母	生活费	38.3	52.6	35.6	38.6	41.6	32.01***
	生活照顾	47.1	50.2	33.2	29.3	40.7	51.15***
	聊天解闷	76.2	69.4	67.5	59	68.6	28.76***
父母→子女	生活费	14.5	15	27.7	17.1	18.7	34.05***
	生活照顾	21.7	27.8	54.1	27.8	33.4	130.17***
	聊天解闷	63.5	44.9	37.3	39.2	46.5	59***
N=		433	468	458	334	1693	

注：***代表P<0.001；**代表P<0.05；*代表P<0.1。

首先，在向上的代际支持方面，兰州的独居老人有52.6%接受子女提供的生活费，有50.2%接受子女提供的生活照顾，这两项上的比例均高于其他地区。在向下的代际支持方面，青岛的独居老人，有27.7%向子女提供生活费，有54.1%向子女提供生活照顾。从四个城市的总体来看，向上的代际支持比例均高于向下的代际支持比例，可见独居老人对于子女的依赖性较高。而在代际支持的各个维度方面，精神上的双向支持比例最高，这主要是因为精神方面的代际支持不会受到居住距离的限制，对于双方经济条件和身体状况的依赖也较小。

与笔者以往进行的非独居老人研究相比，最大的区别在于生活费提供，独居老人接受子女生活费的比例为41.6%，向子女提供生活费的比例为18.7%，接受高于提供。而非独居老人却是提供高于接受（吕如敏，2007）。非独居老人在经济上帮助子女的比例更高，而独居老人在经济上对子女的依赖性更强。可以看出，在居住方式的选择上，老人更多地考虑子女的需要，老人选择和子女一同居住，更多的是为了支持和照顾子女（林明鲜，2008），当子女的支持和照料需求减弱时，老人则倾向于选择分开居住的方式。

（2）性别的影响。

老年人的性别对其经济自理能力和生活自理能力有很大的影响，男性和女性在家庭中的角色也不尽相同。因此，不同性别的独居老人，在代际的支持行为中也表现出一定的差异。

· 122 ·

表6-3　不同性别的独居老人与子女的双向支持比较　　　　单位：%

性别*代际支持		女	男	合计	χ^2
子女→父母	生活费	43.5	36	41.6	14.37***
	生活照顾	41.8	37.4	40.7	3.89**
	聊天解闷	70.3	63.5	68.6	9.90**
父母→子女	生活费	17.3	22.7	18.7	6.74**
	生活照顾	33.9	31.9	33.4	0.84
	聊天解闷	46.5	46.6	46.5	0.22
N=		1257	436	1693	

注：***代表 P<0.001；**代表 P<0.05；*代表 P<0.1。

　　首先，在向上的代际支持方面，女性比男性更多接受子女提供的生活费和生活照顾，同时女性独居老人也更多地接受子女的精神支持。可见，女性独居老人在经济上、生活上都比男性老人更加依赖子女。在精神支持方面，女性独居老人接受子女聊天的比例高于男性。这是由于长期以来父亲往往扮演一个威权型的角色，与子女沟通往往是由母亲来承担的（费孝通，1998）。这也印证了以往学者的研究，母亲比父亲更多地保持着与子女的联系（鄢盛明，2001）。

　　在向下的代际支持方面，性别对于生活费的提供具有显著的影响，这也是由于男性老人经济能力高于女性，可以在经济上给子女提供支持。

　　（3）收入的影响。

　　收入代表了老年人的经济自理能力，也是影响代际支持的重要因素（见表6-4）。

表6-4　不同收入水平的独居老人与子女的双向支持比较　　　　单位：%

收入*代际支持		0~999元	1000~1999元	2000~2999元	3000元及以上	合计	χ^2
子女→父母	生活费	60.4	39.3	36.8	23.3	0.416	95.571***
	生活照顾	39.4	40.6	43.9	36.5	0.407	4.645*
	聊天解闷	63.6	67.8	75.2	66.7	0.686	4.073
父母→子女	生活费	5.6	21	22.2	28.6	0.187	54.424***
	生活照顾	19.4	39.3	34.4	36.5	0.334	38.316***
	聊天解闷	33.2	46.6	57.5	47.6	0.465	22.82***
N=		433	468	458	334	1693	

注：***代表 P<0.001；**代表 P<0.05；*代表 P<0.1。

在向上的代际支持方面，收入在 0～999 元的独居老人中，有 60.4% 接受子女提供的生活费，随着收入的增加，独居老人接受子女提供生活费的比例不断降低，收入在 3000 元及以上的独居老人，这一比例仅为 23.3%。

在向下的代际支持方面，收入提高了独居老人给子女提供帮助的能力，收入在 0～999 元的独居老人，只有 5.6% 向子女提供生活费，随着收入的增加，独居老人向子女提供生活费的比例也显著上升。

收入对于生活照料和精神支持的影响较为复杂，中等收入的独居老人在生活、精神方面和子女之间代际支持的比例比其他收入阶层的老人高。这是因为收入较高的老年人可以通过购买服务的方式来满足照料需求，并且高收入的老年人也更加有可能获得亲友的支持和帮助，因此对子女的照顾需求较低（Greenwell L & Bengtson VL，1997）。而低收入的独居老人受到自身经济资源的影响和限制，无力对子女提供支持。

2. 代际支持之间的相关关系

在代际的双向支持中，各支持项目之间往往存在着相关关系。独居老人和子女之间互相提供生活照料，往往伴随双方的情感交流；双方的经济支持往往也会带来对方提供生活照料作为回报。

如表 6-5 所示，代际双向支持的各个项目具有显著相关性。首先，在向上的代际支持方面，生活费、生活照顾、聊天解闷三者正相关，生活费提供和生活照顾的相关系数为 0.307，说明如果子女向独居老人提供生活费，那么也有接近 1/3 的可能性向独居老人提供生活照顾；向上的生活费提供和聊天的相关系数为 0.491，说明如果子女为老年人提供生活费，那么他们也会有一半左右的人找父母聊天；向上的生活照顾和聊天的相关系数为 0.488，说明如果子女照顾独居老人生活，那么也会有一半左右的人找父母聊天。这三个相关均为正相关，并且均在 0.001 的水平上显著。说明子女向老年人提供支持不是单独一个方面，经济、生活、精神上的赡养存在伴随效应，子女在给予老年人某一项支持的同时，往往为他们提供其他类型的支持。

其次，作为向下的代际支持，三个项目也存在显著的相关关系，互相关系数分别为 0.386、0.298 和 0.318。说明父母在给予子女某一项支持的同时，往往也伴随着其他类型的帮助和支持。

再次，向上和向下的代际支持方面，聊天解闷具有最高的相关性，相关系数为 0.593。这主要是聊天具有更强的互动性，双方都会参与其中，因此关联非常

表 6-5　独居老人与子女的双向支持的相关分析

		子女→父母			父母→子女		
		生活费	生活照顾	聊天解闷	生活费	生活照顾	聊天解闷
子女→父母	生活费	1					
	生活照顾	0.307***	1				
	聊天解闷	0.491***	0.488***	1			
父母→子女	生活费	-0.159***	0.101**	0.246***	1		
	生活照顾	0.075*	-0.147***	0.241***	0.386***	1	
	聊天解闷	0.064	0.300***	0.593***	0.298***	0.318***	1

注：***代表 P<0.001；**代表 P<0.05；*代表 P<0.1，变量均为二分类变量，使用四分相关 Tetrachoric 系数。

强。聊天解闷与生活照顾的相关系数也比较高，说明代际双方如果经常聊天，则亲密感比较强，生活照顾就会多一些。另外，由于老年人独居，双方在互相探望的时候，顺便也会帮助对方料理家务。

最后，在生活费和生活照顾的提供上，向上支持与向下支持的相关系数分别为-0.159 和-0.147，且在 0.001 的水平上显著。这说明当老年人需要子女提供这两方面帮助时，则表示他们的经济和生活的自理能力出现了问题，需求变成刚性需求，没有能力再为对方提供帮助和支持，这时代际支持体现出单方向性，老年人已经处于需要赡养的阶段。

总体而言，代际之间的双向支持，既具有伴随效应，也具有互惠的特征，同时也体现出代际支持具有阶段性的特点。

3. 代际支持影响因素的回归分析

为了解代际支持的方向和内容的影响因素，选择年龄、收入（对数形式）、性别（男性＝1）、子女数量、健康状况（选择老年人所患慢性病数量作为客观评价指标）等作为自变量，进行多变量 Logistic 回归分析，结果如表 6-6 所示。

表 6-6　独居老人与子女的双向支持的回归分析

	子女→父母			父母→子女		
	生活费（模型1）	生活照顾（模型2）	聊天解闷（模型3）	生活费（模型4）	生活照顾（模型5）	聊天解闷（模型6）
兰州	0.576	-1.570*	-0.442	-5.313***	-0.646	-1.392*
郑州	0.994	-1.468*	-0.799	-5.028***	-0.103	-2.112***

续表

	子女→父母			父母→子女		
	生活费（模型1）	生活照顾（模型2）	聊天解闷（模型3）	生活费（模型4）	生活照顾（模型5）	聊天解闷（模型6）
青岛	0.554	−2.012**	−0.75	−4.496***	0.766	−2.208***
济南	0.433	−2.202***	−1.159	−5.135***	−0.049	−2.191***
性别（1=男）	−0.167	−0.147	−0.366**	0.108	−0.199	−0.136
年龄	0.01	0.002	0.002	−0.023*	−0.032***	−0.004
教育程度	0.065	−0.075	−0.025	0.068	0.074	−0.032
慢性病数量	0.02	0.036	0.04	0.003	−0.188***	0.085
收入对数	−0.361***	0.096	0.121*	0.643***	0.195**	0.249***
子女数量	0.218***	0.227***	0.217***	0.087	0.082	0.07

注：***代表 $P<0.001$；**代表 $P<0.05$；*代表 $P<0.1$。

首先，在向上的代际支持方面，子女数量有显著的影响，模型1~模型3均表明，子女数量越多，独居老人接受子女经济、生活、精神方面的支持的可能性也就越高。模型1表明独居老人收入越高，则接受子女生活费的可能性越低；模型2表明青岛和济南两个城市的独居老人接受子女照顾的可能性相对较低；模型3表明男性独居老人比女性接受子女聊天的可能性低。

其次，在向下的代际支持方面，模型4~模型6均表明独居老人的收入越高，则给予子女经济、生活、精神方面的支持的可能性越高。模型5表明年龄越高、慢性病数量越多的独居老人，越不可能给予子女生活照顾；模型4和模型6表明在给予子女经济支持方面，青岛的独居老人更有可能给予子女经济上的帮助，而兰州的独居老人更有可能找子女聊天解闷。

对比模型1和模型4可以发现，在控制了收入变量之后，向上的经济支持没有地区的差异，而向下的经济支持即使控制了收入，地区的差异也仍然显著。这说明在我国的东、中、西部地区，对于老年人经济上的赡养，不存在地区差异，这体现出我国赡养老年人的传统并没有因地区不同而不同。然而，向下的抚养方面，即使控制了收入变量，地区的差异也很显著，青岛地区的独居老人比其他地区的独居老人更有可能给子女提供经济帮助。这说明胶东地区的独居老人更倾向于经济上帮助子女。同时，对比模型2和模型5，可以发现，在控制了其他因素后，在给予子女生活照顾方面，没有地区的差异；而在接受子女的生活照顾方面，青岛和济南两个城市的独居老人比其他两个城市的可能性低。

对比模型 1 和模型 4，我们可以发现，在控制了收入因素后，性别对于老年人是否给子女提供生活费的影响并不显著，这说明老年人与子女的经济支持主要依赖的是他们的收入而不是性别。同时，对比模型 3 和模型 6，可以发现，性别影响到代际向上的精神支持，子女更倾向于找母亲聊天，而不是父亲。

四、结　论

通过以上的分析，我们得出以下结论：

首先，独居老人与子女之间存在着较为普遍的双向支持，以精神的支持最为广泛，老人和子女之间聊天的比例非常高。随着年龄的增长，当老年人需要照料时，则子女提供经济和生活的支持。年龄越大的老年人，在与子女的双向支持过程中，表现出更多的单方向性。这也说明真正的赡养是从老年人自理能力出现问题时开始的，年龄对于老年人的代际支持起到至关重要的影响。

老年人的经济状况是影响老年人与子女的相互支持的重要因素，收入高的独居老人，有可能给予子女更多的经济支持。而当老年人需要赡养的时候，老年人的经济条件的好坏并不影响他们的赡养。在与子女的代际沟通过程中，男性独居老人表现出更强的独立性，原因是男性老人在经济上更加独立，较少地依赖子女的经济支持。经济方面的代际支持的主要影响因素是老年人的经济条件而不是其性别。但是在精神方面的代际支持，女性比男性独居老人更多地参与与子女之间的精神沟通。

对于一般老年人来说，女性老人给予子女的生活照顾更多，接受子女的生活照顾更多，但是这一论点在回归分析中并没有证明。反而老年人的身体健康状况影响到他们是否给予子女生活帮助，造成这种现象的原因是我们研究的对象是独居老人，由于居住方式，老年人与子女在生活照顾上的互相支持可能弱于非独居老年人。

其次，代际支持的模式也具有一定的地域差别，东部地区的沿海城市，更倾向于支持子女。山东地区的独居老人更少地依赖子女，表现为在接受子女的生活照顾方面的比例明显地低于其他地区。同时，青岛的独居老人也更多地在经济上支持子女。一方面是由于经济条件的原因，另一方面也可以体现出地区的文化传统的差异。

最后，独居老人与子女的代际支持中，存在着互惠性、阶段性和伴随效应。独居老人和子女之间互相提供某一个方面的支持，往往也会伴随其他项目的支持。另外，向上的代际支持和向下的代际支持存在正相关关系，独居老人与子女之间在某一方面的支持可能会促进另一方面支持的发生，比如与子女之间经常聊天，则双方更有可能提供生活上的照顾。首先经济方面的代际支持最具有刚性的特点，其次是生活照顾，当老年人在经济上和生活上不能自理时，老年人对于子女的依赖则表现为单纯的依赖，双向的支持变为单方向的。这也体现出代际支持的阶段性，父母和子女处于哪一个生命历程阶段是影响代际双向支持的重要因素。

第七章 城市独居老人应急事件的社会支持网络分析

一、文献综述

本章主要目的是分析城市独居老人在遇到困难时由谁来支持以及这些支持受何种因素的影响。本章中的城市独居老人是指拥有城市户籍的，一个人独自居住和生活的老人，是所谓"空巢"老人中的一种特殊类型。随着老龄化的加剧、少子化及人口的流动等因素，这种类型的老人会越来越多，并且成为一个不容忽视的群体。现有研究已经发现，对于普通的居家老人，他们的主要支持者是家庭网络。老年人遇到困难的时候，第一个想到的是家庭。在家庭中，第一个想到的是老伴，其次是子女，最后是子女以外的亲戚。有研究表明，老年人的支持网络随年龄增高而显著萎缩；受教育程度越高，老年人利用社会支持的程度也就越高。同时，也有研究指出，社会支持对老年人的身心健康具有显著影响。并且，社会支持的水平影响到老年人的孤独感和主观幸福感。在社会支持的来源方面，家庭支持最多。其中，子女的支持对老年人生活满意度的影响要大于配偶的支持。

现有的研究发现存在的一些未探索的领域，如独居老人的支持问题。因为大多数独居老人都是丧偶者，他们失去了生活中最重要的支持者——老伴，那么他们遇到应急事件如何处理？由谁来提供支持？这个问题尚无专门研究。老年人是相对弱势的社会群体，而独居老人更是弱势群体中的弱势者，他们的社会支持状况和他们的社会支持的需求之间是否存在一定的差距，而且，现有研究缺乏对老年人支持需求的研究，这是我们开展这个研究的动因。对于老年人来说，出现应急生活事件，一方面要主动运用社会支持网络解决，另一方面也要正确对待生活中的事件，改变认知。老年人的一些应激性生活事件的处理策略和合理评价都应该受到我们的关注。独居的城市老年人，他们如果遇到应激事件，如何评价，以及如何应对。这是本章关注的要点。

二、样本数据情况

在我们调查的独居老人当中，男性在四个城市兰州、郑州、济南、青岛的比例各占1/3左右。女性老人所占的比例非常多（占71.97%），丧偶的老年人比例也很高（占86.21%）。老年人的文化程度分布较为均衡，但普遍较低；普遍患有疾病，但健康自评不差，3个子女以上的老年人居多。调查对象的基本数据如表7-1所示。

表7-1 调查对象的基本数据

城市	郑州	416	24.64	年龄	60岁	290	17.18
	兰州	469	27.78		70岁	780	46.21
	青岛	430	25.47		80岁	544	32.23
	济南	373	22.1		90岁	74	4.38
性别	女	1255	74.35	情况	未婚	26	1.54
	男	433	25.65		离婚或配偶分居	123	7.29
文化程度	不识字	439	26.01		丧偶	1539	91.17
	小学	464	27.49	收入	0	382	22.63
	初中	381	22.57		1000元	678	40.17
	高中或中专	263	15.58		2000元	439	26.01
	大专及以上	141	8.35		3000元以上	189	11.2

同时，被调查老年人中，收入水平在1501~2000元的占31.46%，比例最大。老人的总体收入水平与各地平均工资收入相比稍低。对城市独居老人应急事

件的社会支持，本文分三个方面进行分析，即生病时由谁来照顾、遇到困难时由谁来提供帮助、医疗费由谁来负担三个方面。调查及分析的数据如下：

1. 生病时由谁来照顾

独居老人生病时的主要照料者，首先是子女，其次是雇用人员，最后是社区、亲戚和朋友，其中无人照料的也有一定的比例，占5.81%。因为独居老人大多是丧偶的，不同于普通居家老人的"老人为主照料老人"，即首先由老伴来照料的模式，子女成为老人的第一照料者，其他的照料者比例很低（见表7-2）。

表7-2　生病时的照顾者频数分布

您生病时，由谁来照顾	频率	百分比（%）
子女	1407	83.35
子女以外的亲戚	24	1.42
雇用人员	61	3.61
社区	42	2.49
朋友	11	0.65
无人照顾	98	5.81
其他	45	2.67

那么，有哪些因素影响了老人的照顾者选择。交叉分析的结果，显示有很多因素对此产生了影响，而且不同地区间有一定的差异。如表7-3所示。

表7-3　照顾者的地区间差异　　　　　　　　单位：%

城市	子女	亲戚	雇用人员	社区	朋友	无人照顾	其他	合计
郑州	85.34	0.96	3.37	0.96	0.72	4.33	4.33	100
兰州	81.45	1.28	1.92	5.97	0.21	8.1	1.07	100
青岛	86.51	1.86	5.81	0.93	0.7	3.02	1.17	100
济南	79.89	1.61	3.49	1.61	1.07	7.77	4.55	100
合计	83.35	1.42	3.61	2.49	0.65	5.81	2.67	100

四个城市相比较，独居老人在生病时，青岛老人雇用人员照顾的比例比较高，兰州社区照顾的比例比较高。这说明青岛的养老服务商业化水平较高，而兰州的养老服务方面依靠社区的特色明显。

一是独居年限产生了显著的影响，如表7-4所示。

表7-4　独居年限的影响　　　　　　单位：%

独居年限	子女	亲戚	雇用人员	社区	朋友	无人照顾	其他	合计
0~10年	85.92	1.19	2.98	1.07	0.72	5.25	2.87	100
11~20年	84.42	1.38	4.34	2.37	0.59	4.73	2.17	100
21~30年	78.01	2.09	4.19	4.71	1.05	7.33	2.62	100
31~40年	76.32	0	3.95	7.89	0	7.89	3.95	100
41~50年	75	0	4.17	8.33	0	4.17	8.34	100
51年及以上	63.89	2.78	5.56	11.11	0	16.67	0	100
合计	83.49	1.32	3.65	2.51	0.66	5.68	2.69	100

　　独居年限方面，很明显的是独居30年以上的人，子女照料的比例下降，相应地，雇用人员和社区照顾及无人照顾比例增加。究其原因，实际上是这些老人中未婚者占了相对较大的比例，无子女者较多。现有的社区照顾的公共服务部分，比较多地关注所谓"三无老人"，即无劳动能力、无生活来源、无赡养人和抚养人的老年人。在数据上显示了这样的结果，即独居年限越长，老人越有可能从社会上争取到更多的资源。同时，独居的时间越长，生病时无人照顾的比例也越高。从上面的表格可以看出，雇用人员照料的比例，也随着独居时间的增加而增加。这说明，公共服务还没有深入到对老人的具体生活照料中去。

　　二是性别的影响，如表7-5所示。

表7-5　性别的影响　　　　　　单位：%

性别	子女	亲戚	雇用人员	社区	朋友	无人照顾	其他
女	85.42	1.27	2.79	2.31	0.64	5.42	2.16
男	77.37	1.85	6	3	0.69	6.93	4.16
合计	83.35	1.42	3.61	2.49	0.65	5.81	2.67

　　男性老人雇用人员的比例显著高于女性老人，女性老人依赖子女的比例高过男性老人。究其原因，一是男性的收入高过女性，使其有雇用人员的能力；二是女性老人与男性老人相比较，与孩子同住的可能性更大，与孩子之间的交流会更好一些，而男性老人相对独立性更强。

　　三是文化程度的影响，如表7-6所示。

表 7-6 文化程度的影响　　　　单位：%

文化程度	子女	亲戚	雇用人员	社区	朋友	无人照顾	其他	合计
不识字	87.93	0.46	1.14	1.37	0.91	5.01	3.18	100
小学	87.93	1.72	1.94	2.8	0.65	4.09	0.86	100
初中	83.2	1.05	3.15	1.84	0.79	7.61	2.36	100
高中或中专	74.9	2.66	6.84	3.8	0.38	7.6	3.8	100
大专及以上	70.21	2.13	12.06	4.26	0	5.67	5.68	100
	83.35	1.42	3.61	2.49	0.65	5.81	2.67	100

文化程度越高，生病时依赖雇用人员照顾的比例越高，依赖子女的比例越低。这主要还是由于文化程度和收入正相关造成的，即文化水平越高，收入越高；文化水平越低，收入越低，生病时就越依赖子女。而无人照顾的比例也越高。所以从这个角度来看，社会经济地位越低的老人，越需要更多的社会公共服务的支持。但从已有数据中我们发现，其实是社会经济地位较高的老人拥有更多的社区照顾资源，究其原因是单位社会收入高的老人相对集中在效益较好的单位。

2. 遇到困难时由谁来提供帮助

老人在遇到困难时向谁求助，是一个很重要的测试指标，频数的统计结果如表 7-7 所示。

表 7-7 遇到困难时由谁来提供帮助

帮助主体	子女	子女以外的亲戚	朋友	单位	社区	政府	无人照顾
占比	84.7	4.9	5.2	1	12.9	1.8	3.5

与上一项类似，子女占比接近85%，即老人的主要救助者是子女。值得注意的是，有接近13%的老人从社区服务中接受帮助。亲属和朋友能提供帮助的有5%左右，到了这个生命周期，子女外的私人网淡化，功能减退是不争的事实。有3.5%的老人找不到救助主体，这应该是最困难的一个群体了。

分析这一项的影响因素，发现与上一项基本相同，也就是说是一些相同的因素产生了影响，首先是性别，如表 7-8 所示。

表7-8　帮助者的性别差异

	子女	亲属	朋友	单位	社区	政府	无人照顾
女	88.13	4.42	5.73	0.98	12.77	1.88	2.86
男	83.05	6.68	4.06	1.43	15.75	1.91	5.01
合计	86.84	5	5.3	1.1	13.53	1.89	3.41

从表7-8来看，女性老人比男性老人更多地从子女那里获得了帮助；男性老人比女性老人更多地从亲属那里获得了帮助；女性老人朋友间的互助多于男性老人；男性老人比女性老人从社区服务中获得了更多的资源；男性老人找不到帮助者的比例更大一点。

独居年限的影响呈现出了很有意思的结果，如表7-9所示：我们可以看到，随着独居年限的增长，老人从子女那里获得的帮助呈现出减少的趋势。这一方面是"久病床前无孝子"，另一方面是独居年限越长，老人越适应了独居生活。此外，我们也可以发现，独居时间最长的老人，从单位、社区和政府那里获得的公共资源相对更多，这主要是因为，这些老人大多是"三无"老人。

表7-9　独居年限的影响

独居年限	子女	亲属	朋友	单位	社区	政府	无人照顾	合计
0~10年	88.22	4.29	5.15	0.98	9.94	1.6	3.68	113.87
11~20年	88.53	5.84	5.84	1.61	16.1	2.41	2.62	122.94
21~30年	82.97	6.04	6.04	1.1	17.03	0.55	4.4	118.13
31~40年	84.72	0	2.78	0	22.22	0	1.39	111.11
41~50年	83.33	0	0	0	12.5	4.17	0	100
51年及以上	63.89	13.89	2.78	0	19.44	8.33	8.33	116.67
合计	86.96	4.92	5.23	1.11	13.41	1.85	3.38	116.85

年龄的影响也是很显著的，如表7-10所示。从年龄这个角度来看，80岁以上的老人从子女那里得到了更多的帮助；低龄老人由于有更多的亲属交往，所以从亲属那里获得了更多的帮助；低龄老人无帮助人的比例高，是因为他们不太需要；90岁以上的老人从社区获得了更多的资源。

表7-10　年龄的影响

被调查老年人的年龄	子女	亲属	朋友	单位	社区	政府	无人照顾	合计
60~70岁	82.58	8.71	6.06	1.14	12.5	2.65	5.3	118.94

续表

被调查老年人的年龄	子女	亲属	朋友	单位	社区	政府	无人照顾	合计
71~80 岁	86.47	5.26	5.39	0.92	13.53	1.97	3.68	117.21
81~90 岁	89.75	2.85	4.36	1.52	13.47	1.14	2.09	115.18
90 岁以上	85.71	1.43	5.71	0	15.71	1.43	2.86	112.86
合计	86.84	5	5.3	1.1	13.53	1.89	3.41	117.06

老人的收入，也对救助者产生了影响，如表 7-11 所示。随着收入的增加，老年人依赖雇用人员的比例增加，因为他们承受得起雇用人员的花费。而收入水平较低的老人，即社会经济地位最低的老人，无人照顾的比例最高。老人收入越多，遇到困难时依赖子女的也越多；无收入的老人更多地从社区中获得了一些资源；这里也出现同样的情况，收入越高的老人，从单位中获取的资源越多。

表 7-11 收入对救助者的影响

被调查老年人的收入	子女	亲属	朋友	单位	社区	政府	无人照顾	合计
0~1000 元	84.14	4.03	6.99	1.34	21.51	2.42	4.84	125.27
1001~2000 元	87.33	5.73	4.52	0.6	8.6	1.81	2.56	111.16
2001~3000 元	87.38	4.67	4.91	0.93	14.95	1.17	3.74	117.76
3001~5000 元	87.59	6.57	5.84	2.19	10.95	2.19	2.92	118.25
5000 元以上	95.12	0	4.88	4.88	14.63	4.88	2.44	126.83
合计	86.84	5	5.3	1.1	13.53	1.89	3.41	117.06

地区间的差异，是几乎在各个方面都存在的，这也提醒我们，中国不同地域间的差异应是总体性，涉及方方面面。区域对救助者的影响如表 7-12 所示。

表 7-12 区域对救助者的影响

城市	子女	亲属	朋友	单位	社区	政府	无人照顾	合计
郑州	89.08	3.97	4.96	0.5	16.63	1.99	3.47	120.6
兰州	83.95	5.21	5.64	1.3	16.92	2.17	4.77	119.96
青岛	88.36	4.75	1.9	0.48	5.94	1.43	1.19	104.04
济南	86.24	6.18	9.27	2.25	14.61	1.97	4.21	124.72
合计	86.84	5	5.3	1.1	13.53	1.89	3.41	117.06

在遇到困难时，济南的独居老人，依赖亲属、朋友的比较多。郑州的老人依赖子女的比例最高而依赖单位的比例最低。在青岛，依靠社区的比例较小。

3. 医疗费的来源

从医疗费的来源来看，情况有很大的不同。

有接近一半的老人医疗费是由医保支出的，加上由政府报销和单位报销的部分，53.7%的老人，医药费不用私人负担。此外主要是自己和子女负担，亲属的帮助微乎其微（见表7-13）。

表7-13 医疗费的负担者

负担主体	子女	亲属	单位报销	完全自己负担	医保	政府	其他
占比	23.9	1.3	4.5	20.7	47.9	1.3	0.5

这一项的影响因素首先是不同地域之间的差异（见表7-14）。

表7-14 医疗费来源的地区间差异

城市	子女负担	亲属负担	单位报销	完全自己负担	医疗保险	政府	其他	合计
郑州	25.72	1.2	2.88	18.51	50	0.72	0.96	100
兰州	26.23	0.43	4.48	28.14	39.66	0.85	0.21	100
青岛	11.4	0.47	4.42	13.95	69.07	0.7	0	100
济南	22.52	2.95	6.97	24.66	39.14	2.68	1.07	100
合计	21.5	1.18	4.62	21.39	49.59	1.18	0.53	100

兰州和郑州的老人，子女负担医疗费的比例较高，青岛最低。从表7-14中可以看出，青岛的老人医疗费由保险支付的比例最高，因而我们认为正是青岛较为发达的社会保障，降低了老人子女的医疗费负担。济南的老人由于有最高比例的单位报销及亲属帮助，尽管其社会保险的比例较低，但子女负担低于兰州和郑州。我们发现，兰州老人的医疗保险水平较低，子女和本人的医疗费负担相对比较重，在其他的研究中我们也发现，这是导致兰州老人生活满意度较低的一个重要原因。

子女为女性老人负担医疗费的比例更高，相对而言，男性老人由单位报销的比例更高，自己负担的比例也更高。这是因为有众多的女性老人没有工作，或工作单位的条件更差一些。女性老人自己负担医疗费的比例较低，主要原因是她们的收入低（见表7-15）。

表 7-15　性别的影响

性别	子女负担	亲属负担	单位报销	完全自己负担	医疗保险	政府	其他	合计
女	24.14	1.27	3.51	20.16	49.32	1.2	0.4	100
男	13.86	0.92	7.85	24.94	50.35	1.15	0.92	100
合计	21.5	1.18	4.62	21.39	49.59	1.18	0.53	100

从年龄这个角度来看，年龄越大，子女负担医疗费的比例也越高，自己负担医疗费的比例也越低。年龄越大，单位报销的比例越高，当然参加医疗保险的比例也越低，因为高龄老人在那时还没有医保的改革（见表7-16）。

表 7-16　年龄的影响

年龄	子女负担	亲属负担	单位报销	完全自己负担	医疗保险	政府	其他	合计
60 岁	19.7	1.49	3.35	29	46.1	0.37	0	100
70 岁	20.51	1.03	4.23	20.51	52.05	1.28	0.38	100
80 岁	22.43	1.1	5.33	19.85	50.37	0.55	0.37	100
90 岁	36.49	2.7	8.11	9.46	32.43	6.76	4.05	100
合计	21.5	1.18	4.62	21.39	49.59	1.18	0.53	100

收入越高，医疗费的单位报销的比例反而越高，并且存在一种趋势，收入越高，保障的水平也会越高。值得注意的是，无收入的老人这个群体有医疗保险的比例最低，所以一旦生了病，他们会遇到很大的困难。这种现象反映了在独居老人群体中，他们的保障水平并不能够适应他们本身的收入状况，保障水平不均衡，存在不合理的地方，需要进一步改进，满足老年人所需，真正做到应保尽保（见表7-17）。

表 7-17　收入的影响

收入	子女负担	亲属负担	单位报销	完全自己负担	医疗保险	政府	其他	合计
0	53.4	0.26	0.52	18.32	23.3	3.14	1.05	100
1000 元	15.04	1.62	3.98	22.86	55.9	0.15	0.44	100

续表

收入	子女负担	亲属负担	单位报销	完全自己负担	医疗保险	政府	其他	合计
2000 元	10.48	1.59	6.38	23.23	57.4	0.46	0.46	100
3000 元	6.16	0.68	10.27	16.44	65.75	0.68	0	100
5000 元以上	4.65	0	13.95	23.26	48.84	9.3	0	100
合计	21.5	1.18	4.62	21.39	49.59	1.18	0.53	100

老年人独居时间越长，医疗费子女负担的比例也越来越大，同时，自己负担的比例还有政府保障负担的比例越来越低（见表7-18）。

表7-18　独居年限的影响

年限	子女负担	亲属负担	单位报销	完全自己负担	医疗保险	政府	其他	合计
0~10 年	17.18	0.84	5.13	22.2	53.22	0.84	0.6	100
10 年	24.06	1.58	4.54	21.3	46.35	1.58	0.59	100
20 年	24.08	1.57	3.14	20.94	48.17	2.09	0	100
30 年	30.26	1.32	7.89	18.42	40.79	0	1.32	100
40 年	45.83	4.17	0	8.33	41.67	0	0	100
50 年以上	38.89	0	0	25	33.33	2.78	0	100
合计	21.53	1.2	4.67	21.47	49.4	1.2	0.54	100

交叉分析结束后，我们做了老年人应急事件的支持者 Logsitic 回归分析，确定哪些影响因素是最重要的。我们把老年人的应急事件的支持者分成子女和非子女。子女=1，其他为0。

回归分析的结果如表7-19所示：

表7-19　汇总回归

	生病时照顾者			困难帮助			医疗费提供		
	B	S.E.	Exp（B）	B	S.E.	Exp（B）	B	S.E.	Exp（B）
性别（1=男）	-0.34*	0.17	0.713	-0.263	0.18	0.769	-0.101	0.199	0.904
年龄	0.01	0.01	1.007	-0.008	0.012	0.992	0.013	0.011	1.013
文化程度	-0.28***	0.07	0.758	-0.247***	0.072	0.781	-0.104	0.073	0.901

	生病时照顾者			困难帮助			医疗费提供		
	B	S. E.	Exp（B）	B	S. E.	Exp（B）	B	S. E.	Exp（B）
子女数量	0.21***	0.05	1.235	0.307***	0.057	1.359	0.032	0.026	1.032
婚姻状况（1=丧偶）	1.19***	0.19	3.286	0.866***	0.2	2.377	0.582**	0.261	1.789
健康状况	−0.27***	0.07	0.763	−0.138*	0.077	0.871	−0.09	0.075	0.914
收入	0	0.14	1.004	0.104	0.147	1.109	−0.634***	0.137	0.531
生活来源（1=退休金）	0.50*	0.27	1.646	0.517*	0.272	1.677	−1.448***	0.223	0.235
常量	0.8	1.14	2.216	0.816	1.171	2.261	3.180**	1.173	24.036

注：***代表 $P<0.001$；**代表 $P<0.05$；*代表 $P<0.1$。

由表 7-19 可以看出，对于独居老人来说，当他们遇到应急事件的时候，子女是他们的主要支持者。

首先从生病照顾来说，男性老人比女性老人较低地依赖子女。男性老人比女性老人在生病时依赖子女的可能性低 29%，而女性老人依赖子女的发生率达到了 71.3%。

其次文化程度高，相对降低了独居老人对子女的依赖；子女数量越多，老年人对子女依赖的发生比越高，丧偶的老年人更容易依赖子女。生活来源是退休金的老人，在生病时，更有可能依赖子女照顾。

最后健康状况越差的老年人，依赖子女的可能性越低。对于医疗费的提供上面，虽然对老年人来说，医疗费也是生活中的一大开支项目，或者对他们来说也是重要的生活事件。但是在这一项目上，独居老人对子女的依赖较小。并且各种因素影响不太明显。其中，只有丧偶的、收入较低的、生活来源不是退休金的老人，在此项目上依赖子女的可能性更加高于一般的独居老人。

三、结论

通过对我国这四个城市的独居老人的调查，我们发现：

（1）老年人遇到生活应急性事件，他们的主要求助对象仍然是子女，而且除了少数的公共服务外，几乎全部是子女，其他的私人关系影响甚微。

（2）收入越高的老年人，对于子女的依赖越小，并且，收入高的老年人所能够获得的支持来源，更加地多元化。收入高的老年人，其保障水平也高于其他老年人。一方面，收入越高，老人独立应对困难的能力越强；另一方面，收入高的老年人，有多于其他老年人的社会资本可以利用。他们的支持网络中，非家庭因素，要多于其他老年人，收入越高，支持网络中的非家庭因素，非血缘关系越高。由之，他们的支持网络相比较越独立于子女。

（3）老年人的独居年限越高，则他们主动运用社会资源的能力越强，这是老年人长期生存实践的结果。独居的时间越长，老年人在生活中，就会不断学习，尝试各种应急事件的支持网络，因此，他们在遇到应急事件的时候，可依赖的资源就越多。这一方面说明，独居生活对于老年人是一个考验和磨炼的过程；另一方面，我们也应该看到，面向独居老人的提供支持的网络需要老年人自己经过长时间的摸索，不断学习获得。

（4）影响老年人社会资本的是老年人从事时间最长的职业。在国家和企事业单位工作过的老年人和军人得到国家和单位支持的程度最高，获得家庭网络支持的程度相对较低。商业、农业以及运输业的人员国家支持程度较低，农民、运输业人员和无职业人员依靠朋友网络获得帮助的程度较高。

（5）文化程度对老年人社会资本的影响程度也很大。文化程度越高的老年人获得国家单位支持的程度越高，获得家庭网络资本支持率越低；子女以外的亲属的支持率越低；朋友支持的程度越低；雇用人员的支持程度越高。

第八章　城市独居老人亲属
人际关系网研究

一、研究背景

亲属关系是在我国主要是指基于婚姻、血缘和法律约束而形成的一定范围的人与人的社会关系，它不仅包括夫妻关系、父母和子女的关系，还包括兄弟姊妹、祖父母和外祖父母、孙子女和外孙子女、儿媳和公婆、女婿和岳父母，以及其他三代以内的旁系血亲所形成的社会关系。

美国著名社会学家 W. 古德在其 1964 年出版的《家庭》一书中指出：亲属关系的变迁和社会的现代性是相联系的，随着现代性的发展，亲属之间的联系将被削弱、萎缩或淡化。但亲属网络并没有完全消失，而是担负着大量的社会功能，核心家庭并不完全独立。亲属间的交往频繁与否主要取决于两种变量：一是是否近亲；二是如地理位置、交通和通信费用等（W. 古德，1964）。早期国内关于亲属关系的研究也认为，传统的亲属关系会随着现代化的进程即迅速衰落下去（王思斌，1987），但后来的学者大多开始注重亲属关系在维系个体家庭中所起的作用，徐安琪（1995）在研究城市家庭社会网络时指出，家族和亲属体制不再有主宰个体家庭的权力，彼此的联系和交往更多地呈现为"分而不远""疏而不离"，并且指出城市居民的亲属关系网存在双系并重并向女系倾斜的特点。

关于老年人亲属关系的研究，徐勤（1994）在研究老年人和亲属间的交往时指出，在中国，亲子关系重于同胞（自己的兄弟姐妹）关系，在大多数情况下，老年人首先与自己同住的子女发生交往关系，其次与分住子女发生交往关系，最后与同胞发生交往关系。因此，同胞之间的交往远远少于亲子间的交往。有的学者在对日本城市老年人的亲属人际关系网研究中指出，老年人的亲属关系网受老年人和子女的居住距离以及老年人的学历、家庭收入、居住面积等社会经济资源的影响而呈现两种不同的人际关系类型，即"维系型的人际关系"和"松散型的人际关系"。有的学者对城市老年人亲属关系网的研究发现，城市老年人的亲属人际关系网存在内在的差序性。

这些文献从理论和实证等不同角度对我国的家庭亲属关系进行了研究和探讨，但尚无专门针对独居老人的研究，本章主要通过对我国四个城市的独居老人的亲属关系的调查，试图研究如下问题：

（1）我国独居老人的亲子关系和亲属关系是否淡化了？

（2）我国独居老人和亲子、亲属间的联系是否减弱了？

（3）我国独居老人的家庭亲属关系网存在怎样的特点？

（4）不同城市的独居老人家庭亲属关系网是否存在差异？

（5）如果存在差异，原因是什么？

具体分析方法是，通过对老年人与亲属的居住距离、老年人与亲属的互动频率、子女及亲属在老年人人际关系网中的作用，三个方面比较不同城市老年人亲属关系网之间的差异，并通过分析其相关影响因素探讨形成这些差异的原因。

二、研究说明

本章主要采用了国家社科基金项目"城市独居老人的孤独问题与社会关系网研究"的问卷调查数据。调查地点从东到西，依次选择了青岛、济南、郑州、兰州四个中心城市。调查的对象是城市独居老人。调查过程采用多阶段抽样，通过分层抽样选择城市社区，对每个社区进行配额抽样选择独居老人，采用入户访谈的方式收集问卷数据。共调查 2100 人，有效回收 2014 份问卷，有效回收率为 95.9%。

为研究独居老人与亲属间的交往状况，本章主要从独居老人拥有的亲属数量、亲属的居住距离、与亲属的交往方式与交往频度等方面对独居老人的亲属人际关系网及其相关影响因素进行了频数分析、交叉分析和 Logistic 回归分析。数据的统计分析均采用 SPSS20.0 进行。

三、研究结果

1. 研究对象的基本情况（见表 8-1）

表 8-1　调查对象基本情况　N＝2014　　　　　单位：%

变量	分类	郑州	兰州	青岛	济南	总计	检验
性别	男性	30.1（151）	23.9（132）	25.7（128）	20.5（84）	25.2（495）	$\chi^2=11.773$
	女性	69.9（350）	76.1（421）	74.3（370）	79.5（325）	74.8（1466）	$p=0.008$
平均年龄	均值	75.4 岁	74.7 岁	75.3 岁	78.5 岁	75.8 岁	$F=22.901$ Sig.＝0.000
年龄	60~69 岁	22.3（112）	19.4（111）	20.3（100）	11.4（47）	18.7（370）	$\chi^2=44.310$
	70~79 岁	45.5（229）	53.7（307）	49.1（242）	44.6（184）	48.6（962）	$P=0.000$
	80 岁及以上	32.2（162）	26.9（154）	30.6（151）	44.1（182）	32.8（649）	
文化程度	不识字	30.8（156）	31.8（181）	17.7（86）	26.6（111）	27.0（534）	$\chi^2=50.283$
	小学	23.5（119）	28.5（162）	29.6（144）	31.9（133）	28.2（558）	$P=0.000$
	中学	25.1（127）	18.3（104）	25.7（125）	18.9（79）	22.0（435）	
	高中或中专	12.1（61）	15.5（88）	18.3（89）	14.4（60）	15.1（298）	
	大专及以上	8.5（43）	6.0（34）	8.8（43）	8.2（34）	7.8（154）	
婚姻状况	未婚	2.1（10）	0.9（5）	2.2（11）	1.2（5）	1.6（31）	$\chi^2=23.830$
	离婚或分居	9.1（44）	5.2（29）	7.1（35）	7.9（33）	7.2（141）	$P=0.005$
	丧偶	86.5（416）	91.7（510）	90.4（445）	90.4（376）	89.8（1747）	
	其他	2.3（11）	2.2（12）	0.2（1）	0.5（2）	1.3（26）	
健康状况	健康	69.1（341）	25.0（144）	33.9（169）	36.2（152）	40.7（812）	$\chi^2=251.584$
	一般	20.9（105）	40.8（235）	36.9（184）	31.0（130）	32.7（654）	$P=0.000$
	差	10.0（50）	34.2（197）	29.3（146）	32.9（138）	26.6（531）	

续表

变量	分类	郑州	兰州	青岛	济南	总计	检验
月收入	无收入	0 (0)	0 (0)	0 (0)	5.5 (23)	1.2 (23)	$\chi^2 = 416.15$ $P = 0.000$
	0~500 元	8.6 (41)	16.3 (90)	7.2 (35)	15.4 (64)	11.9 (230)	
	501~1000 元	3.4 (16)	23.9 (132)	1.9 (9)	5.1 (21)	9.2 (178)	
	1001~1500 元	16.8 (80)	23.3 (129)	36.2 (175)	20.2 (84)	24.3 (468)	
	1501~2000 元	45.1 (214)	25.1 (139)	28.9 (140)	25.8 (107)	31.1 (600)	
	2001 元及以上	26.1 (124)	11.4 (63)	25.8 (125)	28.0 (116)	22.2 (428)	
月收入 均值（元）		1965.52	1377.53	1906.16	1725.33	1730.14	F = 16.080 Sig. = 0.000

（1）从性别来看。

女性独居老人占70%以上，远远高于男性老人所占比例，其中济南、兰州、青岛，女性老人均比男性老人高50.0%左右，郑州女性老人比男性老人高出39.8%，说明郑州男性老人所占比例略高于其他三个城市男性老人的比例，但从总体上看，四个城市的调查样本在性别比方面基本一致。

（2）从年龄分布来看。

四个城市中70~79岁的中龄独居老人所占比例最高，其次是80岁及以上的高龄老人，60~69岁的低龄老人所占比例最低，这说明独居老人大部分是70岁以上的老年人。从平均年龄来看，平均年龄最高的是济南，最低的是兰州。

（3）从文化程度来看。

被调查老年人的文化程度总体偏低，小学及以下文化程度的占了55.2%，中等文化程度的占了37.1%，而高等文化程度的只有7.8%；从城市间差异来看，郑州和兰州不识字的老年人所占比例高于另外两个城市；济南小学文化程度的老年人比例高于另外三个城市；青岛中、高等文化程度的老人所占比例均高于其他城市。

（4）从婚姻状况来看。

独居老人中丧偶老人占比最大，占了八成以上，其次是离婚或分居的，占了7.2%，这说明独居的老人大多是丧偶老人。

（5）从健康自评状况来看。

七成以上的老年人健康状况良好，这说明大部分独居老人的健康状况较好；从城市间差异来看，郑州的独居老人健康状况最好，健康的比例高达69.1%，而需要照顾的比例最低，兰州老年人的健康状况最差。

（6）从收入状况来看。

独居老人的平均月收入在 1500 元以上，说明城市独居老人大多有一定的经济保障。从城市间差异来看，郑州老年人的平均收入最高，而且主要集中在 1501~2000 元；兰州老年人的平均收入最低，40.2%的老年人收入在 1000 元以下；青岛老年人收入居中，在 1001~1500 元的比例最高；济南 "0~500 元" 低收入老年人和 "2001 元及以上" 的高收入老年人的比例相较于另外三个城市比较高，说明济南的独居老人收入呈现明显的两极化现象。

（7）从拥有的子女数来看。

调查显示，95%以上的被调查老年人都有自己的子女，只是不同城市的老年人在拥有子女的数量上存在一定的差异。其中郑州和济南拥有 1 个子女的老年人比例较高，而青岛和兰州两个子女的比例较高，但总体上来看，拥有三个以上子女的比例都是最高的。

2. 老年人的亲属关系网状况

（1）老年人拥有子女及子女以外的亲属数量。

亲属数量决定亲属关系网的规模，此次调查显示，独居老人平均拥有的子女数是 2.98 个，平均拥有亲密交往亲属为 1.57 个，即大多数独居老人都有 2 个以上的子女，有 1 个以上的亲密交往亲属，而且不同城市间没有显著差异（见表 8-2 和表 8-3），这说明老年人亲属关系网的规模相对较小。

表 8-2　老年人平均拥有的子女数

子女数	郑州	兰州	青岛	济南	总计	F	Sig.
均值	**3.02**	**3.02**	**3.00**	**2.83**	**2.98**	2.314	0.074
样本数	500	562	476	404	1942		
标准差	1.324	1.273	1.305	1.226	1.286		

表 8-3　老年人拥有的亲密交往亲属数量

亲密交往亲属	郑州	兰州	青岛	济南	总计	F	Sig.
均值	**1.59**	**1.68**	**1.43**	**1.57**	**1.57**	1.079	0.357
样本数	509	584	499	422	2014		
标准差	2.288	2.439	1.735	2.536	2.267		

（2）独居老人与子女及子女以外的亲属的居住距离。

从老年人与子女的居住距离来看，老年人在"本市区内"平均拥有的子女数量是最多的，其次是在"本市内"，这说明多数独居老人有子女住在离自己较近的同一个市区内或同一个市内（见表8-4）。

表8-4　子女居住距离的均值比较

居住地子女数	郑州	兰州	青岛	济南	总计	F	Sig.
本社区内	**0.29**	**0.61**	**0.39**	**0.84**	**0.49**	21.34	0.000
本市区内	**1.62**	0.91	1.21	1.89	1.31	36.761	0.000
本市内	**1.15**	0.89	1.19	1.94	1.19	30.644	0.000
省内	**0.40**	0.25	0.10	0.65	0.28	22.565	0.000
省外	**0.22**	0.32	0.15	0.46	0.26	10.258	0.000

从子女以外的亲属居住距离来看，老年人的亲属在"本市内"拥有亲属的比例是最高的，达到39.6%，其次是"本市区内"，占了35.5%，这说明独居老人的亲属主要集中在"本市内，其次是本市区内"（见表8-5）。与子女的居住距离相比，子女以外的亲属的居住距离较远，尤其是在省内、省外有亲属的比例明显高于有子女的比例。这说明大部分老年人子女的居住距离比其他亲属的居住距离近。从城市间差异来看，郑州老年人的亲属主要集中在省内、兰州老年人的亲属主要在省外、青岛的在本市内、济南老年人的亲属主要在本市区内，这是因为兰州是一个政策性移民城市，多数老年人都是大三线建设时从外地迁入的。

表8-5　子女以外的亲属居住距离的均值比较

居住地亲属数	郑州	兰州	青岛	济南	总计	F	Sig.
本社区内	0.34	0.51	0.16	0.53	0.36	3.866	0.009
本市区内	0.85	0.64	0.70	1.75	0.83	12.134	0.000
本市内	0.88	0.70	0.91	1.65	0.92	11.531	0.000
省内	1.09	0.38	0.46	1.51	0.68	26.667	0.000
省外	0.63	0.73	0.21	1.36	0.60	18.332	0.000

（3）与子女及其他亲属间的交往。

从老年人和子女的交往频度来看，99.3%的独居老人和子女都有见面联系，

89.1%的独居老人和子女有电话联系，而且以"1周1次以上"为统计指标来看，老年人每周都和子女见面的高达74.7%，每周都和子女电话联系的达到65%以上（见表8-6和表8-7）。这说明，城市独居老人和子女间的交往非常频繁，亲子关系较为亲密。

表8-6　和子女见面次数

见面情况	郑州	兰州	青岛	济南	合计	χ^2 检验
1周1次以上	76.2 (377)	67.4 (375)	82.5 (391)	73.9 (298)	74.7 (1441)	
1月1次以上	16.4 (81)	20.7 (115)	13.5 (64)	18.1 (73)	17.3 (333)	
1年4次以上	5.5 (27)	5.0 (28)	1.5 (7)	4.2 (17)	4.1 (79)	$\chi^2 = 53.983$ $P = 0.000$
1年1次以上	1.8 (9)	6.1 (34)	2.1 (10)	2.2 (9)	3.2 (62)	
不见面	0.2 (1)	0.7 (4)	0.4 (2)	1.5 (6)	0.7 (13)	

表8-7　和子女打电话次数

打电话情况	郑州	兰州	青岛	济南	合计	χ^2 检验
1周1次以上	57.2 (273)	61.1 (341)	76.5 (362)	69.8 (280)	65.8 (1256)	
1月1次以上	23.7 (113)	20.8 (116)	11.4 (54)	14.7 (59)	17.9 (342)	
1年4次以上	7.5 (36)	3.0 (17)	2.5 (12)	1.7 (7)	3.8 (72)	$\chi^2 = 76.279$ $P = 0.000$
1年1次以上	1.0 (5)	2.3 (13)	1.7 (8)	1.2 (5)	1.6 (31)	
不打电话	10.5 (50)	12.7 (71)	7.8 (37)	12.5 (50)	10.9 (208)	

从交往方式来看，独居老人经常和子女见面联系的比例高于打电话联系的比例，这说明，见面联系是独居老人和子女最常用的联系方式。

从四个城市的比较来看，青岛的独居老人和子女经常见面联系和经常打电话联系的比例都是最高的，济南的居中，而兰州老年人经常和子女见面联系的比例是最低的，郑州的老年人经常和子女电话联系的比例是最低的。

从老年人和亲属的交往来看，尽管56.0%以上的独居老人有较亲密交往的亲属，但他们亲属间经常联系的比例却很低（分别为15.4%和18.3%）。这说明，独居老人和亲属的联系频度要远远低于和子女的联系频度，也说明独居老人和亲属间的交往存在明显的差序格局，他们和亲属间的人际交往主要是以核心家庭内的亲子之间的人际交往为主，其次是其他亲属。

从城市间差异来看，济南的老年人经常和亲属见面联系和电话联系的比例都是比较高的，而兰州老年人和亲属经常性见面联系或电话联系的比例相对都是比较低的（见表 8-8 和表 8-9）。

表 8-8　和亲属见面情况

见面情况	郑州	兰州	青岛	济南	合计	χ² 检验
1 周 1 次以上	12.2 (32)	13.3 (42)	17.6 (50)	19.0 (46)	15.4 (170)	
1 月 1 次以上	22.1 (58)	19.0 (60)	25.4 (72)	18.6 (45)	21.3 (235)	
1 年 4 次以上	27.4 (72)	12.1 (38)	25.4 (72)	15.3 (37)	19.8 (219)	χ² = 71.00 P = 0.000
1 年 1 次以上	29.7 (78)	30.2 (95)	20.8 (59)	30.2 (73)	27.6 (305)	
不见面	8.7 (23)	25.4 (80)	10.9 (31)	16.9 (41)	15.9 (175)	

表 8-9　和亲属打电话情况

打电话情况	郑州	兰州	青岛	济南	合计	χ² 检验
1 周 1 次以上	19.2 (48)	14.2 (45)	16.4 (64)	25.4 (62)	18.3 (219)	
1 月 1 次以上	34.8 (87)	26.6 (84)	29.2 (114)	29.5 (72)	29.8 (357)	
1 年 4 次以上	22.8 (57)	18.4 (58)	20.5 (80)	18.0 (44)	19.9 (239)	χ² = 71.00 P = 0.000
1 年 1 次以上	13.6 (34)	21.8 (69)	11.3 (44)	13.9 (34)	15.1 (181)	
不打电话	9.6 (24)	19.0 (60)	22.6 (88)	13.1 (32)	17.0 (204)	

3. 老年人亲属交往的影响因素分析

关于影响因素的分析，本章通过相关分析筛选出有相关关系的变量，然后利用均值比较说明具体的影响情况。文中"见面频度"和"打电话频度"是将原始数据中选项重新赋值得来。具体赋值情况：1 周 1 次以上为 4 分；1 月 1 次以上为 3 分；1 年 4 次以上为 2 分；1 年 1 次以上为 1 分，不见面或不打电话的为 0 分。

（1）相关分析的结果表明，老年人与子女的见面情况主要受老年人的性别、年龄、文化程度、婚姻状况、收入、子女数量、子女居住距离等因素的影响。均值比较的结果发现，女性老人比男性老人与子女见面联系的频度高；高龄老人比低龄和中龄老人与子女联系的频度高；丧偶老人比离婚或分居老人与子女见面联系比例高；收入在中等以上的老年人和子女见面联系频度较高；子女数量越多和子女见面联系的频度越高；子女居住距离越近见面联系的频度越高（见表 8-10）。

表8-10　影响老年人和子女见面频度的均值比较分析

影响因素		郑州	兰州	青岛	济南	总计	F	Sig.
性别	女	3.70	3.51	3.79	3.63	3.65	12.360	0.000
	男	3.59	3.36	3.63	3.52	3.53		
年龄	60~69岁	3.54	3.48	3.61	3.33	3.51	12.155	0.000
	70~79岁	3.71	3.43	3.76	3.57	3.61		
	80岁及以上	3.69	3.59	3.86	3.75	3.72		
文化程度	不识字	3.73	3.56	3.89	3.62	3.68	12.521	0.000
	小学	3.75	3.56	3.84	3.64	3.69		
	初中	3.59	3.47	3.74	3.57	3.60		
	高中或中专	3.67	3.31	3.63	3.53	3.52		
	大专及以上	3.39	3.09	3.59	3.64	3.43		
婚姻状况	未婚	2.86	4.00	4.00	4.00	3.43	11.368	0.000
	离婚或分居	3.37	3.38	3.14	3.53	3.36		
	丧偶	3.72	3.50	3.80	3.61	3.65		
	其他	3.44	3.33	4.00	3.50	3.42		
月收入	无收入	—	—		3.64	3.64		
	0~500元	3.46	3.30	3.70	3.48	3.44		
	501~1000元	3.50	3.48	4.00	3.57	3.51		
	1001~1500元	3.69	3.58	3.76	3.56	3.66		
	1501~2000元	3.74	3.47	3.73	3.65	3.66		
	2001元及以上	3.58	3.47	3.76	3.65	3.63		
子女数量	1个	3.40	3.06	3.55	3.31	3.32	11.882	0.000
	2个	3.71	3.48	3.65	3.49	3.58		
	3个及以上	3.70	3.54	3.83	3.74	3.69		
子女居住距离	本社区内	3.78	3.73	3.94	3.87	3.82	13.101	0.000
	本市区内	3.69	3.60	3.84	3.69	3.71	12.239	0.000
	本市内	0.75	3.53	3.76	3.56	3.65	12.580	0.000
	省内	3.31	3.14	3.63	3.42	3.33	11.243	0.000
	省外	3.39	3.09	3.45	3.38	3.28	11.295	0.000

（2）相关分析表明，老年人与子女打电话联系的情况主要受老年人的性别、文化程度、健康状况和收入状况的影响。均值比较的结果进一步发现，女性老人比男性老人与子女电话联系的频度高；文化程度高的老年人比文化程度低的老年

人与子女电话联系的频度高；健康状况好的比健康状况差的联系频度高；收入水平较高的老年人与子女电话联系的频度较高（见表8-11）。

表8-11　影响老年人和子女电话频度的均值比较分析

影响因素		郑州	兰州	青岛	济南	总计	F	Sig.
性别	女	3.16	3.11	3.52	3.30	3.27	6.829	0.000
	男	3.14	3.21	3.33	3.27	3.23		
文化程度	不识字	3.04	2.94	3.18	2.88	3.00	6.407	0.000
	小学	3.14	3.13	3.49	3.39	3.29		
	初中	3.33	3.31	3.61	3.42	3.42		
	高中或中专	3.21	3.25	3.54	3.48	3.37		
	大专及以上	3.05	3.52	3.46	3.55	3.38		
健康状况	健康	3.11	3.21	3.54	3.29	3.25	6.683	0.000
	一般	3.48	3.15	3.67	3.49	3.42		
	较差	2.85	3.09	3.13	3.10	3.08		
月收入	无收入	—	—	—	2.55	2.55	6.476	0.000
	0~500元	3.38	3.17	3.03	2.98	3.14		
	501~1000元	2.88	2.86	3.83	2.71	2.88		
	1001~1500元	3.20	3.29	3.55	3.42	3.40		
	1501~2000元	3.20	3.19	3.47	3.56	3.32		
	2001元及以上	3.19	3.46	3.54	3.34	3.38		

（3）相关分析表明，老年人与亲属见面的情况与老年人的年龄、文化程度、健康状况、子女数量、亲属居住距离等因素有关，均值比较的结果发现，随着年龄的增长，老年人和亲属见面的频度在逐渐降低；文化程度高的比文化程度低的与亲属见面联系的频度高；健康状况好的比健康差的与亲属见面联系频度高；子女数量少的比子女数量多的与亲属见面联系频度高；亲属居住距离近的见面联系的频度也比较高（见表8-12）。

表8-12　老年人和亲属见面频度的均值比较分析

影响因素		郑州	兰州	青岛	济南	总计	F	Sig.
年龄	60~69岁	2.66	1.97	2.71	2.58	2.47	9.053	0.000
	70~79岁	1.84	1.53	2.11	1.92	1.83		
	80岁及以上	1.58	1.51	1.57	1.57	1.56		

续表

影响因素		郑州	兰州	青岛	济南	总计	F	Sig.
文化程度	不识字	1.79	1.49	1.86	1.52	1.63	8.169	0.000
	小学	1.69	1.41	1.93	1.62	1.65		
	初中	2.41	1.89	2.36	2.22	2.23		
	高中或中专	2.03	1.94	2.25	2.50	2.17		
	大专及以上	2.20	2.00	2.64	2.25	2.30		
健康状况	健康	2.05	1.73	2.40	2.06	2.09	8.327	0.000
	一般	2.06	1.67	2.08	2.03	1.91		
	较差	1.26	1.57	1.90	1.61	1.64		
子女数量	1个	2.63	1.86	2.42	2.52	2.39	7.082	0.000
	2个	2.00	2.00	2.27	2.05	2.09		
	3个及以上	1.82	1.46	2.02	1.73	1.74		
亲属居住距离	本社区内	2.83	2.96	3.43	2.32	3.11	9.435	0.000
	本市区内	2.56	2.36	2.67	2.62	2.55	9.043	0.000
	本市内	2.32	1.81	2.54	2.23	2.25	8.647	0.000
	省内	1.62	1.02	1.07	1.57	1.37	10.348	0.000
	省外	1.40	0.49	1.37	0.83	0.95	16.043	0.000

（4）老年人和亲属电话联系的情况主要与老年人的年龄、文化程度、健康状况、收入、子女数量、亲属居住距离等因素有关，均值比较结果发现，低龄老人比高龄老人与亲属电话联系的频度高；文化程度越高与亲属电话联系的频度越高；收入越高与亲属电话联系的频度越高；身体健康状况好的比健康状况差的联系频度高；子女少的比子女多的与亲属电话联系的频度高；亲属居住距离越近，电话联系频度越高（见表8-13）。

表8-13　老年人和亲属电话频度的均值比较分析

影响因素		郑州	兰州	青岛	济南	总计	F	Sig.
年龄	60~69岁	2.85	2.08	2.63	2.90	2.58	8.579	0.000
	70~79岁	2.34	1.94	2.14	2.46	2.19		
	80岁及以上	2.00	1.90	1.33	2.13	1.80		

续表

影响因素		郑州	兰州	青岛	济南	总计	F	Sig.
文化程度	不识字	2.09	1.68	1.51	1.64	1.73	8.363	0.000
	小学	2.12	1.77	1.78	2.30	1.96		
	初中	2.84	2.05	2.30	2.72	2.45		
	高中或中专	2.53	2.30	2.30	2.95	2.46		
	大专及以上	2.60	3.13	2.68	2.71	2.74		
健康状况	健康	2.36	2.18	2.20	2.36	2.29	8.298	0.000
	一般	2.62	1.85	2.26	2.79	2.25		
	较差	2.12	1.92	1.61	2.09	1.86		
月收入	无收入	—	—	—	1.67	1.67	9.176	0.000
	0~500元	2.47	1.89	1.36	1.66	1.80		
	501~1000元	2.33	1.67	2.25	0.50	1.73		
	1001~1500元	2.50	1.96	2.16	2.46	2.21		
	1501~2000元	2.40	2.17	1.84	2.64	2.24		
	2001元及以上	2.61	2.33	2.29	2.73	2.47		
子女数量	1个	2.83	1.90	2.15	2.64	2.42	10.651	0.000
	2个	2.48	2.29	2.24	2.72	2.40		
	3个及以上	2.26	1.78	1.88	2.24	2.01		
亲属居住距离	本社区内	2.68	2.43	0.96	3.24	2.74	10.591	0.000
	本市区内	2.83	2.41	2.47	2.88	2.61	9.081	0.000
	本市内	2.74	1.92	2.55	2.74	2.49	10.954	0.000
	省内	2.12	1.89	1.50	2.05	1.90	4.960	0.002
	省外	1.94	1.57	2.18	2.12	1.87	4.535	0.004

4. 老年人与亲属交往影响因素的回归分析

分别将老年人与子女及亲属见面情况，与子女及亲属的电话情况做二分变量处理（见面=1；不见面=0；打电话=1；不打电话=0）二分变量处理作为因变量，将性别、年龄、婚姻状况、健康、收入、子女数、子女居住距离和亲属居住距离等变量作为自变量进行 Logistic 回归分析。结果分别如表 8-14 至表 8-17 所示。

表 8-14　老年人与子女见面/不见面

影响因素	郑州	兰州	青岛	济南	总计
性别	-2.570	1.479	18.245	-26.422	-0.003
年龄	-10.196	-0.441	18.368	-6.837	-0.568
文化程度	-12.248	-0.165	8.484	13.719	0.089
婚姻状况	-6.114	0.626	19.458	13.777	1.025
健康	10.620	-1.840	-20.123	0.138	-0.745
收入	16.270	-0.429	-8.414	6.559	0.140
子女数	11.117	2.403*	10.869	33.906	3.156**
子女距离 1	-14.811	17.628	11.762	39.884	16.619
子女距离 2	-37.805	1.866	-17.844	17.176	0.444
子女距离 3	-5.940	0.112	-10.994	10.527	0.267
子女距离 4	0.147	14.791	0.060	1.723	14.539
子女距离 5	-13.143	1.640	-5.098	7.321	0.189
Constant	45.235	2.763	-14.037	-102.583	-2.107
R^2	0.043	0.042	0.003	0.208	0.030

注：＊＊＊代表 $P<0.001$；＊＊代表 $P<0.05$；＊代表 $P<0.1$。

表 8-15　老年人与子女打电话/不打电话

影响因素	郑州	兰州	青岛	济南	总计
性别	0.892	0.108	-0.934*	-0.792	-0.069
年龄	-0.376	-0.216	-0.724*	-0.817	-0.323*
文化程度	-0.256	0.255	0.363	0.722	0.101
婚姻状况	-1.435	-0.533	2.042**	0.655	-0.083
健康	-0.051	-0.291	-0.261	-0.826	-0.224
收入	0.015	0.142	-0.028	0.112	0.106
子女数	-0.160	0.002	0.825*	2.061*	0.208
子女距离 1	-0.164	-0.797*	-0.884	-0.834	-0.693**
子女距离 2	0.300	1.364**	0.203	-1.940	0.676**
子女距离 3	3.200*	0.640	-1.323	-1.936	0.473
子女距离 4	1.677	0.896	1.033	20.088	1.077*
子女距离 5	0.193	0.641	-0.374	18.326	0.339
Constant	6.472	2.757	-1.844	0.410	2.054
R^2	0.043	0.102	0.081	0.158	0.046

表 8-16 老年人与亲属见面/不见面

影响因素	郑州	兰州	青岛	济南	总计
性别	1.764	-0.209	-0.598	18.967	-0.164
年龄	-0.216	-0.245	-0.553	1.034	-0.148
文化程度	0.540	-0.452	0.673	-1.105	0.161
婚姻状况	-0.239	0.290	0.103	-0.325	-0.445
健康	0.180	-0.200	0.851*	-0.110	-0.163
收入	-0.252	0.434*	-0.071	-0.093	0.217
子女数	-0.110	0.059	-0.298	-0.680	-0.136
亲属距离1	18.743	1.419	21.203	-52.871	2.202***
亲属距离2	1.402	2.522**	4.125**	19.170	2.986***
亲属距离3	1.086	1.394	5.551***	51.169	2.605***
亲属距离4	0.235	-1.062	1.300	-15.604	0.427
亲属距离5	0.018	-2.185***	1.462	-15.532	-0.380
Constant	0.838	1.184	-1.711	0.253	1.449
R^2	0.105	0.348	0.255	0.509	0.223

注：***代表 $P<0.001$；**代表 $P<0.05$；*代表 $P<0.1$。

表 8-17 老年人与亲属打电话/不打电话

影响因素	郑州	兰州	青岛	济南	总计
性别	1.732*	-0.940	-0.785	—	-0.510
年龄	-0.535	0.090	-1.472***	—	-0.475*
文化程度	0.787	-0.122	1.733*	—	0.492
婚姻状况	0.202	0.424*	0.165	—	0.295*
健康	0.470	-0.556*	0.587*	—	-0.115
收入	-0.572	0.107	0.301	—	0.088
子女数	-0.342	0.223	0.859**	—	0.424*
亲属距离1	-0.580	0.128	0.205	—	-0.302
亲属距离2	-0.604	1.125	0.111	—	0.506
亲属距离3	0.182	0.126	0.248	—	0.223
亲属距离4	-0.731	0.905	-0.825	—	-0.031
亲属距离5	0.843	0.696	2.351*	—	0.782*
Constant	1.721	1.644	-4.288	—	-0.246
R^2	0.072	0.079	0.199	—	0.052

注：济南调查数据中该项缺失值太多，无法作出有效的回归分析。***代表 $P<0.001$；**代表 $P<0.05$；*代表 $P<0.1$。

回归分析结果显示，老年人与子女见面与否主要受老年人子女数量的影响，子女数量越多，老年人和子女见面的比例相对越高。老年人和子女打电话的情况主要受老年人的年龄和子女居住距离的影响。即：年龄、子女数量、子女居住距离是影响独居老人和子女联系情况的关键因素。

老年人与亲属见面联系主要受亲属居住距离影响；老年人与亲属电话联系的情况主要受老年人的年龄、子女数、亲属居住距离等因素的影响。这说明，老年人的年龄、子女数量、亲属居住距离是影响老年人和亲属间联系情况的关键因素。

四、结　论

（1）独居老人大多有 2 个以上亲密交往的子女和 1 个以上亲密交往的亲属，亲属关系网的规模普遍较小，主要集中在核心家庭内部。子女和亲属的居住距离比较近，大多数子女和亲属主要集中在附近的同一个市区。尤其是子女，集中在同一个区的比例较高，这很方便老年人和子女及相关亲属的来往。

（2）独居老人和子女间的交往非常频繁，亲子关系非常密切，他们主要是通过经常性（1 周 1 次）的见面联系，其次是电话联系，和亲属间的联系比例相对较低，这说明独居老人和亲属间的交往存在明显的差序格局现象。

（3）独居老人和子女间的交往受老年人的性别、年龄、文化程度、婚姻状况、健康状况、子女数量、子女居住距离等多种因素的影响。但最主要的影响因素是年龄、子女数量、子女居住距离。老人年龄越大，和子女经常见面联系的频度越高，随着年龄的增加，身体机能的下降，需要子女经常照顾的比例在增加，所以客观上导致了老年人和子女较为频繁的见面联系；子女数量越多，老年人和子女见面联系的频度越高；子女的居住距离越近，见面联系的频度越高。

（4）独居老人与子女以外的亲属的联系主要受老年人的年龄、文化程度、健康状况、收入、子女数、亲属距离等因素的影响，其中，老年人的年龄、子女数量、亲属居住距离等是主要影响因素。年龄越大，和亲属间的交往频度越低；子女数量越多，和亲属间的交往频度越低；亲属居住距离越近，交往频度越高。

第九章　城市独居老人的朋友交往研究

一、研究说明

本章研究的目的是了解城市独居老人除亲属交往外的朋友交往状况，包括近邻朋友及近邻以外的朋友。主要研究的内容是老年人的近邻及近邻以外的朋友交往的规模、交往频度及交往深度。

学术界对社会人际关系网的研究由来已久，并出现了众多的方法和理论成果。早期的研究认为，城市化和工业化所带来的后果之一是城市社区中人际关系淡化。人们之间的社会联系浮浅而变化无常，人们生活在这样的社会里会感到很孤单，产生失落感。社会学家称这种社会为"麻失社会"（Mass Society），这种观点被称为"人际关系淡化论"。20世纪60年代开始，西方的社区研究者开始探讨不同社区背景对人际关系网形成的影响。美国密歇根大学的Edward O Laumann采用主体网的方法对底特律市985位居民的研究发现：城市社区中仍保持着密切的人际关系。美国加州大学的Claude Ficher对1000个样本的总结得出结论：大城市中的人际关系仍然是密切的，但与乡村相比，人际关系的性质有了改变。表现为人们与远亲、邻居交往减少，朋友之间的交往增加，交往的人不局限于一个地方，同时这些变化并不影响主体网的密度和人们之间的亲密程度（袁方，1997）。以上观点被称为"人际关系维系论"和"人际关系松散论"。

关于城市老年人的社会人际关系网，近些年来，我国的一些学者也开始使用各种方法研究个人的社会人际关系网。徐勤从交往频度进行研究发现："老年人的交往模式是：邻居、分居子女、朋友、熟人、同胞。"（徐勤，1994）徐安琪（1995）的研究发现："城市居民的亲属网络双系并重且向女系倾斜。"她的研究以上海市城市家庭为调查对象，发现姐妹是被访者除配偶外最信赖的人；有位学者对日本名古屋市186份老年人样本的研究得出结论：学历、家庭收入、居住面积等社会经济地位是决定亲属关系网规模的重要因素。关于城市独居老人的社会人际关系网，目前查不到专门的研究成果。因为独居老人是一个相对比较独特的群体，他们的亲属交往、近邻交往、近邻以外的朋友交往状况如何？是否由于家庭成员的丧失、活动能力的下降导致老人的交往数量减少，交往频度下降，交往深度下降？这是一个需要进行研究的课题。

　　本章运用山东工商学院老龄化研究课题组对四个城市独居老人的调查数据，分析了老人近邻朋友及近邻以外的朋友交往的规模、频度、交往深度及其影响因素，力图填补我国社会学界在这个方面研究的不足。

二、研究过程及研究对象基本情况

　　本次研究调查地点选择的是我国西部内陆省会城市兰州、中部内陆省会城市郑州、东部内陆省会城市济南及东部沿海城市青岛。这样设计的原因，一是选择的都是大城市，具有城市的代表性；二是广覆盖，四个城市基本上居于中华文化发祥地黄河流域的上、中、下游，因而在一定程度上有全国的尤其是中国北方城市的代表性；三是因中国西、中、东三部分经济总体发展水平有较大差异，比较的结果会有更强的显著性；四是因为这些城市基本上处于北半球的同一纬度，可以比较好地排除自然气候等额外因素的影响。调查使用的主要是问卷调查与个案访谈相结合的方法，即由调查员入户调查并逐条记录老年人的回答；同时也对一些当时发现的典型个案进行了访谈。调查对象的选取采用多阶段抽样，通过分层抽样选择城市社区，对每个社区进行配额抽样选择独居老人，入户访谈收集问卷，共收集到有效问卷2014份。数据统计使用的是SPSS软件。关于调查对象的基本情况如表9-1所示。

表 9-1　调查对象的基本情况　　　　　　　单位：%

变量	分类	郑州	兰州	青岛	济南	总计
性别	男性	30.1（151）	23.9（132）	25.7（128）	20.5（84）	25.2（495）
	女性	69.9（358）	76.1（421）	74.3（370）	79.5（325）	74.8（1466）
平均年龄	均值	75.5 岁	74.8 岁	75.4 岁	76.1 岁	75.4 岁
年龄	60~69 岁	14.7（67）	13.2（70）	13.6（62）	12.2（41）	13.5（240）
	70~79 岁	50.1（228）	57.7（305）	52.6（240）	49.0（164）	52.8（937）
	80 岁及以上	35.2（160）	29.1（154）	33.8（154）	38.8（130）	33.7（598）
婚姻状况	未婚	2.1（10）	0.9（5）	2.2（11）	1.2（5）	1.6（31）
	离婚或分居	9.1（44）	5.2（29）	7.1（35）	7.9（33）	7.2（141）
	丧偶	86.5（416）	91.7（510）	90.4（445）	90.4（376）	89.8（1747）
	其他	2.3（11）	2.2（12）	0.2（1）	0.5（2）	1.3（26）
学历	不识字	30.8（156）	31.8（181）	17.7（86）	26.6（111）	27.0（534）
	小学	23.5（119）	28.5（162）	29.6（144）	31.9（133）	28.2（558）
	中学	25.1（127）	18.3（104）	25.7（125）	18.9（79）	22.0（435）
	高中或中专	12.1（61）	15.5（88）	18.3（89）	14.4（60）	15.1（298）
	大专及以上	8.5（43）	6.0（34）	8.8（43）	8.2（34）	7.8（154）
出生地	本区内	2.6（13）	12.5（72）	10.3（51）	7.6（32）	8.4（168）
	市内	28.6（144）	29.8（172）	25.4（125）	36.7（154）	29.9（595）
	省内	48.7（245）	14.6（84）	51.5（254）	39.3（165）	37.5（748）
	省外	20.1（101）	43.2（249）	12.8（63）	16.4（69）	24.2（482）
健康状况	健康	69.1（341）	25.0（144）	33.9（169）	36.2（152）	40.7（812）
	一般	20.9（105）	40.8（235）	36.9（184）	31.0（130）	32.7（654）
	差	10.0（50）	34.2（197）	29.3（146）	32.9（138）	26.6（531）
出门频度	几乎每天	73.0（355）	73.0（413）	67.3（333）	67.5（274）	70.4（1375）
	一周四五次	11.3（55）	7.6（43）	9.9（49）	7.1（29）	9.0（176）
	一周两三次	12.8（62）	5.5（31）	9.7（48）	11.1（45）	9.5（186）
	一周一次	0.8（4）	4.4（25）	4.8（24）	3.7（15）	3.5（68）
	不出门	2.1（10）	9.5（54）	8.3（41）	10.6（43）	7.6（148）
独居时间	5 年以下	26.6（126）	27.9（163）	26.1（130）	24.9（91）	26.5（510）
	5~9 年	22.6（107）	20.9（122）	26.5（132）	20.5（75）	22.7（436）
	10~19 年	32.3（153）	28.9（169）	31.9（159）	33.4（122）	31.4（603）
	20 年及以上	18.4（87）	22.3（130）	15.6（78）	21.1（77）	19.4（372）

从老人的性别分布来看，女性老人占将近 3/4，这是因为女性老人较男性老人寿命更长一些，其中济南的情况是最严重的，这使城市独居老人呈现出显著的女性化倾向。从年龄分布来看，独居老人的平均年龄超过了 75 岁，其中济南最高，超过了 76 岁。80 岁及以上的老人比例超过了 33%，其中也是济南最高，超过了 38%，这也解释了其女性比例更高的情况，从这个方面来看，城市独居老人有显著的高龄化倾向；造成老人独居的主要原因是丧偶，有接近 90% 的老人是丧偶老人。这里我们也注意到有 7% 左右的老年人是离婚或分居，这个年龄的老人离婚率并不高，由于各种原因如照料孙子、孙女等主动选择分居也是有一定比例的。从学历来看，大多数老人学历水平较低，不识字和小学文化的人超过 50%，原因是这些人成长过程中中国总体教育水平落后，从交叉分析我们也发现，这些老人的学历随着年龄的增长而下降，这是中国教育发展过程的历史造成的，低学历是目前城市独居老人的一个重要特点。从出生地来看，有超过 20% 的老人来自外省，兰州的情况尤其严重，有超过 40% 的老人来自外省，这是当年大三线建设整体迁移造成的。从健康状况来看，相较于普通老人 15% 左右的不健康的比例，独居老人有超过 26% 的人身体不健康，因而身体差是独居老人的一个显著特色。从出门的情况来看，绝大多数老人有出门活动的能力；从独居时间来看，老人的平均独居时间为 12.08 年，其中女性独居平均时间为 12.50 年，男性平均独居时间为 10.85 年，独居时间长应是城市独居老人的一个重要特点。

总结一下，我们发现，城市独居老人有丧偶、高龄、女性化、低学历、身体差、独居时间长的显著特点。

三、研究的数据特征

我们首先考察的是城市独居老人的朋友交往数量，包括近邻朋友和近邻以外的朋友，结果如表 9-2 所示。

表 9-2　老人朋友数量

人数	近邻朋友	近邻以外的朋友
	比例	比例
0 个	25.9	66.1
1 个	6.2	6.8
2~4 个	31.8	18.2
5 个及以上	36.1	6.6
平均人数	6.76	1.4

从数据上来看，老人平均每人交往的近邻朋友数为 6.76 人，说明老人保持着相当规模的近邻朋友交往。但近邻以外的朋友交往的数量则平均仅有 1.4 人，说明老人的近邻以外的朋友交往已经很少了。值得注意的是，有 25.9% 的老人没有近邻朋友交往；而 66.1% 的老人没有近邻以外的朋友交往。由之，我们不能不说，大部分城市独居老人已丧失了近邻以外的朋友的交往，超过 1/4 的老人没有与近邻朋友交往。独居老人年龄大了，相对活动能力下降，朋友丧失率升高，即一方面一些密切交往的朋友去世，另一方面相当多的朋友已无力维持常规交往，再就是老人自身的交往能力也有所下降，这些是造成老人朋友关系网萎缩的主要原因。

考量老人朋友交往的频度或密度，我们用的是老人与朋友见面及打电话的频度为指标，分为经常、偶尔、不见面（或不打电话）四类，其中近邻朋友的交往频度状况如表 9-3 所示。

表 9-3　近邻朋友交往频度

频度	见面		打电话	
	人数	比例	人数	比例
经常	1277	63.4	495	24.58
偶尔	189	9.38	324	16.08
无	547	27.15	1195	59.33

能够经常与近邻朋友见面的老人有 63.4%，而经常与近邻朋友打电话的比例则相对较低，只有 25.58%。说明多数老人有比较多的近邻朋友直接交往，有很多的老人因为与朋友见面比较容易，不会选择打电话。但没有近邻朋友的老人与

不与近邻朋友常见面的老人加起来超过了36%，即有超过1/3的独居老人没有与近邻朋友的经常性见面和打电话，这说明老人近邻朋友交往的频度大大降低了。

老人的近邻以外的朋友交往则更突显了这个特点，如表9-4所示。

表9-4　近邻以外的朋友交往频度

频度	见面		打电话	
	人数	比例	人数	比例
经常	289	14.34	194	9.36
偶尔	380	18.87	406	20.16
无	1345	66.98	1405	69.76

能与近邻以外的朋友经常见面的老人不到15%，经常打电话的比例则不到10%。与之相对应，不与近邻以外的朋友见面的老人超过了2/3，不与近邻以外的朋友打电话的老人占到了近70%。由此看来，老人的近邻以外的朋友关系网是极度萎缩的。古人所向往的"天涯若比邻"对绝大多数老人来说，只是一种高于现实的理想状态罢了。

关于老人的朋友交往深度，我们考量的指标是：是否能与亲密交往的朋友谈心里话？统计的结果如图9-1所示：

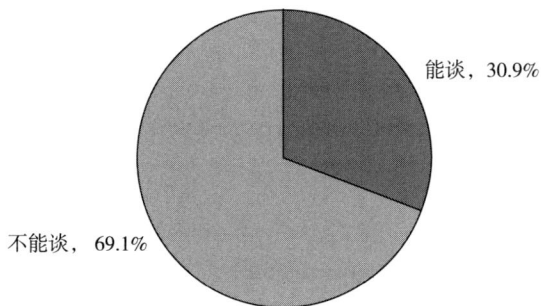

能谈，30.9%

不能谈，69.1%

图9-1　城市独居老人朋友交往深度

从结果我们可以看出，能与朋友谈心里话的老人只有30.9%。受儒家传统影响，部分人是慎交友的，但有接近70%的老人不能与朋友谈心里话，也确实是一个令人惊奇的结果。关于老人为什么缺少那种"知己"型的朋友，以前的研究中我们已有发现，但原因的分析一直不足。大致上我们认为一是血缘交往仍是目前老人最重要的交往，这类老人更信任血缘交往；二是这一代老人经历了太多的风波与社会变迁，不太容易产生信任；三是以前也发现，老人因志同道合而形成的朋友关系极少，朋友主要来自同事、战友、同学等由于长期强制性互动而形成的。这是一个需要继续研究的问题。

是什么原因造成了城市独居老人朋友人际关系网的萎缩、交往频度的减少与交往深度的降低？通过与各变量的交叉分析，可以有所发现。影响老人近邻朋友交往数量的交叉分析结果如表9-5所示。

表9-5　近邻朋友数量影响因素的交叉分析

影响因素	变量项	朋友数	F	Sig.
出门频度	经常	7.47	8.417	0.000
	偶尔	4.51		
	不出门	2.54		

从结果来看，只有一个因素产生了影响，即老人的出门频度。经常出门的老人，交往的近邻朋友数显著多于偶尔出门或不出门的老人。说明近邻朋友交往相对容易和简单，只要经常出门与邻居见面，就可以交上近邻朋友。所以，从总体上来看，随着老人年龄的提升，活动能力的下降，近邻交往频度下降实际上是一种必然的结果。相对而言，近邻以外的朋友交往数量的影响因素更多，也比较复杂一些，如表9-6所示。

表9-6　近邻以外的朋友数量影响因素的交叉分析

影响因素	变量项	朋友数	F	Sig.
性别	男	1.85	8.904	0.003
	女	1.25		
职业	干部	1.4	9.625	0.000
	专业技术人员	1.97		
	工人	1.53		
	其他	0.68		
健康状况	健康	1.96	15.506	0.000
	一般	1.15		
	不健康	0.85		

影响因素	变量项	朋友数	F	Sig.
出门频度	经常	1.55		
	偶尔	0.98	5.449	0.040
	不出门	0.64		
住房面积	35 平方米以下	0.83		
	35~75 平方米	1.43		
	76~86 平方米	1.65	2.846	0.036
	87 平方米及以上	1.77		
月收入	800 元及以下	0.69		
	801~1500 元	1.12		
	1501~2500 元	1.7	11.807	0.000
	2500 元及以上	2.35		

从性别差异来看，男性的近邻以外的朋友交往数量显著高于女性老人；女性的近邻朋友数多于男性，但统计结果并不显著。从职业特征来看，专业技术人员的近邻以外的朋友交往数量最多，而没有正式工作的城市低层近邻以外的朋友交往数量显著最低。这在很大程度上是因为专业技术人员有更高的文化水平，一是更注重精神层面的交往，二是能更好地使用现代的交往方式。住房面积和月收入则显示了社会经济地位的显著影响，即社会经济地位越高，近邻以外的朋友人际关系网规模越大。因为近邻以外的朋友交往是需要成本投入的，不仅有时间成本，也有交通和礼物流动方面的付出，这使经济条件的影响突显出来；身体健康状况越好，出门频度越高，越有可能拥有较多的近邻以外的朋友。即社会经济地位高、身体健康状况良好的男性，拥有更多的近邻以外的朋友，这是对近邻以外的朋友人际关系网测定的一个基本结果。

老人与朋友的交往频度我们用见面频度和打电话频度来测量，测量结果如表9-7所示。老人与近邻朋友见面的频度影响因素较少，出门频度影响较为显著，即越是能频繁出门的老人，与近邻朋友见面的频度越高；经常参加健身活动的老人，与近邻朋友见面的频度高。我们在调查中发现，许多老人的健身活动都是与近邻朋友结伴进行的，所以共同活动促进了近邻见面频度的增加是一种正常现象。另外值得注意的是职业的影响，干部与近邻朋友的见面频度低于其他职业从业人员，其中无职业人群与近邻朋友见面的频度是最高的，因为这些人的居住环境不同，许多无业人员居住在平房里，这使近邻交往增加。另外，这些人中有许多是从事个体工作的，与社区居民的生活上联系更紧密一些。

以外的朋友交往频度显著降低。一是年龄大了，远行不易；二是有相当数量的老友可能已故去或不便相聚。健康状况展示的是相似的结果，身体好的老人与近邻以外的朋友见面的频度更高一些，因为他们有交往能力。职业的影响也是较为显著的，干部和专业技术人员阶层的近邻以外的朋友见面频度较高，而城市低阶层的见面频度较低。

与近邻朋友打电话的频度影响因素相对较多，如表9-9所示。

表9-9　与近邻朋友打电话的频度影响因素的交叉分析

影响因素	变量项	经常打（%）	偶尔打（%）	不打（%）	Sig.
参加健身活动	是	35.2	22.6	42	0.001
	否	29	20	50.6	
参加社区活动	是	45.2	22.6	32.1	0.000
	否	29	21.5	49.2	
年龄	60~64岁	46.5	18.5	35.1	0.042
	65~69岁	38.6	20.7	40.8	
	70~74岁	37.9	19.2	42.7	
	75~79岁	29	21.1	49.8	
	80岁及以上	27.5	24.3	47.6	
职业	干部	44.7	19.9	35.5	0.000
	专业技术人员	4.09	22.9	36.2	
	工人	32	35.2	42.6	
	其他	25.8	18	55.6	
健康状况	健康	34.5	33.8	31.5	0.032
	一般	24.5	18.8	20.9	
	不健康	40.8	48.3	47	
出门频度	经常	33.9	19.9	46	0.000
	偶尔	28.7	37.1	34.1	
	不出门	22	17.7	60.3	
住房面积	35平方米以下	20.4	15.9	63.2	0.000
	35~75平方米	23.7	21.7	44.4	
	76~86平方米	39.6	21.5	38.9	
	87平方米及以上	40.1	28	31.9	

续表

影响因素	变量项	经常打（%）	偶尔打（%）	不打（%）	Sig.
月收入	800 元以下	24.6	17.7	57.4	0.000
	800~1500 元	31.4	22	46.1	
	1501~2500 元	35.7	22.8	41.5	
	2500 元及以上	42.8	22.9	34.2	

年龄越大，打电话的频度越低；身体越好，能比较多地出门和参加健身活动、社区活动的老人，与近邻朋友打电话的频度越高；职业、住房面积与月收入显示了相当明显的影响，实际上是社会经济地位越高，打电话的频度越高，反之则越低。

与近邻以外的朋友打电话的影响频度与近邻朋友打电话频度影响因素显示了很高的一致性，如表 9-10 所示。

表 9-10　近邻以外的朋友打电话频度影响因素的交叉分析

影响因素	变量项	经常打（%）	偶尔打（%）	不打（%）	Sig.
参加兴趣爱好活动	是	36.5	55.9	7.5	0.030
	否	24.7	57.5	17.9	
参加健身活动	是	27	60.2	12.7	0.014
	否	26.6	51.9	21.5	
参加社区活动	是	35.7	59.4	6.8	0.000
	否	22.2	56.9	20.8	
年龄	60~64 岁	43.1	50	6.9	0.000
	65~69 岁	29.6	62.3	8.2	
	70~74 岁	27.6	61.8	10.5	
	75~79 岁	22.6	57	20.4	
	80 岁及以上	21.2	54.7	24	
职业	干部	32.7	55.4	11.9	0.020
	专业技术人员	25.6	64.6	9.8	
	工人	25.7	59.7	14.6	
	其他	24.6	44.7	30.7	

续表

影响因素	变量项	经常打（%）	偶尔打（%）	不打（%）	Sig.
健康状况	健康	27.7	56.6	15.7	0.030
	一般	30	58.4	11.6	
	不健康	19.9	59.6	20.5	
出门频度	经常	26.9	58.1	15.2	0.033
	偶尔	29	60.9	10.1	
	不出门	21.2	42.5	36.4	
住房面积	35 平方米以下	17.6	47.3	35.1	0.000
	35~75 平方米	24.7	59.6	15.8	
	76~86 平方米	34.5	51.4	13.1	
	87 平方米及以上	38	58	4	
月收入	800 元以下	24.2	42.9	33	0.000
	800~1500 元	28.5	57	14.5	
	1501~2500 元	27.1	59.3	13.7	
	2500 元以上	26.4	64.3	9.3	
孩子数	1 个	34.4	54.7	10.9	0.007
	2~4 个	27.2	60.4	12.3	
	5 个及以上	19.5	57.1	22.4	

有所不同的是，孩子的数量产生了影响。即孩子越多，与近邻以外的朋友打电话的频度越低，这应是与孩子打得多了，相对减少了与朋友的通话频度。

关于老人的朋友交往深度，我们用的是能否与亲密交往的朋友说心里话这一指标进行测量，其影响因素并不多，如表9-11所示。

表 9-11　能否与亲密关系的朋友谈心里话的影响因素

影响因素	变量项	能谈（%）	Sig.
年龄	60~64 岁	98.2	0.043
	65~69 岁	92.9	
	70~74 岁	89.3	
	75~79 岁	86.8	
	80 岁及以上	82.3	

续表

影响因素	变量项	能谈（%）	Sig.
健康状况	健康	90.5	0.022
	一般	90.5	
	不健康	82.1	
月收入	800 元以下	80.2	0.035
	800～1500 元	88.8	
	1501～2500 元	89.4	
	2500 元以上	92.7	
孩子数量	1 个	7.47	0
	2～4 个	4.51	
	5 个及以上	2.54	

人口学变量影响显著，年龄越大，能与朋友谈心里话的老人越少；健康状况差的老人与朋友能谈心里话的比例显著降低。收入越高的老人，越有可能与朋友谈心里话；孩子数量越多，与朋友谈心里话的比例越低。这里非常有意思，年龄大了意味着可能丧失了最好的朋友；健康状况差导致没法与朋友们经常交往，从而出现了陌生感，能谈心里话的人减少了。孩子多，与孩子们交往占据了老人更多的精力，可能无力再与朋友进行有深度的交流。而且我们已经发现，社会经济地位高的老人，其身体健康状况相对更好一些，活动能力也更强一些，当然也有更多和更深层的朋友交往。

另外，比较四个城市的老人朋友交往的状况，我们发现，四个城市之间在每个方面都存在着显著的差异，且无规律可循，结果如表9-12所示。

表9-12　四个城市的老人朋友交往的差异列表

变量	总体	兰州	郑州	济南	青岛	Sig.
近邻朋友均值	6.76	9.52	9.37	3.33	3.73	0.000
近邻以外的朋友均值	1.4	0.85	2	2.01	2.01	0.000
近邻经常见面比例	85.5	87.9	90.1	81.6	81.7	0.000
近邻经常打电话的比例	47.4	39.2	53	37.8	57.9	0.000
近邻以外的朋友经常见面比例	66.6	66.7	68.5	59.5	72.3	0.000
近邻以外的朋友经常打电话比例	63.6	53.2	70.1	54.6	64.4	0.000
能与朋友谈心里话的比例	88.9	87.3	90.3	83.9	93.8	0.046

调查中也发现，兰州和郑州单位社区的特征更为显著，即同一社区中居住的大多是一个单位的同事，他们的社区在某种程度上是一个熟人社区，因而其近邻交往更为频繁。相比较而言，济南和青岛的社区是自发生长出来的自然社区，单位化色彩已被冲淡，异质性极强，加上社区居民的流动性较强（我们发现很多老社区居民外迁，外来打工者租房居住的情况比较普遍），因而社区中的陌生人更多一些，这使他们的近邻交往更少。从近邻以外的朋友的情况来看，其他三个城市差异较少，兰州显著少的原因是政策移民，导致他们的亲戚不在同一城市；郑州与兰州老人的近邻朋友多，因而经常见面的比例高。相比较而言，青岛老人给近邻打电话的比例更高一些，因为青岛老人的近邻见面频度更低一些。近邻以外的朋友经常见面的青岛比例显著高一些，一是因为这里老人的社会经济地位更高一些，负担得起近邻以外的朋友交往的成本；二是因为青岛的公共服务设施相对有利于老人的出行。能与朋友谈知心话的，青岛的老人比例最高，而济南的老人比例最低。因为济南的老人年龄最大，知己已逝的可能性更大。而青岛的老年服务设施最发达，活动开展得也最好，这在某种程度上加深了老人的交往深度。

四、结论

总结此次调查的关于城市独居老人朋友交往和各项数据和分析结果，我们有如下一些结论：

（1）城市独居老人的近邻朋友规模有一定程度的萎缩，而近邻以外的朋友关系网则极度萎缩。不仅表现在朋友交往数量的减少上，而且表现在相当比例的老人根本没有近邻朋友交往，以及大多数老人根本没有近邻以外的朋友交往。

（2）老人的朋友交往频度降低，这是一个不争的事实。有超过1/3的老人不能经常与近邻朋友见面或打电话，而能经常与近邻以外的朋友见面或打电话的老人不到1/8，呈现出一幅清晰的"门前冷落鞍马稀"的场景。

（3）从交往深度来看，绝大多数老人已无知己。因为70%的老人已不能与亲密交往的朋友谈心里话，这极有可能加深老人的孤独感与社会孤立感。

（4）只要老人能保持经常出门及参加活动，近邻朋友的交往会维持一定的规模，也会有相当的频度，但交往深度降低。

（5）社会经济地位显著影响老人的近邻以外的朋友交往规模及深度，个人网是以个人的实力为基础的，实力越强，关系网可能会越大，这与费孝通先生的"差序格局"中得出的结论是一致的。

（6）孩子数量对老人的朋友交往规模及深度产生了影响是这次研究的一个很重要的发现。我们发现孩子数量多的老人与朋友的交往频度及深度更差一些，统计也发现，当老人遇到生活困难时，主要是靠孩子来帮助解决的。这说明，由于老人交往能力有所下降，他们不得不对交往对象进行选择，而与孩子的交往是他们的首选。

综合上述探讨，可以认为随着年龄的增长和身体健康状况的下降，城市独居老人的朋友关系网呈现出明显的逐步消失的趋势，我们大致认为，当"死神"逐步向老人们逼近时，朋友们也已渐渐远去了。最后能陪伴在老人身边的主要是子女，这可能是一种社会和人生的常态。

第十章　城市独居老人社会活动
参与状况比较研究

一、研究背景

　　本章研究的目的是分析城市独居老人的活动参与情况及其影响因素。关于老年人的社会活动参与，目前主要有三种理论：一是脱离理论；二是活动理论；三是部分活动理论。脱离理论认为人到了晚年，随着机体功能的衰退，会逐渐减少各种活动的参与，从以往承担的社会角色中退出。活动理论则认为老年人参与各种社会活动，尤其是业余活动和个人爱好活动，保持连续性才是成功的老龄化的手段。有的学者研究则发现，老人部分类型（不需花钱）的活动参与率较高，其他相对较低，是部分活动，部分消退。

　　那么城市独居老人的活动参与情况如何？因为这个年龄段的老人其实是即将完全退出社会参与的一个群体。对他们的活动情况的研究，可以更清楚地显示脱离理论的结果，这是本文很重要的目标。

二、研究说明

　　本次研究调查地点选择的是我国西部内陆省会城市兰州、中部内陆省会城市郑州、东部内陆省会城市济南及东部沿海城市青岛。调查使用的主要是问卷调查与个案访谈相结合的方法,即由调查员入户调查并逐条记录老人的回答;同时也对一些当时发现的典型个案进行了个案访谈。调查对象的选取采用多阶段抽样,通过分层抽样选择城市社区,对每个社区进行配额抽样选择独居老人,入户访谈收集问卷,共收集到有效问卷 2014 份。数据统计使用的是 SPSS 软件。关于调查对象的基本情况如表 10-1 所示。

表 10-1　调查对象的基本情况　　　　　　　　单位:%

变量	分类	郑州	兰州	青岛	济南	总计
性别	男性	30.1 (151)	23.9 (132)	25.7 (128)	20.5 (84)	25.2 (495)
	女性	69.9 (358)	76.1 (421)	74.3 (370)	79.5 (325)	74.8 (1466)
平均年龄	均值	75.5 岁	74.8 岁	75.4 岁	76.1 岁	75.4 岁
年龄	60~69 岁	14.7 (67)	13.2 (70)	13.6 (62)	12.2 (41)	13.5 (240)
	70~79 岁	50.1 (228)	57.7 (305)	52.6 (240)	49.0 (164)	52.8 (937)
	80 岁及以上	35.2 (160)	29.1 (154)	33.8 (154)	38.8 (130)	33.7 (598)
婚姻状况	未婚	2.1 (10)	0.9 (5)	2.2 (11)	1.2 (5)	1.6 (31)
	离婚或分居	9.1 (44)	5.2 (29)	7.1 (35)	7.9 (33)	7.2 (141)
	丧偶	86.5 (416)	91.7 (510)	90.4 (445)	90.4 (376)	89.8 (1747)
	其他	2.3 (11)	2.2 (12)	0.2 (1)	0.5 (2)	1.3 (26)
学历	不识字	30.8 (156)	31.8 (181)	17.7 (86)	26.6 (111)	27.0 (534)
	小学	23.5 (119)	28.5 (162)	29.6 (144)	31.9 (133)	28.2 (558)
	中学	25.1 (127)	18.3 (104)	25.7 (125)	18.9 (79)	22.0 (435)
	高中或中专	12.1 (61)	15.5 (88)	18.3 (89)	14.4 (60)	15.1 (298)
	大专及以上	8.5 (43)	6.0 (34)	8.8 (43)	8.2 (34)	7.8 (154)
出生地	本区内	2.6 (13)	12.5 (72)	10.3 (51)	7.6 (32)	8.4 (168)
	市内	28.6 (144)	29.8 (172)	25.4 (125)	36.7 (154)	29.9 (595)
	省内	48.7 (245)	14.6 (84)	51.5 (254)	39.3 (165)	37.5 (748)
	省外	20.1 (101)	43.2 (249)	12.8 (63)	16.4 (69)	24.2 (482)
健康状况	健康	69.1 (341)	25.0 (144)	33.9 (169)	36.2 (152)	40.7 (812)
	一般	20.9 (105)	40.8 (235)	36.9 (184)	31.0 (130)	32.7 (654)
	差	10.0 (50)	34.2 (197)	29.3 (146)	32.9 (138)	26.6 (531)
出门频度	几乎每天	73.0 (355)	73.0 (413)	67.3 (333)	67.5 (274)	70.4 (1375)
	一周四五次	11.3 (55)	7.6 (43)	9.9 (49)	7.1 (29)	9.0 (176)
	一周两三次	12.8 (62)	5.5 (31)	9.7 (48)	11.1 (45)	9.5 (186)

变量	分类	郑州	兰州	青岛	济南	总计
出门频度	一周一次	0.8（4）	4.4（25）	4.8（24）	3.7（15）	3.5（68）
	不出门	2.1（10）	9.5（54）	8.3（41）	10.6（43）	7.6（148）
独居时间	5 年以下	26.6（126）	27.9（163）	26.1（130）	24.9（91）	26.5（510）
	5~9 年	22.6（107）	20.9（122）	26.5（132）	20.5（75）	22.7（436）
	10~19 年	32.3（153）	28.9（169）	31.9（159）	33.4（122）	31.4（603）
	20 年及以上	18.4（87）	22.3（130）	15.6（78）	21.1（77）	19.4（372）

有效样本兰州为 584 份、郑州为 509 份、青岛为 499 份、济南为 422 份，这样各市样本数差异不大，比较结果更精确一些。从老人的性别分布来看，女性老人占将近 3/4，这是因为女性老人较男性老人寿命更长一些的缘故，其中济南的情况是最严重的，这使城市独居老人呈现出显著的女性化倾向。从年龄分布来看，独居老人的平均年龄超过了 75 岁，其中济南最高，超过了 76 岁。80 岁及以上的老人比例超过了 33%，其中也是济南最高，超过了 38%，这也解释了其女性比例更高的情况，从这个方面来看，城市独居老人有显著的高龄化倾向；造成老人独居的主要原因是丧偶，有接近 90% 的老人是丧偶老人。这里我们也注意到有7% 左右的老人是离婚或分居，这个年龄段的老人离婚率并不高，由于各种原因如照料孙子、孙女等主动选择分居也占有一定的比例。从学历来看，大多数老人学历水平较低，不识字和小学文化的人超过 50%，原因是这些人成长过程中中国总体教育水平落后，从交叉分析我们也发现，这些老人的学历随着年龄的增长而下降，这是中国教育发展过程的历史造成的，低学历是目前城市独居老人的一个重要特点。从出生地来看，有超过 20% 的老人来自外省，兰州的情况尤其严重，有超过 40% 的老人来自外省，这是当年大三线建设整体迁移造成的。这一代老人经历了比正常情况下更大的迁移，独居异乡的乡愁是否会更浓一些呢？从访谈中我们发现，兰州老年人中确实存在着比较严重的乡愁情绪。从健康状况来看，相较于普通老人 15% 左右的不健康的比例，独居老人有超过 26% 的人身体不健康，因而身体差是独居老人的一个显著特色。从出门的情况来看，绝大多数老人有出门活动的能力。从独居时间来看，老人的平均独居时间为 12.08 年，其中女性独居平均时间为 12.50 年，男性平均独居时间为 10.85 年。值得注意的是，有接近20% 的老年人独居时间达到了 20 年或 20 年以上，过去我们考虑女性平均死亡预

期寿命比男性长 7 年左右，想当然地认为独居时间不会太长，看来实际情况要复杂得多，独居时间长应是城市独居老人的一个重要特点。

总结一下，我们发现，城市独居老人有丧偶、高龄、女性化、低学历、身体差、独居时间长这样一些显著的特点。

三、研究的数据特征

统计四个城市老人的活动参与率，可以发现，在各个不同项目上，四个城市之间有共性，但在很多项目上也有显著的差异，如表 10-2 所示。

表 10-2　城市独居老人活动参与状况的地域间比较（参与率%）

项目	总体	兰州	郑州	济南	青岛	Sig.
兴趣爱好活动	15.5	6.2	25.5	24.5	8.3	0.000
健身活动	62.9	63.5	75.4	54.9	56.1	0.000
社区活动	24.1	12.5	17.1	24.6	44.8	0.000
宗教活动	3.5	3.6	2.9	3.6	3.7	0.904
支援老人活动	3.3	2.2	2.6	4.3	4.3	0.108
环保活动	3.5	2.9	3.3	2.9	5	0.240
社会福利活动	4.7	3.1	7.1	2.4	6.2	0.001
不参加	22.5	24.3	13	31.2	23.6	0.000

四个城市老人参与率最高的活动是健身活动，从总体上来看，近 63% 的老人保持经常性的健身活动。排在第二位的是社区活动，有 24% 的老人经常参加社区活动，其中青岛老人的社区活动参与率是最高的，而兰州是最低的，有着显著的差别。排第三位的是兴趣爱好活动，有 15.5% 的老人经常参加，其中郑州老人的参与率最高，而兰州老人的参与率最低。另外三项，支援老人活动、环保活动、社会福利活动，老人的参与率均很低，不到 5%。说明这个阶段的老人活动项目减少。值得注意的是，有 22.5% 的老人不参加任何社会活动，即有近 1/4 的老人完全从社会活动中退出。

通过交叉分析寻找影响老人活动参与的因素，发现影响情况是极为复杂的。下面逐一说明。表 10-3 是性别对城市独居老人活动参与的影响。

表 10-3　性别对城市独居老人活动参与的影响（参与率%）

项目	性别	总体	Sig.	兰州	Sig.	郑州	Sig.	济南	Sig.	青岛	Sig.
兴趣爱好活动	男	17.9	0.044	5.4	0.409	32.5	0.008	29.8	0.123	5.6	0.140
	女	14.5		6.6		21.7		22.9		9.3	
健身活动	男	64.06	0.239	65.9	0.358	72.8	0.239	67.9	0.022	52	0.258
	女	62.7		63.6		76.3		55		55.8	
社区活动	男	28.4	0.014	22.5	0.000	21.9	0.039	20.2	0.141	47.6	0.267
	女	23.3		9.9		14.9		26.7		43.9	
支援老人活动	男	3	0.420	3.9	0.161	2	0.487	1.2	0.081	4.8	0.483
	女	3.4		1.9		2.6		5.3		4.2	
环保活动	男	3.7	0.493	3.9	0.358	4	0.343	1.2	0.247	4.8	0.563
	女	3.5		2.8		2.9		3.4		5.1	
社会福利活动	男	5.7	0.157	4.7	0.180	9.3	0.131	2.4	0.653	4.8	0.287
	女	4.4		2.6		6		2.5		6.8	

从总体上来看，性别对老人的健身活动和社区活动参与率产生了显著的影响，表现为男性的参与率高过女性。但分城市来看，情况复杂，性别对兴趣爱好活动参与率的影响只在郑州的显著，而社区活动则在兰州、郑州和济南的老人中均有着显著影响。三大活动项目中，健身活动从总体上看影响不显著，但在济南的老人中显著。其他活动中均看不到性别的影响。

年龄对城市独居老人活动参与的影响是全面和显著的，如表 10-4 所示。

表 10-4　年龄对城市独居老人活动参与的影响

项目	年龄	总体	Sig.	兰州	Sig.	郑州	Sig.	济南	Sig.	青岛	Sig.
兴趣爱好活动	60~64 岁	22.7	0.000	8.3	0.263	39.5	0.010	23.1	0.056	19.4	0.000
	65~69 岁	19.7		4.1		35.8		30		14.8	
	70~74 岁	17.3		3.9		33.2		33.3		12.5	
	75~79 岁	13.2		9.6		18.8		21.4		5.1	
	80 岁及以上	10.5		5.8		18.8		15.6		1.3	

项目	年龄	总体	Sig.	兰州	Sig.	郑州	Sig.	济南	Sig.	青岛	Sig.
健身活动	60~64 岁	69.9		69.4		83.7		50		71.7	
	65~69 岁	64.9		64.9		71.6		60		59.7	
	70~74 岁	66.8	0.000	70.6	0.073	77.4	0.427	59.1	0.015	58.3	0.001
	75~79 岁	65.6		64.3		71.5		63.3		62.1	
	80 岁及以上	54.9		55.2		77.5		41.9		41.2	
社区活动	60~64 岁	36.6		8.3		37.2		30.8		67.6	
	65~69 岁	30.1		10.8		17.9		30		66.1	
	70~74 岁	28.2	0.000	11.8	0.889	21.4	0.000	25.8	0.216	56.6	0.000
	75~79 岁	22.9		13.4		15.3		17.3		49.6	
	80 岁及以上	14.9		13.6		9.4		17.8		18.1	
支援老人活动	60~64 岁	8.5		0		11.6		11.5		11.1	
	65~69 岁	5		2.7		4.5		7.5		8.1	
	70~74 岁	2.4	0.000	1.3	0.482	3.6	0.000	0	0.006	4.4	0.097
	75~79 岁	1.2		1.9		0		0		2.5	
	80 岁及以上	2.7		3.9		0.6		3.9		2.7	
环保活动	60~64 岁	11.3		5.6		11.6		3.8		22.2	
	65~69 岁	4.2		1.4		1.5		5		11.3	
	70~74 岁	2.7	0.000	1.3	0.237	6	0.000	3.1	0.706	1.8	0.000
	75~79 岁	2.3		5.1		0		1		2.5	
	80 岁及以上	2		2.6		1.2		2.3		2	
社会福利活动	60~64 岁	7.1		0		20.9		0		2.8	
	65~69 岁	6.7		5.4		9		5		8.1	
	70~74 岁	3.9	0.051	2.6	0.567	6	0.002	0	0.133	6.2	0.604
	75~79 岁	5.2		3.8		5.6		4.1		7.6	
	80 岁及以上	29		2.6		3.8		0.8		4.1	

　　基本情况是，随着年龄的增长，老人三大活动的参与率显著降低。但不同城市的表现有显著差异。同时，我们也可以看到，随着年龄的增长，老年人的三大活动逐渐只剩下一种活动，即健身活动。因此，我们大致上可以认为，老人是从社会活动中逐渐退出的，表现形式之一就是活动项目的减少，其活动能力下降，活动参与率就会下降。

职业对城市独居老人活动参与的影响也并不复杂，如表 10-5 所示。

表 10-5　职业对城市独居老人活动参与的影响

项目	职业	总体	Sig.	兰州	Sig.	郑州	Sig.	济南	Sig.	青岛	Sig.
兴趣爱好活动	干部	21.4		14.1		40.6		38.2		7.7	
	专业技术人员	26.6	0.000	10.3	0.001	45.7	0.000	41.7	0.000	15.9	0.000
	工人	15.2		6.2		21.2		26.6		13.8	
	其他	8.2		2		17.9		12.8		3.3	
健身活动	干部	64.03		70.5		59.4		63.6		61.5	
	专业技术人员	65	0.000	72.4	0.000	62.9	0.000	60.4	0.003	64.6	0.017
	工人	68.3		72.9		82.4		59.4		59.3	
	其他	51.2		49		73.1		39.4		48.4	
社区活动	干部	28.2		15.4		28.1		30.9		44.6	
	专业技术人员	36.9	0.000	31	0.000	20	0.231	25	0.395	55.5	0.011
	工人	25.4		14.2		16.3		25.7		52.5	
	其他	12.6		3.5		12.8		19.3		38	
支援老人活动	干部	3.8		5.1		3.1		1.8		4.6	
	专业技术人员	5.5	0.059	3.4	0.177	4.3	0.701	2.1	0.535	8.3	0.142
	工人	2.8		1.3		1.9		5.1		3.4	
	其他	2.1		1.5		2.6		2.8		2.9	
环保活动	干部	5.5		9		6.2		1.8		4.6	
	专业技术人员	6.7	0.001	6.9	0.001	5.7	0.511	2.1	0.738	8.4	0.157
	工人	2.7		1.8		2.9		2.9		5.2	
	其他	1.9		1		2.6		0.9		2.9	
社会福利活动	干部	7.1		7.7		18.8		3.6		4.6	
	专业技术人员	7.4	0.001	10.3	0.000	11.4	0.022	0	0.409	5.6	0.814
	工人	5.1		2.7		5.4		2.9		8.6	
	其他	1.9		0		6.4		0.9		6.2	

比较明显的是干部和专业技术人员的社会活动参与水平显著高于工人和其他人员，并且有一定的地域间差异。这里表现的实际上是社会经济地位的差异，因为大多数老人都已退休，收入有保障的老人参与了更多的社会活动，而无退休金的老人更多地还要为生活打拼。

身体健康状况对城市独居老人活动参与的影响简单而清晰，即身体状况越好，社会活动的参与率越高，身体状况越差，社会活动的参与率越低。除了支援老人活动，其他各项均很显著。如表10-6所示。

表10-6 身体健康状况对城市独居老人活动参与的影响

项目	身体健康状况	总体	Sig.	兰州	Sig.	郑州	Sig.	济南	Sig.	青岛	Sig.
兴趣爱好活动	健康	22.6		9.8		28.2		31.8		13.9	
	一般	14.2	0.000	6.5	0.061	21.9	0.062	31.5	0.000	7.4	0.002
	不健康	6.1		3.5		14		10.3		2.9	
健身活动	健康	69.4		6403		79		59.2		63.7	
	一般	66.5	0.000	70.7	0.006	76.2	0.002	64.3	0.006	57.1	0.000
	不健康	49.2		55.8		56		45.6		42.1	
社区活动	健康	28.8		23.1		19		27		55.7	
	一般	27.7	0.000	10.3	0.000	17.1	0.031	31.8	0.006	53.3	0.000
	不健康	12.8		7		4		15.4		20.7	
支援老人活动	健康	3.1		2.1		2.3		2.6		6	
	一般	4.7	0.029	4.3	0.011	2.9	0.765	6.2	0.338	5.1	0.128
	不健康	1.9		0		4		4.4		1.4	
环保活动	健康	3.8		2.1		3.5		1.3		8.4	
	一般	4.4	0.099	4.7	0.111	2.9	0.926	4.7	0.242	4.5	0.200
	不健康	2.1		1.5		4		2.9		1.4	
社会福利活动	健康	6.2		3.5		8.4		3.3		6.5	
	一般	5.8	0.000	4.3	0.240	5.7	0.215	3.9	0.077	9.1	0.041
	不健康	1.3		1.5		2		0		2.2	

月收入对城市独居老人活动参与的影响也比较显著。对三大活动均有影响，表现为月收入越高，则活动参与率越高。如表10-7所示。

表10-7 月收入对城市独居老人活动参与的影响

项目	月收入	总体	Sig.	兰州	Sig.	郑州	Sig.	济南	Sig.	青岛	Sig.
兴趣爱好活动	800元以下	7.3		4.6		14.6		12.4		2.1	
	800~1500元	11.9	0.000	5.3	0.036	21.2	0.000	24.7	0.003	7	0.001
	1501~2500元	18.5		7.4		25		32.9		7.6	
	2500元以上	27.7		18.5		47.1		28		16.5	

项目	月收入	总体	Sig.	兰州	Sig.	郑州	Sig.	济南	Sig.	青岛	Sig.
健身活动	800 元以下	52.9		53.4		74.2		43.4		30	
	800～1500 元	64.6	0.000	69.3	0.000	72.5	0.760	57.6	0.011	60.9	0.001
	1501～2500 元	69.1		76.1		77.6		63.9		53.4	
	2500 元以上	61.5		40.7		74.3		60		59.3	
社区活动	800 元以下	11		4.6		13.5		17		22.9	
	800～1500 元	27.8	0.000	12.7	0.000	13.8	0.509	22.4	0.002	50.6	0.001
	1501～2500 元	27.4		22.2		18.7		35.4		38.9	
	2500 元以上	31.1		11.1		20		17.3		58.1	
支援老人活动	800 元以下	2		0.5		3.4		3.8		4.3	
	800～1500 元	2.7	0.240	2	0.032	2.5	0.897	3.5	0.380	3.5	0.293
	1501～2500 元	3.8		4		2.6		6.2		3.4	
	2500 元以上	4.3		7.4		1.4		1.4		8.2	
环保活动	800 元以下	2.5		1.8		2.2		3.8		6.4	
	800～1500 元	2.3	0.890	2.7	0.320	2.5	0.501	0	0.150	3.5	0.059
	1501～2500 元	4.2		4		4.5		4.8		3.5	
	2500 元以上	5.1		7.4		1.4		1.4		10.6	
社会福利活动	800 元以下	2		0		7.9		1.9		0	
	800～1500 元	5.5	0.021	4.7	0.007	3.8	0.004	0	0.020	9.8	0.460
	1501～2500 元	5.4		5.1		5.2		5.5		5.8	
	2500 元以上	6.7		7.4		17.1		0		3.5	

社区是否有老人活动场所，对老年人的一些活动的参与率形成了显著的影响，如表 10-8 所示。

表 10-8　场地设施对城市独居老人活动参与的影响

项目	有无老年活动室	总体	Sig.	兰州	Sig.	郑州	Sig.	济南	Sig.	青岛	Sig.
兴趣爱好活动	有老年活动室	18.1	0.176	5.8	0.513	29.5	0.006	30.4	0.007	5.6	0.000
	无老年活动室	15.5		7.1		18.5		18.6		13.5	
健身活动	有老年活动室	66.1	0.024	63.5	0.755	74.2	0.37	58.7	0.354	57.2	0.059
	无老年活动室	60.6		64.8		77.7		54.1		46.8	

项目	有无老年活动室	总体	Sig.	兰州	Sig.	郑州	Sig.	济南	Sig.	青岛	Sig.
社区活动	有老年活动室	30.2	0.000	14.6	0.036	20	0.021	32.2	0.000	49	0.036
	无老年活动室	19.4		8.6		12		16.3		37.2	
支援老人活动	有老年活动室	4.5	0.027	3	0.108	3.4	0.114	6.1	0.068	4.3	0.973
	无老年活动室	2.4		1		1.1		2.3		4.5	
环保活动	有老年活动室	5	0.002	4.4	0.008	4.9	0.008	4	0.198	5	0.952
	无老年活动室	1.9		1.5		0.5		1.7		4.5	
社会福利活动	有老年活动室	6.7	0.000	4.9	0.001	9.5	0.004	2.6	0.549	7.3	0.114
	无老年活动室	1.9		0		2.7		1.7		2.6	

社区是否有老年活动室，对老人的健身活动、社区活动及支援老人活动、环保活动、社会福利活动均产生了影响，表现为有活动室的老人更多地参与了活动。

四、探讨与结论

总结前述统计结果与分析，我们有如下一些结论：

（1）城市独居老人社会活动参与率降低，有近1/4的老人完全从社会活动中退出。

（2）老人参与率最高的活动是健身活动，这也是老人最重要的活动参与。社区活动和兴趣爱好活动也有一定的参与率，但均达不到25%，所以我们可以说，健身是老人的第一活动。

（3）性别、年龄、身体健康状况、社会经济地位及社区服务设施对老人的活动参与产生了显著的影响。表现为男性、低龄、健康、社会经济地位高、社区服务设施全的老人更多地参与了社会活动，反之则相反。

（4）研究的结果倾向于脱离理论，即随着年龄的增长，老人会逐渐从社会活动中退出。同时，我们也发现，提高老人的收入使其老年生活有保障及建设适合老年人使用的设施，会在一定程度上提升老人的社会活动参与率。

第十一章　城市独居老人社区服务满意度比较研究

一、研究介绍

本章研究的目的是统计城市独居老人社区服务满意度的分布情况，分析影响老人社区服务满意度的因素，并比较不同城市间的相同点。

老年人社区服务满意度是研究居家养老老人生存状况的一个重要指标，不仅能反映老人对社区服务的主观感受，也反映社区服务的实际水平。有研究表明，社区养老服务发展程度对居家养老满意度的影响广泛而显著（颜秉秋、高晓路，2013）。笔者在以往的研究中也发现了满意度之间的相互影响问题，其中，社区服务满意度显著影响老人的生活满意度。一些研究揭示了社区服务的一些具体项目对老人生活满意度的影响，如社区活动参与度、社区服务受益度、社区助老设施拥有度和社区邻里互动频率是影响老年人生活满意度的主要社区因素（钱雪飞，2009）。另有一些研究则强调了社区服务对提高某类老人生活满意度的影响，如社区服务明显提高老年人，特别是弱势老年群体的生活满意度（李德明，2009）。从总体上来看，对老人社区服务满意度的研究主要出现在其对生活满意度的影响及对居家养老的影响这两个方面。针对社区服务满意度影响因素的研究，到目前为止只在一篇硕士论文中出现过：社区老年居民感知的社区养老服务质量维度中的参与性、有形性、移情性，社区形象维度中的环境形象是影响社区养老服务老年居民满意度的主要因素。老年人对社区老年活动室、老年健身器材

·181·

的使用频度与满意度之间有着正向关系（邱磊，2010）。

总的来看，我国学术界缺乏对于老人社区服务满意度的专门性或专题性的研究，而针对某类老人社区服务满意度的研究还没有出现，这是一个需要填补的空白。由于我国老人基数极为庞大、地域差异明显、不同类型的老人生存状态有较大差异，开展更细化地针对不同类型的老人的社区服务需求的研究是极有必要的。本次研究就是针对城市独居老人的社区服务满意度的专门研究，特别之处有三点：一是专门研究社区服务满意度；二是专门针对城市独居老人这一个群体的社区服务满意度研究；三是比较不同城市之间的差异，这在以前的学术研究中还未出现。

独居老人是一个相对比较特殊的老人群体，由于独居，其生活在诸多方面都会与非独居老人有较大的差异；我们将独居老人分为城市独居老人与农村独居老人两类，本章涉及的只是城市独居老人，即拥有城市户籍的 60 岁及以上独自一人居住和生活的老人。

二、研究过程及研究对象基本情况

本次研究调查地点选择的是我国西部内陆省会城市兰州、中部内陆省会城市郑州、东部内陆省会城市济南及东部沿海城市青岛。这样设计的原因一是选择的都是大城市，具有城市的代表性；二是广覆盖，这四个城市基本上是居于华夏文明发源地黄河流域的上、中、下游三地，因而具有全国的代表性；三是因为中国西、中、东三部社会总体发展水平有较大差异，比较的结果会有更强的显著性；四是因为这些城市基本上处于北半球的同一纬度区，可以较好地排除自然气候等额外因素的影响。调查使用的是问卷调查与个案访谈相结合的方法，即由调查员入户调查并逐条记录老人的回答；同时，也对一些当时发现的典型个案进行了访谈。调查对象的选取采用多阶段抽样，通过分层抽样选择城市社区，对每个社区进行配额抽样选择独居老人，入户访谈收集问卷，共收集到有效问卷 2014 份。数据统计使用的是 SPSS 软件。关于调查对象的基本情况如表 11-1 所示。

表 11-1　调查对象的基本情况　　　　　　　　　　　单位：%

变量	分类	郑州	兰州	青岛	济南	总计
性别	男性	30.1（151）	23.9（132）	25.7（128）	20.5（84）	25.2（495）
	女性	69.9（35）	76.1（421）	74.3（370）	79.5（325）	74.8（1466）
平均年龄	均值	75.5 岁	74.8 岁	75.4 岁	76.1 岁	75.4 岁
年龄	60~69 岁	14.7（67）	13.2（70）	13.6（62）	12.2（41）	13.5（240）
	70~79 岁	50.1（228）	57.7（305）	52.6（240）	49.0（164）	52.8（937）
	80 岁及以上	35.2（160）	29.1（154）	33.8（154）	38.8（130）	33.7（598）
婚姻状况	未婚	2.1（10）	0.9（5）	2.2（11）	1.2（5）	1.6（31）
	离婚或分居	9.1（44）	5.2（29）	7.1（35）	7.9（33）	7.2（141）
	丧偶	86.5（416）	91.7（510）	90.4（445）	90.4（376）	89.8（1747）
	其他	2.3（11）	2.2（12）	0.2（1）	0.5（2）	1.3（26）
学历	不识字	30.8（156）	31.8（181）	17.7（86）	26.6（111）	27.0（534）
	小学	23.5（119）	28.5（162）	29.6（144）	31.9（133）	28.2（558）
	中学	25.1（127）	18.3（104）	25.7（125）	18.9（79）	22.0（435）
	高中或中专	12.1（61）	15.5（88）	18.3（89）	14.4（60）	15.1（298）
	大专及以上	8.5（43）	6.0（34）	8.8（43）	8.2（34）	7.8（154）
出生地	本区内	2.6（13）	12.5（72）	10.3（51）	7.6（32）	8.4（168）
	市内	28.6（144）	29.8（172）	25.4（125）	36.7（154）	29.9（595）
	省内	48.7（245）	14.6（84）	51.5（254）	39.3（165）	37.5（748）
	省外	20.1（101）	43.2（249）	12.8（63）	16.4（69）	24.2（482）
健康状况	健康	69.1（341）	25.0（144）	33.5（169）	36.2（152）	40.7（812）
	一般	20.9（105）	40.8（235）	36.9（184）	31.0（130）	32.7（654）
	差	10.0（50）	34.2（197）	29.3（146）	32.9（138）	26.6（531）
出门频度	几乎每天	73.0（355）	73.0（413）	67.3（333）	67.5（274）	70.4（1375）
	一周四五次	11.3（55）	7.6（43）	9.9（49）	7.1（29）	9.0（176）
	一周两三次	12.8（62）	5.5（31）	9.7（48）	11.1（45）	9.5（186）
	一周一次	0.8（4）	4.4（25）	4.8（24）	3.7（15）	3.5（68）
	不出门	2.1（10）	9.5（54）	8.3（41）	10.6（43）	7.6（148）
独居时间	5 年以下	26.6（126）	27.9（163）	26.1（130）	24.9（91）	26.5（510）
	5~9 年	22.6（107）	20.9（122）	26.5（132）	20.5（75）	22.7（436）
	10~19 年	32.3（153）	28.9（169）	31.9（159）	33.4（122）	31.4（603）
	20 年及以上	18.4（87）	22.3（130）	15.6（78）	21.1（77）	19.4（372）

有效样本兰州为 584 份、郑州为 509 份、青岛为 499 份、济南为 422 份，这样各市样本数差异不大，比较结果更精确一些。从老人的性别分布来看，女性老人占将近 3/4，因为女性老人较男性老人寿命更长一些，其中济南的情况是最严重的，这使城市独居老人呈现出显著的女性化倾向；从年龄分布来看，独居老人的平均年龄超过了 75 岁，其中济南最高，超过了 76 岁。80 岁及以上的老人比例超过了 33%，其中也是济南最高，超过了 38%，这也解释了其女性比例更高的情况，从这个方面来看，城市独居老人有显著的高龄化倾向；造成老人独居的主要原因是丧偶，有近 90% 的老人是因丧偶独居。这里我们也注意到有 7% 左右的老人是离婚或分居，这个年龄的人离婚率并不高，由于各种原因如照料孙子、孙女等主动选择分居也有一定的比例。从学历来看，大多数老人学历水平较低，不识字和小学文化的人超过 50%，原因是这些人成长过程中中国总体教育水平落后，从交叉分析我们也发现，这些老人的学历随着年龄的增长而下降，这是中国教育发展过程的历史造成的，低学历是独居老人的一个重要特点；从出生地来看，有超过 20% 的老人来自外省，兰州的情况尤其严重，有超过 40% 的老人来自外省，这是当年大三线建设整体迁移造成的。从健康状况来看，相较于普通老人 15% 左右的不健康的比例，独居老人有超过 26% 的人身体不健康，因而身体差是独居老人的一个显著特色；从出门的情况来看，绝大多数老人有出门活动的能力；从独居时间来看，老人的平均独居时间为 12.08 年，其中女性独居平均时间为 12.50 年，男性平均独居时间为 10.85 年。值得注意的是，有接近 20% 的老年人独居时间达到了 20 年及以上，独居时间长应是城市独居老人的一个重要特点。

总结一下，我们发现，城市独居老人有丧偶、高龄、女性化、低学历、身体差、独居时间长这样一些显著的特点。

三、研究的数据特征

1. 四个城市独居老人社区服务满意度的分布情况

此次研究关于社区服务满意度的问项设计为封闭式问题："您对目前的社区服务满意吗？"共有五个选项：很满意、满意、不太满意、很不满意、不知道。针对老人的回答统计结果如表 11-2 所示。

表 11-2　城市独居老人社区服务满意度分布状况　　　单位：%

	总体	兰州	郑州	济南	青岛	Sig.
很满意	35.9	23.4	26.9	31.8	62.8	
满意	38.3	41.1	35.4	45.5	31.9	
不太满意	12.7	19.6	17	9.9	2.6	0.000
很不满意	4.4	6	7.5	3.4	0	
不知道	8.8	9.8	13.1	9.4	2.6	

对这一结果进行分析，首先，我们发现，不同地区城市间的独居老人的社区服务满意度有显著差异；其次，有一定部分的老人不知道有社区服务这项内容，或者我们可以认为，有一部分的独居老人从来没有享受过社区服务；最后，老人对社区服务表示很满意和满意的比例为74.2%，相比较其他的满意度，如赡养满意度、子女照顾满意度、生活满意度均为90%左右的情况而言，社区服务满意度是较低的，只是与医疗满意度比较接近。这说明，目前针对城市独居老人的社区服务相对于其他方面是不发达的。仔细分析我们发现，其实养老项目中应由老人及家庭承担的项目基本上是不缺乏的，而应由社会及政府承担的项目即公共服务部分，相对较差一些。

将老人回答中的"很满意"和"满意"两项相加为满意率；将"不太满意"和"很不满意"两项相加为不满意率，做两个折线图，可以更清楚地显示社区服务满意度的地区间差别，如图11-1和图11-2所示。

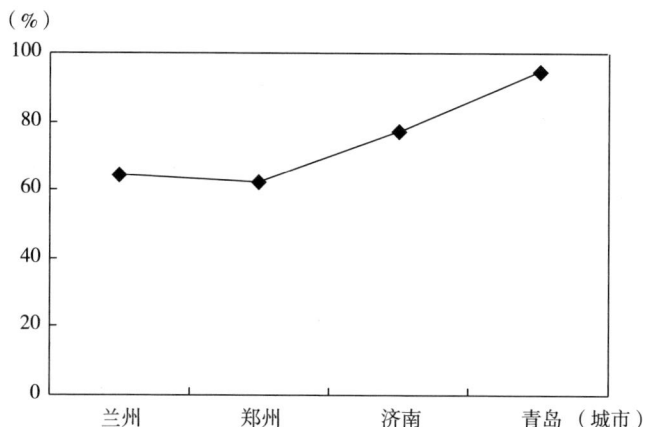

图 11-1　四个城市独居老人对社区服务满意率分布情况

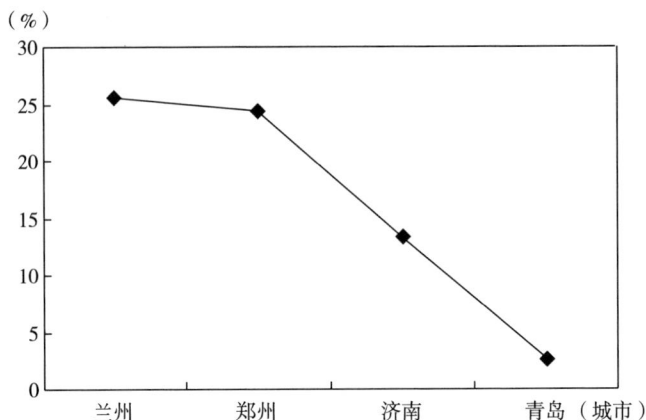

图 11-2　四个城市独居老人对社区服务不满意的比率分布情况

从图 11-1 中可以看出，青岛的独居老人对社区服务满意的比例是最高的，其次是济南，兰州和郑州的比例相对较低，其中郑州独居老人对社区服务的满意率是最低的。

从图 11-2 中我们可以看出，四个城市中对社区服务不满意的老人比例，青岛是最低的，其次是济南，郑州与兰州的比例比较接近，其中兰州独居老人对社区服务不满意的比例是最高的。

综合以上结果，我们发现，不同地区城市独居老人的社区服务满意度间有较显著的差异，比较明显的趋势是随着地理位置由西向东的变化，社区服务满意度呈明显的上升趋势，即相比较而言，东部和沿海城市，老人的社区服务满意度较高，而西部和中部地区老人的社区服务满意度相对较低。

2. 影响城市独居老人社区服务满意度其他因素的交叉分析

除了地域因素的影响，满意度之间的相互影响是很大的，我们在分析中发现，其他的满意度与社区服务满意度之间均呈现正相关性。即医疗满意度、子女照顾满意度、赡养满意度、生活满意度与社区服务满意度之间呈显著正相关。社区是一个综合场域，人们对其中的某项满意度从而影响到对其他事项的满意度，是很正常的，也是一直存在的一个社会现象。抛开地域及其他满意度的影响，我们分析其他的因素对老人社区服务满意度的影响，先做交叉分析，结果如表 11-3所示。

表 11-3　影响城市独居老人社区服务满意度的交叉分析　　　　单位：%

总体		兰州		郑州		济南		青岛	
变量	Sig.	变量	Sig.	变量	Sig.	变量	Sig.	变量	Sig.
起床	0.026	子女见面	0.007	起床	0.000	性别	0.046	起床	0.000
穿衣服	0.030	子女电话	0.009	穿衣服	0.000	文化程度	0.001	洗澡	0.000
旅行	0.000	亲属见面	0.029	子女电话	0.003	穿衣服	0.035	穿衣服	0.001
做家务	0.040	近邻朋友	0.000	近邻电话	0.000	做家务	0.031	上下楼梯	0.000
买东西	0.000	近邻以外的朋友	0.008	亲密朋友电话	0.014	买东西	0.044	旅行	0.006
子女见面频度	0.004	健身活动	0.006	谈心里话	0.024	子女电话	0.020	做家务	0.001
子女电话频度	0.000	老年活动室	0.001	兴趣爱好活动	0.004	近邻电话	0.027	买东西	0.000
亲属见面	0.000	社区帮助	0.000	健身活动	0.000	健身活动	0.000	存取钱	0.000
近邻朋友数	0.000	孤独感	0.017	社区活动	0.000	社区活动	0.013	子女电话	0.003
近邻朋友电话	0.000	孤立感	0.000	社会福利活动	0.023	老年活动室	0.003	有无亲属	0.046
亲密朋友电话	0.000	职业	0.016	老年活动室	0.000	社区帮助	0.000	亲属电话	0.039
谈心里话	0.003	月收入	0.029	老年大学	0.000	孤独感	0.013	近邻朋友数	0.000
兴趣爱好活动	0.011	收入来源	0.027	老年休息室	0.000	独居年限	0.038	近邻电话	0.015
健身活动	0.000			老年活动室	0.000	迁入年限	0.003	朋友见面	0.021
社区活动	0.000			社区帮助	0.006	出门频度	0.002	兴趣爱好活动	0.035
老年活动室	0.000			政府帮助	0.000			社区活动	0.000
老年大学	0.007			孤独感	0.000			老年活动室	0.000
社区帮助	0.000			孤立感	0.031			孤立感	0.000
政府帮助	0.031			年龄	0.024			健康状况	0.040
孤独感	0.000			出门频度	0.029			出门频度	0.000
孤立感	0.000			月收入	0.005			住房面积	0.020
职业	0.015			收入来源	0.008				
迁入年限	0.023								
月收入	0.004								
收入来源	0.000								

　　分析表 11-3 的结果，我们可以发现，有众多因素对老人的社区服务满意度产生了影响，但不同城市又有相当大的差别。

　　从总体上来看，老年人的自理能力、子女交往频度、亲属和近邻朋友交往、朋友交往深度、活动参与度、社区服务设施、有困难时能否得到政府和社区的帮助、孤独感、孤立感、职业、迁入年限、月收入及收入来源均对老人的社区服务满意度产生了影响。具体来说，老人的自理能力、与子女交往频度、活动参与度、朋友交往深度、有社区服务设施、有困难能得到社区和政府的帮助这些项均对老人的社区服务满意度产生了正向影响；孤独感、孤立感对老人的满意度产生了负向影响；职业的影响是专业技术人员满意度较高，而工人较低；迁入年限为5年以下的满意度较低，可能是由于迁入时间短，社区融入程度低造成的；月收入最高的群体满意度最高，这是由于不同社区服务水平有差异，收入越高，越有可能居住在服务水平较高的社区；靠子女收入为主要生活来源的老人社区服务满意度最低，这是因为这部分老人更多的是由于他们不得不迁移到离子女较近的社区或同一社区，离开了原来的社区，从而原有社会资本的流失造成的。

与四个城市总体相比较，兰州老人的自理能力、朋友交往深度、社区活动参与三项对社区服务满意度影响不显著。

影响郑州独居老人社区服务满意度的因素与总体基本一致，增加了年龄的影响一项，表现为70～74岁年龄段的老人社区服务满意度较高，而其他年龄段差别不大这一情况，原因不明。

济南老人的性别和文化程度对社区服务满意度产生了影响，表现为男性高，女性低；大专以上满意度高，大专以下较低。而朋友交往深度及收入和收入来源没有影响，因为高龄情况严重，朋友交往普遍减少，故而影响变弱。收入一向不显著是因为这里的老人大多有比较稳定的收入来源且收入较西部地区高。

青岛的老人健康状况、住房面积对社区服务满意度产生了影响，与济南相同，收入没有影响。即老人健康状况越好、住房面积越大，对社区服务满意度越高。我们发现，青岛的老人健康状况越好，住房面积越大，参与社区活动比例越高。这有可能是导致这两个因素产生了影响的原因，因为社区活动参与不仅改变老人的心理状况，也能改善老人对环境的评价。

综合以上分析，我们发现，健康状况好、自理能力强、有稳定的收入、与子女和近邻朋友交往频度高、孤立感和孤独感低、有社区宜老服务设施和行为、积极参与社会活动的老人社区服务满意度高，反之则低。

3. 影响城市独居老人社区服务满意度因素的回归分析

我们将交叉分析发现的影响因素做一个线性回归分析，一是排除干扰项，二是看一下说明率，结果如表11-4所示。

表 11-4 影响城市独居老人社区服务满意度的线性回归分析

总体		兰州		郑州		济南		青岛	
变量	Sig.	变量	Sig.	变量	Sig.	变量	Sig.	变量	Sig.
旅行	0.003	亲属见面	0.004	谈心里话	0.013	子女电话	0.037	洗澡	0.001
谈心里话	0.003	近邻电话	0.036	社区活动	0.000	社区活动	0.047	朋友见面	0.004
健身活动	0.014	老年馆	0.028	老年活动室	0.000	社区帮助	0.007	孤立感	0.025
社区活动	0.000	孤立感	0.002			迁入年限	0.001		
老年活动室	0.000								
$R^2 = 0.209$		$R^2 = 0.230$		$R^2 = 0.328$		$R^2 = 0.183$		$R^2 = 0.247$	

从总体上来看,活动能力、朋友交往深度、活动参与及社区宜老服务设施产生了显著的影响,其他项没有进入模型。兰州老人的亲属和近邻交往及孤立感进入了模型,因为这是一座移民城市,亲属交往在很大程度上与乡愁相结合,放大了其影响,而孤立感在很大程度上也表现出离乡的感觉,毕竟这些老人大多是第一代移民,这也是其城市特色。郑州老人的交往深度、活动参与及社区宜老服务设施均产生了影响,说明独居老人是需要与人进行深度交流的。济南老人的子女交往频度、社区活动参与、社区帮助及迁入年限均有影响,因为众多高龄老人实际上是迁移依靠子女生活。青岛老人的自理能力、朋友交往及孤立感进入模型,说明青岛老人对这三个方面也比较看重。

综合起来进行分析,我们可以发现,影响不同城市的独居老人的社区服务满意度的因素有较大差异,但没有比较明显的规律性;实际影响变量数量越少,则模型的说明率越高;社区宜老服务公共设施及社区活动对大部分地区独居老人的社区服务满意度产生了正向影响;社区融入程度导致的孤立感对大多数城市独居老人的社区服务满意度有显著的影响;社会人际关系交往,包括子女、子女以外的亲属、近邻及朋友交往在一定程度上影响城市独居老人社区服务满意度,应当是所住社区环境是否有利于以上交往产生的;另外,某些老年人自理能力项也对一定范围的老人的社区服务满意度产生了影响。进入模型的因素比较少,而且说明率并不高,说明我们这次研究中有很多影响老人社区服务满意度的因素未被发现:一方面表明我国城市社区针对独居老人的服务发展程度较低,有极大的发展空间;另一方面也表明独居老人社区服务满意度的研究刚刚开展,还需要后续的大量研究去补充。

四、讨论与结论

总结上述研究，结合观察与访谈，我们可以得出以下一些结论：

（1）城市独居老人社区服务满意度普遍较低且地区间有显著差异。尽管这些年中国社会的总体经济状况有了巨大的改变，但社区服务方面明显没有跟上节奏。社区针对老人的专门性服务项目缺乏且力度较低，不能满足目前老人的需要。东部和沿海城市的社区服务水平高于西部和中部城市，但仍有较大提升空间。

（2）老年人职业、收入等社会经济地位等因素不能对老人的社区服务满意度产生影响，说明目前的社区服务中缺乏分类和有针对性的服务项目，社区服务总体处于起始的粗放发展阶段。

（3）社区宜老服务设施及社区活动组织比较普遍地影响着老人的社区服务满意度，这一点与邱磊的结论是一致的。所以，建设社区宜老服务设施及组织有效的社区活动可以提升老人的社区服务满意度。

（4）由社区融入程度导致的孤立感对大多数独居老人的社区服务满意度有显著影响，因为老人的迁移导致的陌生感在很大程度上要靠社区工作去消除。

（5）由于社区环境是否便利老人的人际交往对老人的社区服务满意度产生了相当大的影响。独居的老人实际上也是需要亲子、亲属、近邻及朋友交往的，能否创造一个良好的社区交往环境，是检验社区服务发展水平的重要指标。

（6）老人活动能力的影响有可能更多地体现在社区及附近生活设施是否便利这个方面，如老人买东西或去银行存取钱或洗澡是否方便等，这在一定范围和程度上影响了老人的社区服务满意度。

大致上我们可以认为，东部和沿海地区、身体活动能力较强、社区服务设施较好、社区活动组织较好、孤立感低、与子女和亲属及朋友交往方便的城市独居老人，社区服务满意度较高，反之则低。

第十二章　城市独居老人生活满意度比较研究

一、研究介绍

本章研究目的有以下三方面：一是了解城市独居老人生活满意度水平；二是分析哪些因素影响了老人的生活满意度；三是对不同城市老人的生活满意度水平及影响因素进行比较研究。

老年人生活满意度是研究老年人生活质量的重要指标，因为生活满意度不仅反映生活质量的好坏，而且也反映个人对生活质量的认知和感受（李德明，2006），故而这种研究不仅能分析主观情况，实际上也反映着客观情况。关于老年人的生活满意度及其影响因素，国内学术界已有诸多探讨。目前，已有结论包括如下内容：一是不同年龄段的老年人生活满意度存在显著差异（陈志霞，2001）；二是老人的居住方式及居住意愿是否得到满足，是否影响老人的生活满意度（曾宪新，2011）；三是老人自身的经济状况、健康程度显著影响老人的生活满意度（熊跃根，1994）；四是子女的孝顺程度、老人的社会活动参与度显著影响老人的生活满意度；五是婚姻状况、心理状况影响老人的生活满意度（肖日葵，2010）；六是笔者在以前的研究中发现，影响城市老年人生活满意度的因素有老年人的年龄、婚姻状况、个人活动能力、夫妻关系、亲子关系、朋友交往状况、孤独感及医疗状况，其中医疗状况是影响老年人生活满意度的最为重要的因素（刘永策，2009）；七是社区活动参与和人际关系影响老年人的生活满意度

（钱雪飞，2009）；八是社区养老服务发展程度对居家养老满意度的影响广泛而显著（颜秉秋，2013）。

总结来看，目前学术界已发现了影响老人生活满意度的人口学因素、社会经济地位、居住安排、亲子关系、心理状况、社会关系网、社会活动参与、社会保障、社区环境等诸多因素，已可以对影响老年人总体的生活满意度因素构建一个较为完整的模型。进一步的研究可以从如下几个方面进行：一是不同类型的老人生活满意度比较研究，如城乡老人、高龄老人与低龄老人、居家养老老人与机构养老老人等；二是进行某个特殊老人群体的专门研究，如"空巢"老人的专门研究、丧偶女性老人的专门研究等；三是进行不同地区的老人的比较研究，因为我国的地域辽阔，不同地区总体自然和社会环境及传统都可能有较大的差异。本章即专门针对不同城市独居老人生活满意度进行一个探索性研究。

独居老人是一个相对比较特殊的老人群体，由于独居，其生活的诸多方面会与非独居老人有较大的差异；本章涉及的只是城市独居老人，即拥有城市户籍的 60 岁及以上，独自一人居住和生活的老人。对这个群体的研究目前在国内学术界还没有先例，因而这还是一个相对空白的研究领域。

二、研究过程及研究对象基本情况

本次研究调查地点选择的是我国西部内陆省会城市兰州、中部内陆省会城市郑州、东部内陆省会城市济南及东部沿海城市青岛。这样设计的原因一是选择的都是大城市，具有城市的代表性；二是广覆盖，四个城市基本上居于中华文化发祥地黄河流域的上、中、下游，因而在一定程度上有全国的代表性；三是因中国西、中、东三部社会总体发展水平有较大差异，比较的结果会有更强的显著性；四是因为这些城市基本上处于北半球的同一纬度区，可以比较好地排除自然气候等额外因素的影响。调查使用的主要是问卷调查与个案访谈相结合的方法，即由调查员入户调查并逐条记录老人的回答；同时，也对一些当时发现的典型个案进行了访谈。调查对象的选取采用多阶段抽样，通过分层抽样选择城市社区，对每个社区进行配额抽样选择独居老人，入户访谈收集问卷，共收集到有效问卷 2014 份。数据统计使用的是 SPSS 软件。关于调查对象的基本情况如表 12-1 所示。

表 12-1　调查对象的基本情况　　　　　单位：%

变量	分类	郑州	兰州	青岛	济南	总计
性别	男性	30.1（151）	23.9（132）	25.7（128）	20.5（84）	25.2（495）
	女性	69.9（358）	76.1（421）	74.3（370）	79.5（325）	74.8（1466）
平均年龄	均值	75.5 岁	74.8 岁	75.4 岁	76.1 岁	75.4 岁
年龄	60~69 岁	14.7（67）	13.2（70）	13.6（62）	12.2（41）	13.5（240）
	70~79 岁	50.1（228）	57.7（305）	52.6（240）	49.0（164）	52.8（937）
	80 岁及以上	35.2（160）	29.1（154）	33.8（154）	38.8（130）	33.7（598）
婚姻状况	未婚	2.1（10）	0.9（5）	2.2（11）	1.2（5）	1.6（31）
	离婚或分居	9.1（44）	5.2（29）	7.1（35）	7.9（33）	7.2（141）
	丧偶	86.5（416）	91.7（510）	90.4（445）	90.4（376）	89.8（1747）
	其他	2.3（11）	2.2（12）	0.2（1）	0.5（2）	1.3（26）
学历	不识字	30.8（156）	31.8（181）	17.7（86）	26.6（111）	27.0（534）
	小学	23.5（119）	28.5（162）	29.6（144）	31.9（133）	28.2（558）
	中学	25.1（127）	18.3（104）	25.7（125）	18.9（79）	22.0（435）
	高中或中专	12.1（61）	15.5（88）	18.3（89）	14.4（60）	15.1（298）
	大专及以上	8.5（43）	6.0（34）	8.8（43）	8.2（34）	7.8（154）
出生地	本区内	2.6（13）	12.5（72）	10.3（51）	7.6（32）	8.4（168）
	市内	28.6（144）	29.8（172）	25.4（125）	36.7（154）	29.9（595）
	省内	48.7（245）	14.6（84）	51.5（254）	39.3（165）	37.5（748）
	省外	20.1（101）	43.2（249）	12.8（63）	16.4（69）	24.2（482）
健康状况	健康	69.1（341）	25.0（144）	33.9（169）	36.2（152）	40.7（812）
	一般	20.9（105）	40.8（235）	36.9（184）	31.0（130）	32.7（654）
	差	10.0（50）	34.2（197）	29.3（146）	32.9（138）	26.6（531）
出门频度	几乎每天	73.0（355）	73.0（413）	67.3（333）	67.5（274）	70.4（1375）
	一周四五次	11.3（55）	7.6（43）	9.9（49）	7.1（29）	9.0（176）
	一周两三次	12.8（62）	5.5（31）	9.7（48）	11.1（45）	9.5（186）
	一周一次	0.8（4）	4.4（25）	4.8（24）	3.7（15）	3.5（68）
	不出门	2.1（10）	9.5（54）	8.3（41）	10.6（43）	7.6（148）
独居时间	5 年以下	26.6（126）	27.9（163）	26.1（130）	24.9（91）	26.5（510）
	5~9 年	22.6（107）	20.9（122）	26.5（132）	20.5（75）	22.7（436）
	10~19 年	32.3（153）	28.9（169）	31.9（159）	33.4（122）	31.4（603）
	20 年及以上	18.4（87）	22.3（130）	15.6（78）	21.1（77）	19.4（372）

有效样本兰州为 584 份、郑州为 509 份、青岛为 499 份、济南为 422
份，这样各市样本数差异不大，比较结果更精确一些。从老人的性别分布来
看，女性老人占将近 3/4，这使城市独居老人呈现出显著的女性化倾向。从
年龄分布来看，独居老人的平均年龄超过了 75 岁，其中济南最高，超过了
76 岁。80 岁及以上的老人比例超过了 33%，其中也是济南最高，超过了 38%，
从这个方面来看，城市独居老人有显著的高龄化倾向；造成老人独居的主要原
因是丧偶，有接近 90% 的老人是丧偶老人。有 7% 左右的老人是离婚或分居，
这个年龄的老人离婚率并不高，由于各种原因如照料孙子、孙女等主动选择分
居也有一定的比例。从学历来看，大多数老人学历水平较低，不识字和小学文
化的人超过 50%，低学历是目前城市独居老人的一个重要特点。从出生地来
看，有超过 20% 的老人来自外省，兰州的情况尤其严重，有超过 40% 的老人来
自外省，这是当年大三线建设整体迁移造成的。从健康状况来看，相较于普通
老人 15% 左右的不健康的比例，独居老人有超过 26% 的人身体不健康，因而身
体差是独居老人的一个显著特征。从出门的情况来看，绝大多数老人有出门活
动的能力。从独居时间来看，老人的平均独居时间为 12.08 年，其中女性独居
平均时间为 12.50 年，男性平均独居时间为 10.85 年。值得注意的是有接近
20% 的老年人独居时间达到了 20 年及以上，独居时间长也是城市独居老人的
一个重要特征。

总结一下，我们发现，城市独居老人有丧偶、高龄、女性化、低学历、身体
差、独居时间长这样一些显著的特点。

三、统计数据及分析

1. 城市独居老人生活满意度及地区分布

问卷设计老年人生活满意度问题是："您对您现在的生活满意吗?"设计了
五个选项，分别为：很满意，较满意，不太满意，很不满意，不知道。设计为单
选项，对这一项回答的统计结果如表 12-2 所示。

表 12-2　城市独居老人生活满意度分布情况　　　　单位：%

	总体	兰州	郑州	济南	青岛	Sig.
很满意	35.2	34	17.2	36.6	53.9	
满意	54.6	55.3	71.9	53	37.6	
不太满意	8.1	9.5	8.1	6.4	8.1	0.000
很不满意	1.3	1.2	1.6	2.1	0.4	
不知道	0.5	0	1.2	1.2	0	

从数据来看，对自己现在的生活表示很满意的老人比例达到了 35.2%，表示满意的达到了 54.6%，两者相加，对自己现在的生活能达到满意程度的老人比例占到了 89.8%，也就是说，高达 90% 的独居老人对自己的生活主观评价是满意的。除了对此说不清的老人，对自己目前的生活不太满意和很不满意的老人只有 9.4%，尤其值得注意的是，对自己目前的生活很不满意的老人比例只有 1.3%。从这个满意率比例上我们可以发现，目前城市独居老人总体的生活满意度水平是比较高的。同时我们也发现，四个城市之间有显著差异，将很满意和满意二者人数比例相加，算作满意率，按城市不同，做一个折线图，可以清楚地看出这一差别，如图 12-1 所示。

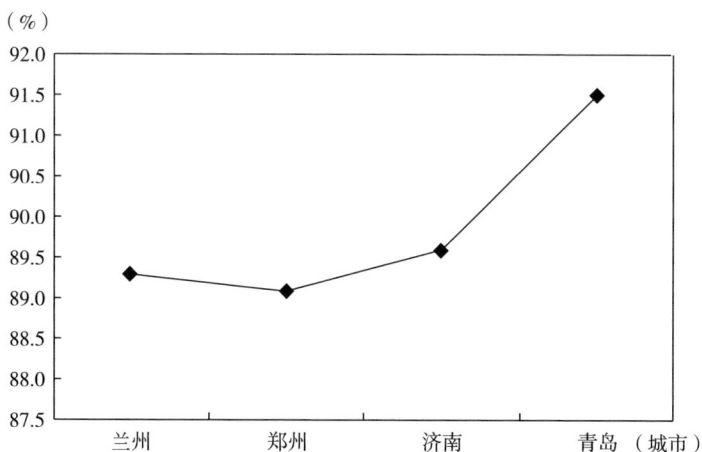

图 12-1　城市独居老人生活满意度地域变化曲线

从图 12-1 中可以看出，沿海城市青岛的老年人的满意率比例是最高的；其次是济南；而最低的则是郑州。不满意和很不满意的老人比例则是青岛、济南较低，兰州最高。

从前面的分析中我们可以得出这样的结论：城市独居老人总体生活满意度较高，但不同地区间存在着显著差异。

2. 影响城市独居老人生活满意度的各种因素的交叉分析

为明确有哪些因素对城市独居老人的生活满意度产生了显著的影响，需要对因变量满意度和自变量影响因素之间进行交叉分析。为简化图表，将每个不同自变量的变量项隐去，只列出变量及显著性检验值。先看四个城市汇总起来的结果，然后分别对四个城市进行分析，以利于比较。

（1）四个城市老人总体的情况，如表 12-3 所示。

表 12-3　四个城市独居老人生活满意度变量的交叉分析（总体）

变量	Sig.	变量	Sig.
年龄	0.012	有没有孩子	0.000
健康状况	0.000	与孩子见面频度	0.000
每周出门情况	0.000	与孩子打电话频度	0.000
一个人起床	0.000	亲属的见面频度	0.019
一个人洗澡	0.000	近邻朋友数量	0.009
洗衣服	0.000	近邻朋友打电话频度	0.012
上下楼梯	0.000	是否参加健身活动	0.000
旅行	0.000	是否参加社区活动	0.000
做家务	0.000	孤独感	0.000
买东西	0.000	孤立感	0.000
存取钱	0.000	社区提供的服务	0.000
职业	0.000	赡养现状	0.000
收入来源	0.000	子女的照顾	0.000
月收入	0.000	医疗现状	0.000
住房面积	0.019		

从四个城市汇总的情况来看，影响因素众多，前面提到的八个方面的变量均有影响，具体分析如下：

80 岁及以上高龄老人相较低龄老人有更高的满意度，原因是高龄老人已通过自身调节适应了老年状态，而 60~64 岁年龄段的老人由于刚进入老龄期，尚未完全适应。另外，80 岁及以上高龄段的老人经历了更长时间的中国历史上的匮乏期，纵向的心理比较也会使他们产生更高的满意度；健康状况的影响非常显著，即越健康，生活满意度越高，反之相反；自理能力更好的老人有更高的生活满意度，无论从出门频度还是从一个人起床、洗澡、洗衣服、上下楼梯、旅行、做家务、买东西、存取钱这些方面来看，结果都是一致的；社会经济地位的几个变量均展示了最差群体的低满意度。有自己稳定收入的老人满意度是最高的，接受子女提供的其次，最差的是没有较稳定的能满足生活所需的收入的群体。干部、专业技术人员和工人这些处于退休体制内、有稳定收入的老人满意度较高且没有差别，没有进入退休体制的老人满意度最低。从具体收入状况来看，最低收入群体满意度最低。住房面积也体现了相类似的结果，即居住条件最差的群体满意度最低。从亲子关系角度来看，有孩子、与孩子们能进行良好交流的老人满意度更高。从社会关系网角度来看，与亲属、近邻朋友有更好交往的老人具有更高的满意度。从活动参与来看，能参加健身和社区活动，提升了老人的生活满意度。从心理状况来看，孤独感和孤立感越轻，则老人满意度越高。满意度是相互影响的，从社区服务、赡养、子女照顾、医疗四个方面来看均是如此，即越是对这四项满意的老人，对生活满意度越高。

总体来看，高龄、健康状况好、自理能力强、社会经济地位高、亲子关系好、社会交往频度高、心里不孤独、积极参与健身和社区活动、满足感强的老人生活满意度高；低龄、健康状况差、自理能力不足、社会经济地位低、亲子关系差、社会交往频度低、心里感觉孤独与孤立、不参加健身和社区活动、满足感差的老人生活满意度低。

（2）兰州老人的情况，如表 12-4 所示。

表 12-4　兰州独居老人生活满意度变量的交叉分析（总体）

变量	Sig.	变量	Sig.
年龄	0.004	与亲属打电话频度	0.033
健康状况	0.000	与近邻朋友打电话频度	0.025
出门频度	0.033	孤独感	0.000
起床	0.000	孤立感	0.000
洗澡		医疗现状	0.000

续表

变量	Sig.	变量	Sig.
洗衣服	0.005	子女的照顾	0.000
上下楼梯	0.002	赡养现状	0.000
做家务	0.000	社区服务	0.000
买东西	0.003	参加社区活动	0.008
收入来源	0.000	参加环保活动	0.040
住房面积	0.037		
有孩子	0.000		
与子女见面频度	0.000		
与子女打电话频度	0.007		

兰州的老人，与总体相比，基本情况相似，但也有一些细微的差异。从人口学的年龄特征来看，兰州 65~69 岁的独居老人群是满意度最低的一个群体，这个群体正好是大三线建设时期从上海、山东、东北老工业基地大量迁入的群体，可以说这是历史造成的；社会经济地位中职业与月收入的影响不显著，主要是兰州平均工资最低，且不同职业月收入级差较少造成的；社会关系网中近邻朋友数量不显著，原因兰州大多是单位社区，近邻与同事和朋友重合。亲属打电话频度影响显著，可能是因为兰州是移民率最高的城市。活动参与方面的差别是健康活动影响不显著，而环保活动更显著，原因是参加环保活动的人数很少，可能说明体力差。而参加健身活动比例较高，超过 60% 的人参加健身活动，这也可能是导致其不显著的一个重要原因。

总之，与总体相比，影响老人生活满意度的因素的独特之处在于年龄段有细微差异；职业与收入影响不显著，生活来源更为重要；社会关系网中亲属影响较大；由于整体相对落后，高水平消费影响力较弱这样的特点。

（3）郑州老人的情况，如表 12-5 所示。

表 12-5　郑州独居老人生活满意度影响因素交叉分析

变量	Sig.	变量	Sig.
身体健康状况	0.002	子女见面频度	0.000
出门频度	0.024	亲属打电话频度	0.001
起床	0.000	跟朋友谈心里话	0.046

续表

变量	Sig.	变量	Sig.
洗澡	0.000	孤独感	0.000
洗衣服	0.000	孤立感	0.000
上下楼梯	0.005	社区服务	0.000
做家务	0.005	赡养现状	0.000
买东西	0.001	子女的照顾	0.000
收入来源	0.013	医疗现状	0.000
住房面积	0.039	兴趣爱好活动	0.000
房子产权	0.000	社会福利活动	0.005
是否有孩子	0.000		

从人口学因素来看，郑州的年龄影响不显著，即高龄老年人与低龄老人的满意度没有显著性差异，这有可能意味着郑州市 80 岁及以上的老人与低龄老人面临着同样的难题；与兰州相同，自理能力中旅行与存取钱没有显著影响；社会经济地位中职业与月收入无显著影响，但房子产权的影响显著，有私房、公房可住的满意度较高，而租房者的满意度较低，有可能郑州房租较高且租房难度较大；社会关系网中与朋友谈心里话表现出了显著的影响。而活动内容中兴趣爱好活动和社会福利活动产生了显著的影响。在调查中我们发现，郑州的市民业余生活较为丰富，晚上的夜生活时间长而且项目众多，这与山东两市有明显的感觉差别，这有可能也是一个环境影响因素。

总之，与总体相比，郑州的独居老人有自有住房及知心朋友并且能做自己感兴趣的活动很重要，并且不受年龄的限制。

（4）济南老人的情况，如表 12-6 所示。

表 12-6 济南独居老人生活满意度影响因素的交叉分析

变量	Sig.	变量	Sig.
身体健康状况	0.001	与子女见面频度	0.400
存取钱	0.000	与子女打电话频度	0.010
做家务	0.000	有没有亲密交往的亲属	0.028
旅行	0.008	孤独感	0.000
上下楼梯	0.000	孤立感	0.000

变量	Sig.	变量	Sig.
洗衣服	0.000	医疗现状	0.000
洗澡	0.000	子女的照顾	0.000
起床	0.000	赡养现状	0.000
生活来源	0.000	社区提供的服务	0.000
职业	0.200	健身活动	0.013
是否有孩子	0.016		

济南老人年龄影响不显著，可能与高龄老年人比例高有关；自理能力中济南出现了旅行方面的影响，可能是济南老年人出现了一定比例的旅行需求；社会经济地位中月收入没有显著影响，这一点与郑州相同；有没有亲密交往的亲属也对满意度产生了影响。看来济南的老人相对兰州和郑州的老人来说，有旅行和亲情支持的需要，说明济南老人的对生活要求更高一些。

（5）青岛老人的生活满意度情况，如表 12-7 所示。

表 12-7　青岛独居老人生活满意度影响因素的交叉分析

变量	Sig.	变量	Sig.
年龄	0.001	近邻朋友电话频度	0.014
身体健康状况	0.011	孤独感	0.000
最近患病	0.000	孤立感	0.000
出门频度	0.000	医疗现状	0.000
一个人买东西	0.000	子女的照顾	0.000
生活平源	0.000	赡养现状	0.000
月收入	0.000	社区服务	0.000
与子女见面频度	0.049	兴趣爱好活动	0.000
亲属见面频度	0.003	健身活动	0.000
亲属打电话频度	0.002		

青岛的老人，从年龄看有影响，除了 80 岁及以上的高龄组满意度高，60～64 岁、70～74 岁这两个年龄段偏低；最近患过病的老人满意度显著降低，老人患病实际上是一种常见现象，只是青岛表现出来，说明这里的老人对健康的要求

更高；自理能力只有买东西一项有显著影响，原因是青岛老人的患病率相对较低，自理能力下降不明显；月收入有显著性，相比其他三个城市来说，青岛显得更正常一些；从社会关系网来看，青岛老人的交往能力更强一些，这可能与他们的身体状况相对好一些有关；青岛老人倾向于参加兴趣爱好活动，这与青岛整体社会环境较为发达是有关联的。

青岛老人的满意度是最高的，这与他们身体相对更好，以及交往和兴趣爱好活动应该是一致的，当然，这些活动需要有所花费，所以月收入也比较重要。

3. 影响城市独居老人生活满意度因素的线性回归分析

将生活满意度的五个选项分别赋值，使之变成等序变量；将所有经交叉分析表明有显著性影响的变量重新赋值变成数值型变量，然后做线性回归分析，目的一是排除一些干扰项；二是看一下模型的说明率。得到的结果如表 12-8 所示：

表 12-8　影响独居老人生活满意度因素的线性回归分析

总体		兰州		郑州		济南		青岛	
影响因素	Sig.	影响因素	Sig.	影响因素	Sig.	影响因素	Sig.	影响因素	Sig.
生活来源	0.041	做家务	0.002	孤独感	0.006	孤独感	0.012	生活来源	0.004
做家务	0.020	孤独感	0.019	子女照顾满意度	0.024	子女照顾满意度	0.021	赡养现状满意度	0.000
与子女见面频度	0.100	医疗满意度	0.000	医疗满意度	0.003	医疗满意度	0.000	医疗满意度	0.000
孤独感	0.017	子女照顾满意度	0.000						
赡养满意度	0.000	赡养满意度	0.001						
医疗满意度	0.000	社区服务满意度	0.001						
参加健身活动	0.008								
$R^2 = 0.28$		$R^2 = 0.372$		$R^2 = 0.31$		$R^2 = 0.411$		$R^2 = 0.527$	

从总体上来看，排除了人口学因素的影响，即年龄和身体健康状况没能进入。看来这两种因素是通过其他的因素起了作用。另外，也可以想象，这两种因素对每位老年人都是公平的，是早晚需要经历的事；社会经济地位中收入来源一

项表现出了显著的影响，而月收入、住房面积、职业这些都没有进入。看来这个人生阶段的老人，只要求有稳定的个人收入，有住的地方，并不要求收入高、房子大。同时，由于都已退出工作岗位，职业的影响减少；亲子关系中子女见面频度影响显著，说明常回家看看是很重要的；社会关系网没有因素进入，说明对城市独居老人来说，亲属、近邻和朋友的作用都下降了。我们分析数据也可以发现，当老人遇到困难时，能得到亲属、近邻和朋友帮助的比例很低，人年龄大且独居，社会关系网萎缩是正常现象；老人的心理孤独感对生活满意度产生了显著的影响，但伴随年龄的增长导致的活动能力下降、丧偶、社会关系网萎缩，孤独感上升是很难阻止的；健身活动提高了老人的生活满意度，是因为健身活动不仅能促进身体健康，也会改善老人的社会交往与心理孤独状况；因为这个年龄段的老人实际上已进入赡养期，所以赡养满意度影响生活满意度是顺理成章的事情；而独居老人由于高龄和身体差，生病是在所难免的，医疗保障也必然成为有显著影响的因素。

四个城市与总体及四个城市之间相较我们可以发现，总体来看，单个城市的影响因素是减少的，其中郑州、济南和青岛的显著影响因素只找到了三个，但模型的说明率反而提高了，青岛的模型说明率达到了 52.7%。这表明独居老人的社会需求范围减少，与先行研究的普通老年人相比，社会人口学因素、社会经济地位的大部分内容、社会关系网、社会活动参与的大部分、自理能力的相当大部分都不会影响老人的生活满意度。最为显著的影响因素是医疗保障，这是因为这个群体是高龄、身体差的群体，这在四个城市均显著。其次是子女的照顾和孤独感，分别在三个城市中是显著的，青岛老人由于身体好、经济条件好、社区服务发达，更少地依赖子女，使子女的照顾一项不显著，对这份样本的研究也发现，青岛老人给予子女帮助方面是最多的，而且，数据显示青岛老人参与社区活动的比例是最高的；同时，青岛的群众性文体活动开展得非常普遍，这使老人的孤独感降低，并从总体上提升了青岛独居老人的生活满意度。但这些项目是需要花钱的，所以收入来源成了显著的影响因素。相对于其他三个城市，兰州老人的平均收入是最低的，而且由于大多数是单位社区，随着企业效益的变化，社区服务水平有大的差异，这导致兰州老人有较强的自理要求及社区服务需求。

四、结 论

综合前述研究，对于城市独居老人的生活满意度我们可以得出如下一些结论：

（1）城市独居老人具有较高的生活满意度，对自己现在的生活不满意的比例不到10%。笔者以前对普通城市老人的研究曾发现，普通城市老人中对生活不满意的比例约为11%，因而城市老人并没有因为独居而降低其生活满意度。

（2）不同地区城市独居老人的生活满意度水平有显著差异，大体上是中、西部城市较低，而东部和沿海城市较高。这与我国经济社会总体发展的地区间不平衡是密切相关的，因而在东部沿海地区养老，相对来说是一个不错的选择。

（3）影响城市独居老人生活满意度的因素较普通老人减少并且非常集中。由于已达生命周期的最后阶段，处于需要赡养的状态，年龄、身体健康状况、大部分的自理能力、职业、住房面积、亲属与朋友交往、社会活动的参与等诸多对普通老人生活满意度产生影响的因素的作用下降，影响力减弱。

（4）医疗、心里孤独、子女的照顾是影响这个人生阶段老人的生活满意度水平高低的三大决定性要素，当然这也是城市独居老人面临的最为重要的三个问题。从总体上来看，有医疗保障、孤独感低、能得到子女比较好照顾的独居老人生活满意度高，反之则低。其中医疗是影响最为广泛的因素，对每位老人均会产生显著影响，心里孤独和子女照顾则表现出一定程度上的地域性和个体性特征。

第十三章　老人个人财产管理的社会支持建设研究

　　老人受骗，遭受钱财损失，只是老人财产管理困境的一个方面。其实，老人误投资等造成的财产损失行为也是有很多种类的，不一定是遇到了骗子。我采访过痴迷于股市的老人，每天主要生活内容就是去看大盘，跟人讨论股价涨跌。15 年前投入股市 10 万元，经历过几次的牛市和熊市，到现在还是 10 万元在里面。我当时都笑了，现在的 10 万元跟 15 年前的 10 万元可不是一回事。我也采访过所谓的问题彩民，即沉迷于购买彩票的老人，为买彩票，投入近乎全部身家。当然，也有很多的老人将钱投入房地产，赔个"底朝天"。这在很大程度上是因为我国目前缺乏可信的私人委托公司，当然也缺乏老人信任的经纪人，这种委托机制也没建立起来，而老人也对自己过于自信，才导致了很多悲剧的出现。至于老人保管不善而导致的损失则数不胜数，有的老人在床底下藏了 10 万元钱，过些年找出来发现已经被老鼠咬成了一堆渣；有的老人将 5 万元缝在被子里，但突发脑梗，没来得及跟孩子交代，后来被孩子们一把火烧掉。相似地，我知道一位老人临终前老是吐字不清地跟孩子说"鞋、鞋、鞋"，他去世后，一个孩子偶发奇想，检查了一下老人的鞋，发现有两只鞋里藏了 4 万元；当然，老人将纸币用塑料纸包起来埋入地下，几年后变成一堆无法辨识的废纸这样的事情也见诸过报端。老人个人财产管理的困境是多种多样的，形成的原因也非常复杂。相应地，解决问题的方法也应该是复杂和多元的，其实，需要老人自身、家庭、社会和政府的共同努力，并密切合作，才能有效解决这类问题，提升老人福祉，具体从以下几个方面来讲。

一、法律层面

一是应尽快出台老人自理能力层级鉴定指标体系，针对不同层级的失能老人详细规定失能达到什么程度可以由委托人或信托机构强制介入为老人托管财产。二是要尽快出台专门的针对老人财务诈骗的相应法律或司法解释，便于司法机构在处理此类项目时能达到及时、精准。因为老人有其特殊性，就是时间等不起，有的老人在等待判决或处理的过程中就去世了，所以及时性很重要。三是出台相应的子女或老人的其他亲属监护人在何种情况下可以介入接管老人私人财产的规范。过去几十年，我国社会体制发生了巨大的转型，这导致子女与老人间的代差加大，沟通难度增加，相互间的信任度也下降了。尽管大多数老人的子女仍秉承孝道，但方式及程度均已发生了很大的改变。如由同住式养老向分住式养老转变；传统的儿媳伺候老人变成了子女伺候；以前的诸子轮养变成了女儿也参与轮养；由亲自照料向委托机构照料转变；遗产的继承也由法定继承转向遗嘱继承等。所以，相应的法条修改也迫在眉睫。四是信托机构及委托人的资质及审查，也要有相应的法律规定，否则无法可依，会导致混乱，使一些不法分子趁机介入，老人利益受损。

二、政府层面

这是最重要的方面，因为我国政府极其强大，资源掌控最多，最有权威，力量也最强，所以政府的工作影响也最大。政府层面首先是出政策，把帮助老人管理好其个人财产当成政府相关部门的一项重要工作来抓，即当成业绩之一考核。过去几十年，我国以经济建设为中心，相应地，官员的考核中 GDP 的提升成为最重要的指标。经过几十年的发展，中国经济上了几个台阶，相应的社会建设也必须提上日程，其中加强全体公民的福祉建设应成为新的重要目标，儿童、老人、妇女这些相对弱势的社会群体的福利建设，应成为今后一段时间政府工作的最重要内容之一。在这个方面，政府可以做的工作是很多的。第一，因应我国人口老龄化的严重状况，政府可以考虑设立专门的老人工作部，管理与老人相关的所有工作，这些工作目前分散在不同的部门，存在着工作过程中协调困难，有些领域职责划分不清、工作效率低下等诸多问题。第二，政府必须制定相应的政策，鼓励私人信托机构的发展，规范其业务程序，设置相应的监管机构，规定相应的监管内容及程序。目前，国有机构基本上没有开展这种业务，即使有，也缺乏灵活性，老人利用起来也很不方便。鼓励私人机构发展这项业务，能增加就业，最重要的是方便老人生活，提升老人的福祉，可谓善举。第三，地方街道办事处直管社区居委会，今后社区老人服务将成为社区服务的极重要工作，目前，老人个人财产保护的社区工作基本上没有开展，出于老人的隐私及大多数老人均有近居子女的状况，社区居委会基本上没有参与这项业务。但是居委会的工作相当重要，因为他们实际上也是社区防骗的最重要部门，第一道防线。政府应当鼓励社区将网格员、社区老人与专业资产托管机构联结起来，建立起社区老人财产的保护机制，因为网格员对社区老人的情况比较了解，也能获得老人的信任，相对来说机制容易建立。可以将此作为居委会工作的考核指标，这样能获得更高的重视度。随着老人数量逐年增加，老人与子女分住的趋势也相应加深，我国1979年开始严格的一胎化政策，现在退休的老人很多只有一个子女，以后与子女近居的老人将逐渐减少。上面几代的老人，因为多子女，大多数都能有一个在身边的子女，以后就不会了。所以，社会支持体系必须尽快地建立起来并有效运作，否则就会影响老年人的生活质量，而这些工作必须由政府来强力推动。第四，由政府购买专业的社区社工服务，是一条很重要的出路。专业的社区社工，很了解老人的家庭、经济、身体及心理状况，可以给老人提出最精准的建议；可以为居委会、老人外地子女及私人信托机构提供老人情况的准确信息；当然也可以在第一现场阻止对老人财务的骗局的实施，并报警，请求司法介入，所以其作用相当重要。目前，我国政府购买的社区服务多为送餐及护工服务，即上门为老人送餐、打扫卫生等。像是独居老人的倾听服务这类的，只是一些志愿者，像是高校社工专业的学生在做，真正社区社工服务开展缓慢，只是在少数大城市的部分社区有一点像样的动作，这个方面需要政府加大投入。第五，是政府的孝道文化的倡导和引领。中国是传统的孝道文化极盛的国度，尽管社会养老已经成为一条重要的途径，但家庭养老在现有情况下也是必不可缺的，至少必须发挥社会养老的辅助或补充的功能。现有的社会养老确实不能满足老人的很多方面的需要。老人的需求是多元的，经济供给可以是退休金，生活照料可以是专业的养老机构，但精神慰藉方面，子女的作用是不可替代的。其实还包括生活照料，仅靠专业机构是明显不足的。很重要的一点是，孩子能满足老人的个性化需求，从现实情况来看，年龄越大，个体性越强，不是统一的养老机构所能实现的。

三、社会层面

社会必须付出更多的努力来养老，一是因为原有的家庭养老已不足以支撑老人的养老事业。二是社会在变化，家庭养老将逐步淡化其功能，社会将全面地负担起养老职责。面对着极为庞大的老人群体，中国社会的老人如何养老？这是社会必须交出的答卷，当然，要把养老的事情做好，目前看起来极为困难。从老人个人财务管理方面来看，社会是可以做很多的工作的，可以从很大程度上提升老人个人财产管理的安全性甚至是增值。首先，个人信托体系的建立和有效运作是解决老人财务损失问题的重要路径。在发达国家，很多老人会通过签合同的方式，将个人资产委托给相应的机构进行管理和运作，这省去了老人不了解现代金融业务的麻烦，为老人的资产保值和增值提供了较好的服务。我国这个方面的机构不健全，而且这种金融机构最重要的就是信任体系的建立，这个方面需要做得很多，也需要很长时间，因为信誉的建立是需要时间的。其次，银行系统建立独特的老人账户制度也可以起到相当重要的作用。比如，账户与老人子女设置相应关联，当老人账户里有大笔资金流动的要求时，可以电询其子女，再进行转账，这样，可以有效防止骗子大量转走老人账户的资金。三是媒体应加大老人防骗的宣传力度，比例在固定频道按时播放老人受骗案例分析，提醒老人识别一些骗子最新的骗术。四是公安部门、社区可以组织老人进行防骗培训，提高老人警觉度，有效减少老人受骗数。五是相关部门应组织老人互助团体，成立老人社区自助组织，大家经常一起交流防骗经验，进行主动、自发的社区安全巡逻，对可疑的进社区兜售理财产品或类似组织老人听课的行为进行盘查和预警。六是动员社会志愿者组织的力量，对老人进行现代金融知识和网购等技能的培训。当然也可以培训老人如何上网查找相关资料，增强其鉴别真假的能力。七是要提升保险业的服务水平，发展更多种类的保险业务。很多老人之所以被骗，是收入太低，当然这意味着现有的社会养老金不足以满足老人的生活所需，所以商业险作为补充，其实是有很大的市场的。

四、老人个人层面

从以往的调查中，我们发现，老人自己意识到老年来临，提前做好方方面面的准备工作，是最有效的，也能取得最佳养老效果。老人预准备是晚年幸福的最重要的因素，相比政府工作人员、金融系统工作人员、网格员、社工甚至是子女，老人自己是最了解自己需求的主体。我曾经采访过一位老人，孩子在外地，因为考虑到他去世后孩子回来，在葬礼上需要由长子捧着他的遗照（风俗），担心孩子到时很可能找不到合适的照片（因为按规矩是大尺寸的黑白照，并加木框的），所以老人自己提前做了准备。我也见过老人提前准备好了自己的寿衣，觉得自己不行了，要求孩子替自己穿上寿衣，静静地等待死亡的来临。日本的社会学界提倡大家从 45 岁开始，就为将来养老做准备。准备什么呢？首先是钱，请大家注意，不同于很多人所说的，老了以后钱花得少了，不需要太多的钱，老人是需要钱的。退休以后，对大多数人说，不仅是收入下降，更意味着花钱的地方很多，需要提前准备，有所储备。现在老人只有社会养老保险和医疗保险，但保障力度差别很大，机关事业单位的退休人员待遇还可以，其他就有一定差距了。所以，从壮年时就做准备，其实可能是一条很有效的办法。比如，45 岁时，孩子基本上是上大学了，这时就可以开始，每月固定存入养老账户一些钱，保持不动。还有选择合适的商业险，作为社会养老金的补充，20 年后，可以获益。当然，也可以考虑合适的方向来进行投资。其次应该是健康的身体，这一点儿许多老人都意识到了，但却是到了晚年才意识到的。其实，关注自己的身体健康是从青年时期就应该做的事情，打一个好的基础，爱惜身体，是青年时就该养成的习惯。大多数老人没有定期体检的习惯，这导致他们对自己的身体情况并不了解，非常容易出问题。在调查中我们发现，很多老人愿意花钱买所谓保健品，但不太愿意花钱去健身，觉得去健身房的费用不值。其实，老年人也可以健身，这个方面的资金投入是值得的。再次当然是老伴，为了老伴的身体健康投资，是很值得的。在婚老人，是孤独感最低的群体，当然，同生共死做不到，但在老年之后，有老伴陪伴，相对来说，是最好的。最后，我们还是提倡老人终身学习的理念，老人记忆力下降，学习新知识和新技能的难度加大，但并不是学不会，只是需要多花一些时间而已。大多数老人是有学习能力的，只是没有学习习惯。能学习新东西，有助于老人保持活力。在采访老人过程中，有许多老人对于年老以后生病、身体变差、老伴去世、朋友交往减少，都是有心理准备的，他们之前已见过很多。心态好的老人生活质量更高一些，很重的原因是他们看得开，并提前有了准备。比如，现在已经有很多老人提前立好遗嘱，免得自己去世后因财产继承和分割问题引发家庭矛盾。还有比较重要的一点就是，因为老人没有未来，所以在身体还可以承受时，努力去实现自己心中久已有之的目标，使自己的人生不留遗憾。很多老人，一直为孩子牺牲自己生活，等到想去实现自己的人生愿望时，发现自己的身体已经不允许了，终生遗憾。

五、子女层面

对很多老人来说，子女的养老功能是不可替代的，所以，即使在这样一个家庭养老向社会养老转化的过渡期，子女需要承担的东西也很多，子女需要的长期付出和承担众多杂乱而细腻的细节的工作，只有这样，才能帮老人度过一个相对幸福的晚年。在养老院调查时，老人自己就说了，办住院出院手续是需要孩子的；每个月交费用是需要孩子的；给买药送去是需要孩子的；给老人买合适的衣服送去养老院是需要孩子的；养老院为适应大多数老人的身体状况，做的菜偏淡，有些老人需要自己补充一点儿咸菜，需要孩子给买了送去；当然还有一些其他的日用品，很多时候需要孩子们买了送去，因为养老院的小商店商品种类有限；还有老人非常喜欢吃的某种食品，孩子会买了定期送去，老人自己做不到了；当然孩子还会给老人买助听器，买老人机并教老人使用；也还有过年过节时，接老人与家人团圆；当然老人住院、做手术等，也是需要子女签字甚至是筹款的；等等。可见孩子对多数老人来说，是不可缺乏的。

有许多老人的收入很低，缺乏自养的能力，这方面的经济负担是需要子女担起来的。我知道城市居民中的，有一种是家属，即爱人在单位工作，本人曾做过临时工，这种身份以前没有劳保，爱人去世后，会按月领取一点儿抚恤金，但金额很低，不足以维持生活，这个需要子女提供生活费。当然，当老人病了，医疗费用是一个大问题，如果没有商业险的话，只能由子女支付。因为这部分老人原来为农村户口，但随爱人将户口迁入城市，所以既没有城保，也没有农保，非常麻烦。现在的高龄老人中，这种类型的比例不低，也是最困难的一个群体，如果没有子女的付出，他们的处境将非常惨。有远见的子女会提前给老人入个商业的医疗险，这能解决一些问题，但随着老人年龄的增长，加入这种险种的费用也会提高，当老人有了难治的慢性病后，加入这种保险的困难就更大了。因为老人没有收入，谈不上理财。我见过一个例子，是几个子女每人拿出两万元，存一个定期存折，作为老人生病时的医疗之用。另外，每人每月拿出一定数量的钱，打入老人的生活费账户，由之保障老人的生活需要。当然，老人失能后送专业机构还是雇人照顾，花费不菲，也是需要子女承担的。

对于经济条件不错，有自有住房，生活能自理的老人。子女关注的目光也是最重要的，经常给老人打电话，能降低老人的孤独感；经常回家看看，可以及时发现老人的异常之处。比如，一些老人出现了阿尔茨海默病，自己是很难意识到的，最早发现的，往往是子女。一些老人咳嗽很重，老人会自以为是，吃点药抗着，但子女有时间，陪老人去医院拍个片子，也许就能早早发现比较严重的病。当然，协助老人办理证件、税费等，通常也是由子女承担，水费、电费、电视信号费、网费、物业费等，许多高龄老人无力独自办理，大多是孩子给办的。有的子女还在高龄独居的父母家里装上了监控，即使自己在上班，也可以随时打开手机看看一个人在家的父母是否无恙。当然，也有子女每天早上8点准时给父母发微信问候，如果老人不回的话就马上打电话问，甚至直接跑去父母那里，或者打电话给社区工作人员，请他们过去看看。这样就可以有效防止老人一个人在家出事后无人知晓的情况，在日本，"孤独死"的案例经常见诸媒体，影响很大。当然，关乎我们的主题，帮助老人学习各种新的生活技能，提升管理个人财产的能力，也都是子女的工作。许多老人的微信、支付宝等都是孩子帮忙设置的，也是孩子教会了他们如何使用。还有陪老人去银行办理存款、取款、转账等，陪老人办理公证遗嘱，很多这类的活动，老人自己难以做到，老人自己也是希望有亲人陪同。当然，很重要的一个方面，与老人的常态交流要保持，对老人大的投资和转账活动要有监控，防止老人被骗。在老人失能后，及时掌控老人的经济来往，当然这个需要与老人商议或提前说好，防止出现亲子关系的紧张。我采访过一个案例，一位老人住院，有一段时间状态很差，女儿怕病房里人杂，在老人睡着时取下了他手上戴的戒指，替父亲保管起来了。后来老人病好了，她一忙，忘了此事，老人发现后大发雷霆。中国的父母对孩子采取的是终身承包模式，只要老人活着，就会替子女考虑，但同样，中国的代际关系是反馈模式，长期照护是极其累人的，所以才会有"久病床前无孝子"之说。养老的负担是很重的，对很多子女来说，甚至难以承受，提前有个心理准备也是好的。

　　我们反复思考的结果就是，如果没有这些方面的协同努力，老人个人财产是很难管好的，这也将直接影响他们晚年的生活质量，所以，这是一个需要重视并由多方努力才有可能解决的问题。

参考文献

［1］费孝通．在家庭结构变动中的老年赡养问题［J］.北京大学学报，1983（3）：6-15.

［2］胡湛，彭希哲．中国当代家庭户变动的趋势分析——基于人口普查数据的考察［J］.社会学研究，2014（3）：145-166，244.

［3］刘华清，费立鹏．中国城乡老年人（1990~1994年）自杀死亡问题分析［J］.中国老年学杂志，1997（1）：60-61.

［4］本刊特约评论员．关注独居老人［J］.社会福利，2007（1）：1.

［5］周怡倩．城市独居老人的社会排斥问题研究［D］.复旦大学硕士学位论文，2010.

［6］张兴文．数据解读老龄中国（三）［EB/OL］.http：//pension.hexun.com/2012-08-30/145307558.html.

［7］王嫦娟．上海社区独居老人心理需求与心理健康状况研究［D］.华东师范大学硕士学位论文，2011.

［8］韩少梅，张承训．我国城乡独居老人生活状况分布［J］.中国老年学杂志，1999（1）：5-6.

［9］文婉聪．独居老人所急需的社会服务——以南京市独居老人为例［J］.公共管理高层论坛，2005（2）：98-109.

［10］关立忠．独居老人健康状况的调查［J］.中国老年学杂志，1993（3）：141-143.

［11］钟仁耀．上海市独居老人生活状况分析及其对策［J］.社会科学，2004（8）：66-70.

［12］周建芳，薛志强，方芳，等．独居老人抑郁症状和抑郁症的调查

[J].上海精神医学，2008（3）：136-138.

[13] 马庆堃.高龄老人健康自评的比较分析 [J].西北人口，2002（2）：11-13.

[14] 张欣文，郝建华.社区独居老人健康和生活状况调查 [J].同济大学学报（医学版），2002（1）：25-27.

[15] 新京报.统计局：我国人均预期寿命超 74 岁 [EB/OL].http：//news.xinhuanet.com/politics/2012-08/11/c_112692771.htm.

[16] 裴蕾，段玉田.郑州特色"六位一体"新型养老模式已建立 [EB/OL].http：//zzwb.zynews.com/html/2013-10/11/content_508414.htm.2013-10-11.

[17] 石作荣，宋洁.影响中国老年人日常生活自理能力的因素及护理对策研究进展 [J].中华现代护理杂志，2008（11）：1317-1319.

[18] 杜鹏，武超.中国老年人的生活自理能力状况与变化 [J].人口研究，2006（1）：50-56.

[19] 化前珍.老年护理学 [M].北京：人民卫生出版社，2012.

[20] 中国统计年鉴：网络版，2015 年 [EB/OL].http：//www.stats.gov.cn/tjsj/ndsj/2015/indexch.htm.

[21] 田雪原.中国老年人口 [M].北京：中国科学文献出版社，2007.

[22] 田雪原.论东方结构型养老保障——来自日本、中国的启示 [J].日本学刊，1994（5）：95-106.

[23] 田雪原.迎接"银色浪潮"挑战 [J].中国行政管理，1997（10）：6-7.

[24] 田雪原.老龄化的三大社会"冲击波"[J].人口与计划生育，1999（1）：21-23.

[25] 田雪原.人口老龄化的社会冲击与决策选择——建立不分年龄人人共享的社会 [J].东岳论丛，1999（6）：23-28.

[26] 田雪原.人口老龄化与可持续发展 [J].中国人口·资源与环境，2001（1）：65-69.

[27] 田雪原.人口年龄结构老龄化与养老保障改革 [J].中国经贸导刊，2003（14）：25.

[28] 田雪原，王金营，李文."软着陆"：中国人口发展战略的理性选择 [J].社会科学战线，2005（2）：237-241.

［29］杜鹏，武超．中国老年人的主要经济来源分析［J］．人口研究，1998（3）：7-9．

［30］杜鹏．北京市人口老龄化发展趋势及其社会经济影响［J］．人口与经济，1999（1）：3-4．

［31］姜向群，杜鹏．中国人口老龄化对经济可持续发展影响的分析［J］．市场与人口分析，2000（2）．

［32］杜鹏．中国老年人主要生活来源的现状与变化［J］．人口研究，2003（6）：37-43．

［33］杜鹏，武超．1994~2004年中国老年人主要生活来源的变化［J］．人口研究，2006（2）：20-24．

［34］陶国枢，陈丰，刘晓玲．北京市1380例老年人生活满意度相关因素分析［J］．中国心理卫生杂志，1998（6）：338-340．

［35］熊跃根．我国城市居家老年人晚年生活满意程度研究——对一项调查结果的分析［J］．人口与经济，1999（4）：5．

［36］黄万武．与城市老年人健康相关的社会因素调查研究［J］．中国老年学杂志，1994（2）：76-78．

［37］伍小兰．中国老年人口收入差异研究［J］．人口学刊，2008（1）：54-58．

［38］杨晓龙，李彦，吕如敏．中国城市老年人的收入与消费行为分析——以烟台1273位老人为例［J］．新疆社会科学，2014（3）：127-131．

［39］唐国建，杨晓龙．城市老龄人口经济收入的群体差异及其影响因素的实证分析——以烟台市245位老年群体为例［J］．商场现代化，2008（30）：145-146．

［40］姚远．中国家庭养老研究述评［J］．人口与经济，2001（1）：33-43．

［41］吕如敏，林明鲜，刘永策．城市老年人与子女的双向支持模式探析——以烟台市向阳街道为例［J］．湖南工程学院学报（社会科学版），2007（4）：21-25．

［42］杨菊华，李路路．代际互动与家庭凝聚力——东亚国家和地区比较研究［J］．社会学研究，2009（3）：26-53．

［43］徐勤．农村老年人家庭代际交往调查［J］．人口与社会，2011（1）：5-10．

［44］林明鲜，刘永策，赵瑞芳．烟台市老人的居住安排与养老方式的变迁［J］．中国老年学杂志，2008（22）：2254-2256．

［45］金一虹．流动的父权：流动农民家庭的变迁［J］．中国社会科学，2010（4）：151-165．

［46］鄢盛明，陈皆明，杨善华．居住安排对子女赡养行为的影响［J］．中国社会科学，2001（1）：130-140．

［47］Klinenberg E．Going Solo：The extraordinary rise and surprising appeal of living alone［M］．London：Penguin，2012．

［48］Cohen P N，Casper L M．In whose home？multigenerational families in the United States，1998-2000［J］．Sociological Perspectives，2002，45（1）：1-20．

［49］姜向群，杨菊华．中国女性老年人口的现状及问题分析［J］．人口学刊，2009（2）：48-52．

［50］贺雪峰．农村代际关系论：兼论代际关系的价值基础［J］．社会科学研究，2009（5）：84-92．

［51］费孝通．乡土中国生育制度［M］．北京：北京大学出版社，1998．

［52］Greenwell L，Bengtson V L．Geographic distance and contact between middle-aged children and their parents：the effects of social class over 20 years［J］．The Journals of Gerontology Series B：Psychological Sciences and Social Sciences，1997，52（1）：22．

［53］徐文彬．教育统计学：思想、方法与应用［M］．南京：南京师范大学出版社，2007．

［54］The Tetrachoric and Polychoric Correlation Coefficients．https：//john-uebersax．com/stat/tetra．htm．

［55］威廉·J．古德，等．家庭［M］．北京：社会科学文献出版社，1986．

［56］边馥琴，约翰·罗根．中美家庭代际关系比较研究［J］．社会学研究，2001（2）：85-95．

［57］王思斌．经济体制改革对农村社会关系的影响［J］．北京大学学报（哲学社会科学版），1987（3）：28-36．

［58］徐安琪．城市家庭社会网络的现状和变迁［J］．上海社会科学院学术季刊，1995（2）：77-85．

［59］潘允康，阮丹青．中国城市家庭网［J］．浙江学刊，1995（3）：

66-71.

［60］马春华，石金群，李银河，等．中国城市家庭变迁的趋势和最新发现［J］．社会学研究，2011（2）：182-216.

［61］徐勤．我国城市老年人的社会交往［J］．西北人口，1994（4）：54-59.

［62］贺寨平．社会网络与生存状态［M］．北京：中国社会科学出版社，2004.

［63］林明鲜，刘永策，王南．日本城市老年人的亲属人际关系网——以日本名古屋市为例［J］．山东工商学院报，2007（4）：91-96，99.

［64］边燕杰，Ronald Breiger，Deborah Davis，等．中国城市的职业、阶层和关系网［J］．开放时代，2005（4）：98-116.

［65］徐勤．我国城市老年人的社会交往［J］．西北人口，1994（4）：54-59.

［66］丛梅．天津市老年交往现状及对策［J］．长寿，1994（10）：4-5.

［67］戴庆瑄．广西城乡居民社会关系网比较［J］．广西社会科学，1999（5）：114-118.

［68］Wellman B. The community question：The intimate networks of East Yorkers［J］. American journal of Sociology，1979，84（5）：1201-1231.

［69］Litwin H. The social networks of older people：A cross-national analysis［M］. Bloomsbury Publishing USA，1996.

［70］Litwin H. Social network type and health status in a national sample of elderly Israelis［J］. Social science & medicine，1998，46（4-5）：599-609.

［71］Social networks：Critical concepts in sociology［M］. Taylor & Francis，2002.

［72］刘军．法村社会支持网络：一个整体研究的视角［M］．北京：社会科学文献出版社，2006.

［73］张文宏．中国城市的阶层结构与社会网络［M］．上海：上海人民出版社，2006.

［74］袁方．社会研究方法教程［M］．北京：北京大学出版社，1997.

［75］松本康．都市社会の構造変容とパーソナル・ネットワーク［J］．都市計画，1996（199）：24-29.

[76] 刘永策，林明鲜．城乡老年人社会人际关系网实证比较分析——以烟台市向阳街与姜格庄镇 435 个样本为例［J］．新疆社会科学，2012（2）：114-118.

[77] 林明鲜，刘永策．城乡人口老龄化与老龄问题研究［M］．济南：山东人民出版社，2010.

[78] 林明鲜，刘永策．城市居家与机构养老老年人生存现状比较研究［M］．济南：山东人民出版社，2015.

[79] 吕如敏．城市社区老年人社会参与活动研究［J］．湖北广播电视大学学报，2014（1）：74-75.

[80] Hargas A L, Wilms H, Baltes M M. Daily life in very old age everyday activities as expression of successful living J［J］. The Gerontojogist, 1998, 38（5）：556-568.

[81] 文静，彭华茂，王大华．社区老年人的日常活动偏好研究［J］．中国老年学杂志，2010（13）：1865-1867.

[82] 周健．老年健康所需的精神文化生活条件调查研究［J］．赤峰学院学报（自然科学版），2009（12）：164-166.

[83] 李德明，陈天勇，吴振云，等．城市老年人的生活和心理状况及其增龄变化［J］．中国老年学杂志，2006（10）：1314-1316.

[84] 许淑莲．从心理学角度看老年人继续参与社会发展［J］．中国老年学杂志，2000（4）：249-251.

[85] 姚远．北京市老年人参与奥运项目社会调查［J］．人口研究，2005（3）：77.

[86] Fischer L R, Schaffer K B. Older volunteers：A guide to research and practice［M］. Sage Publications, Inc, 1993.

[87] 钟英莲，阎志强．大城市老年人闲暇生活的特征及对策［J］．市场与人口分析，2000（4）：70-72.

[88] 国家统计局．中国统计年鉴 2012［M］．北京：中国统计出版社，2012.

[89] Gertler P., G. J. Van der, "The Willingness to Pay for Medical Care", The World Bank Johns Hopkins University Press, Baltimore, 1990, 13：129-134.

[90] 杨晓龙．城乡老年人对医疗保障的满意度分析——以烟台城乡为例

[J]. 科学·经济·社会, 2010 (1): 90-93.

[91] 陶红, 刘成军, 姚中华, 等. 上海市南汇区老年人医疗保障状况及社区卫生服务满意度调查 [J]. 中国老年学杂志, 2011 (3): 493-494.

[92] 许燕, 夏苏建. 广东部分城市地中海贫血患者家属认知及医疗保障满意度调查分析 [J]. 中华疾病控制杂志, 2013 (11): 974-976.

[93] 彭凌, 朱晓全, 杨强, 等. 某军兵种医疗保障制度改革对象满意度调查分析 [J]. 激光杂志, 2011 (5): 96-97.

[94] 邓大松, 王伶, 刘武, 等. 医疗卫生保障满意度调查研究——以辽宁省沈阳市为例 [J]. 社会保障研究, 2012 (3): 3-10.

[95] 王佳璐. 全民基本医疗保障满意度的调查研究——以天津市为例 [J]. 中外企业家, 2014 (25): 205-208.

[96] 鲍勇. 上海市居民对医疗保障政策的满意度分析 (待续) [J]. 中华全科医学, 2012 (1): 1-2.

[97] 吴雅琴, 张立婧. 社区养老服务满意度影响因素研究——以辽宁省为例 [J]. 辽宁广播电视大学学报, 2017 (1): 101-103.

[98] 李德明, 陈天勇, 李海峰. 中国社区为老服务及其对老年人生活满意度的影响 [J]. 中国老年学杂志, 2009 (19): 2513-2515.

[99] 侯志阳. 城市老年人对居家养老服务的满意度及其影响因素 [J]. 北京科技大学学报 (社会科学版), 2010 (3): 31-37.

[100] 颜秉秋, 高晓路. 城市老年人居家养老满意度的影响因子与社区差异 [J]. 地理研究, 2013 (7): 1269-1279.

[101] 钱雪飞. 影响城市老年人生活满意度的社区因素探讨——基于江苏南通市区 558 例老年人问卷调查 [J]. 南京人口管理干部学院学报, 2009 (3): 39-43.

[102] 谷志莲, 柴彦威. 老龄化社会背景下单位社区的"宜老性"研究——以北京大学燕东园社区为例 [J]. 城市发展研究, 2012 (11): 89-95, 102.

[103] 李德明, 陈天勇, 吴振云. 中国老年人的生活满意度及其影响因素 [J]. 中国心理卫生杂志, 2008 (7): 543-546, 549.

[104] 陈志霞. 城市老年人的生活满意度及其影响因素研究——对武汉市 568 位老年人的调查分析 [J]. 华中科技大学学报 (社会科学版), 2001 (4): 63-66.

［105］刘永策，林明鲜．城市老年人生活满意度的实证研究［J］．中国老年学杂志，2009（5）：607-609.

［106］郭晋武．城市老年人生活满意度及其影响因素的研究［J］．心理学报，1992（1）：28-34.

［107］肖日葵．城市老年人生活满意度及其影响因素研究——以厦门市为个案［J］．西北人口，2010（3）：86-90.

［108］曾宪新．居住方式及其意愿对老年人生活满意度的影响研究［J］．人口与经济，2011（5）：93-98.

［109］郭文斌．老年人生活满意度及其影响因素——以温州为例［J］．社会科学家，2008（2）：66-68.

［110］苑朋欣．山东抗日根据地农村经济政策研究［M］．北京：人民出版社，2022.

［111］［日］菅野久美子．孤独社会［M］．北京：北京时代华文书局，2021.

［112］［日］NHK特别节目录制组．老后破产［M］．王军译．上海：上海译文出版社，2021.

［113］谢孟军．对外贸易驱动汉语国际推广研究：理论及实证［M］．北京：人民出版社，2023.

［114］王德文，叶文振．中国老年人健康状况的性别差异及其影响因素［J］．妇女研究论丛，2006（4）：21-26.

［115］袁缉辉．社会老年学教程［M］．上海：复旦大学出版社，1992.

［116］邬沧萍，杜鹏，姚远，等．社会老年学［M］．北京：中国人民大学出版社，1999.

［117］戴维·L.德克尔．老年社会学［M］．沈健，译，天津：天津人民出版社，1986.

［118］李建新，李毅．性别视角下中国老年人健康差异分析［J］．人口研究2009（2）：48-57.

［119］王磊．北京女性老年人的生活境况与社会服务需求［J］．老龄科学研究，2016（4）：54-63.

［120］李伟峰，聂清华．性别视角下老年人受虐待问题研究［J］．山东女子学院学报，2019（4）：13-20.

［121］魏蒙，王红漫．中国老年人失能轨迹的性别、城乡及队列差异［J］．

人口与发展，2017，23（5）：74-81.

[122] 詹鹏．我国老年人养老金收入的性别差距［J］．北京工商大学学报，2020（1）：90-104.

[123] 熊跃根，杨雪．我国城市老年人健康水平的性别差异研究［J］．江苏行政学院学报，2016（4）：56-65.

[124] 王颖．社会性别视角下老年群体社会支持现状和需求研究［J］．老龄科学研究，2015，3（4）：62-70.

[125] 栾文敬，韩福源．社会性别视角下城市老年人的社会参与［J］．老龄科学研究，2015，3（6）：21-30.

[126] 程新峰，姜全保．丧偶与老年人主观幸福感研究：性别差异与城乡差异分析［J］．人口与发展，2017，23（4）：59-69.

[127] 上野千鶴子，おひとりさまの老後［M］．法研，2007.

[128] 青木邦夫．在宅高齢者の孤独感とそれに関する要因：地方都市の調査研究から［J］．社会福祉学，2001（1）．

[129] 河合克義．大都市のひとり暮らし高齢者と社会的孤立［M］．法律文化社，2009.

[130] 竹中星郎．高齢者の孤独と豊かさ［M］．日本放送協会出版社，2000.

[131] 長田久保・大橋靖史．老年期の孤独感の研究について［J］．早稲田心理学年報，1992，24.

[132] 長谷川万希子，岡村清子，安藤孝敏ほか．在宅老人における孤独感の関連要因［J］．科学，1994，16.

[133] 小平廣子．ひとり暮らし女性高齢者の健康と孤独感［J］．福島県立医科大学看護学部紀要，1999，17.

[134] 山縣文治．一人暮らし老人の孤独感について［J］．大阪市立大学生活科学部紀要，1987，35.

[135] 南隆男，稲葉昭英，浦光博．ソーシャル・サポート研究の活性化に向けて［J］．哲学，1987，85.